MENTAL HEALTH EDUCATION FOR COLLEGE STUDENTS:
A CONTEMPORARY CURRICULUM

新编大学生心理健康教程

主　　编　赵国祥

副 主 编　李永鑫　周社刚　刘慧瀛

主编助理　韩星冉

ZHEJIANG UNIVERSITY PRESS
浙江大学出版社
·杭州·

图书在版编目（CIP）数据

新编大学生心理健康教程 / 赵国祥主编 . -- 杭州 ：
浙江大学出版社，2025. 5. -- ISBN 978-7-308-26302-3

Ⅰ. G444

中国国家版本馆 CIP 数据核字第 20256VZ560 号

新编大学生心理健康教程
XINBIAN DAXUESHENG XINLI JIANKANG JIAOCHENG
赵国祥　主编

策划编辑	李　晨
责任编辑	高士吟
责任校对	沈巧华
封面设计	周　灵
出版发行	浙江大学出版社
	（杭州市天目山路 148 号　邮政编码 310007）
	（网址：http://www.zjupress.com）
排　版	杭州林智广告有限公司
印　刷	杭州杭新印务有限公司
开　本	787mm×1092mm　1/16
印　张	14
字　数	306 千
版　次	2025 年 5 月第 1 版　2025 年 5 月第 1 次印刷
书　号	ISBN 978-7-308-26302-3
定　价	49.80 元

《新编大学生心理健康教程》
编写委员会

主　　编　赵国祥

副 主 编　李永鑫　周社刚　刘慧瀛

主编助理　韩星冉

编 委 会　（按编写顺序排序）

周社刚　刘慧瀛　马玉俊　郭彦霞

张　典　郭晓薇　尚宇红　毛俊青

刘柏涛　常　丽　丁笑生

党的二十大报告指出："推进健康中国建设，重视心理健康和精神卫生。"[①] 这一重要论述为我国心理健康事业发展指明了方向。党中央、国务院始终将学生身心健康和全面发展置于战略高度，高度重视学生心理健康工作。习近平总书记强调："要加大心理健康问题基础性研究，做好心理健康知识和心理疾病科普工作，规范发展心理治疗、心理咨询等心理健康服务。"[②] 这为青少年心理健康促进工作指明了前进方向、提供了根本遵循。

近年来，一系列相关政策相继出台。《中共中央关于制定国民经济和社会发展第十四个五年规划和二〇三五年远景目标的建议》对青少年心理健康教育提出了明确要求。《国务院关于实施健康中国行动的意见》和《健康中国行动（2019—2030年）》部署开展心理健康促进行动。教育部等十七部门印发的《全面加强和改进新时代学生心理健康工作专项行动计划（2023—2025年）》，标志着加强学生心理健康工作上升为国家战略。

2024年2月21日，全国学生心理健康工作咨询委员会第一次全体会议在北京召开。会议深入贯彻习近平总书记关于教育的重要论述特别是关于学生心理健康工作重要指示精神，落实《全面加强和改进新时代学生心理健康工作专项行动计划》，深入分析形势任务，部署发挥咨询委员会优势，推动做好新时代学生心理健康工作。教育部党组书记、部长怀进鹏出席会议并讲话。怀进鹏指出，党中央、国务院高度重视学生身心健康和全面发展，高度重视学生心理健康工作。习近平总书记作出重要指示，为做好新时代学生心理健康工作指明了前进方向，提供了根本遵循。近年来，教育系统加强工作部署，带动全社会关心关注学生心理健康，进一步巩固政府、学校、家庭、医疗卫生机构共同促进和保障学生心理健康的工作格局，为广大学生健康成长提供良好环境。要提高政治站位，把落实习近平总书记关于学生心理健康工作的重要指示与加强学校体育、美育、劳动教育的相关论述结合起来，从思想根源上解决认识问题，从立场宗旨上解决目标问题，从观点方法上解决办法问题，找实招，求实效。怀进鹏强调，要把统筹谋划、科学决策作为提升学生心理健康教育的重要支撑，坚定不移提升学生心理健康能力，共

---

① 习近平. 高举中国特色社会主义伟大旗帜 为全面建设社会主义现代化国家而团结奋斗：在中国共产党第二十次全国代表大会上的报告 [N]. 人民日报，2022-10-26（1）.

② 习近平. 习近平谈治国理政（第二卷）[M]. 北京：外文出版社，2017：372.

同做好新时代新征程学生心理健康教育这篇大文章。[①]

教育部办公厅于 2024 年下发的《关于开展首个全国学生心理健康宣传教育月活动的通知》（教体艺厅函〔2024〕11 号）指出："为深入贯彻习近平总书记关于学生心理健康工作的重要指示批示精神，推动各地教育行政部门和学校进一步落实《全面加强和改进新时代学生心理健康工作专项行动计划（2023—2025 年）》，通过形式多样的宣传教育活动，营造积极关心关注、支持参与学生心理健康教育的良好社会氛围，提升师生和家长心理健康知识水平和素养，推动学生心理健康工作提质增效，促进学生身心健康发展，教育部决定开展首个全国学生心理健康宣传教育月活动。"

2024 年 10 月 18 日，十四届全国政协第二十四次双周协商座谈会在北京召开，中共中央政治局常委、全国政协主席王沪宁主持会议。他表示，中共十八大以来，以习近平同志为核心的中共中央站在培养担当民族复兴大任时代新人、确保党和国家事业后继有人的高度，深入实施教育强国战略、健康中国战略，围绕促进青少年健康成长、全面发展作出一系列重要部署，引领新时代青少年更加积极健康向上、奋发有为，一批又一批听党话、跟党走、有理想、敢担当、能吃苦、肯奋斗的时代新人茁壮成长。

王沪宁表示，促进青少年身心健康、全面发展，是中共中央关心、人民群众关切、社会关注的重大问题。广大政协委员要深入学习贯彻习近平总书记关于青少年健康成长的重要论述，增强履职建言的针对性和实效性。要围绕促进青少年心理健康的重点问题持续开展深入研究，提出务实管用、操作性强的对策建议。要助力推动相关政策落实落地，关注青少年所思、所忧、所盼，为青少年全面发展创造良好条件。要立足本职贡献力量，加强对青少年的思想政治引领、人文关怀和心理疏导，积极参加履职"服务为民"活动，为青少年健康成长营造良好社会环境。[②]

综上所述，青少年健康成长事关党的教育方针全面贯彻落实，事关国家的前途和命运。健康成长起来的青少年，堪当国家的栋梁，是教育科技人才一体推进中国式现代化建设的生力军、主力军。

当前，青少年心理健康是备受社会各界关注、关心的重要问题。大学教育是教育的高阶学段教育，所培养的学生既是经历过不同学段、接受了十几年教育的高阶对象，又是即将走向社会的高级人才，是未来建设创新型国家的中坚力量，他们的健康成长备受国家、社会各界的高度关注。然而受各种因素影响，大学生群体中存在一些心理健康问题，诸如环境适应不良、学业困扰、人际交往障碍、恋爱观偏差、家庭成员关系不和谐、就业压力等，并可能由此导致抑郁、焦虑、睡眠困难等心理不健康问题。解决这些

---

① 全国学生心理健康工作咨询委员会第一次全体会议召开 [EB/OL].（2024-02-21）[2025-02-26].http://www.moe.gov.cn/jyb_xwfb/gzdt_gzdt/moe_1485/202402/t20240221_1116208.html.
② 全国政协召开双周协商座谈会 围绕关注青少年心理健康、守护青少年成长协商议政 王沪宁主持 [J]. 中国政协，2024（21）：4-5.

问题，既需要全社会营造适合青少年健康成长的良好社会生态，又需要立足高校构建"学校—家庭—社区—医院"协同教育体系，共同发力，促进学生心理健康。

高校作为教育、引导大学生健康成长的重要主体，向学生传授心理健康的基本知识、原理和进行心理调节技能的训练，提升学生自我促进心理健康的能力，既是应尽职责，也是必尽职责。为了确保大学生心理健康教育在高校全面开展，教育部明确规定大学开设心理健康教育课程，并制定了教育教学大纲。如何依据大纲编写一部高质量的大学生心理健康教育教材，相关专业学者们高度关心并积极行动。目前已有一些相关教材编写出版，这为有效开展大学生心理健康教育提供了基本保证，也为进一步提升新编大学生心理健康教材的质量奠定了较好基础。

河南省作为教育人口大省，现有本、专科高等院校174所，在校生近400万人。地方党委、政府高度重视大学生的健康成长，河南省教育工委、教育厅积极行动，在已有工作的基础上，不断提升大学生心理健康教育工作水平和教育质量，并采取遴选、组建大学生心理健康教育名师工作室的创新举措，在全省高校遴选、组建了一批集大学生心理健康教育教学、科学研究、示范带动、心理行为活动设计产品推广应用于一体的大学生心理健康教育名师工作室，并取得了显著成效。在此基础上，基于工作经验积累、科学研究成果汇集、典型案例梳理、大学生生活事件整理分析，我们组织心理学专业素养好、工作室建设收效好、示范带动效果好的教师编写《新编大学生心理健康教程》，这部教材既是《现代大学生心理健康教程》（赵国祥主编，人民教育出版社2007年出版）的升级版，又充分体现了新时代党和国家相关的政策要求、时代背景、面向对象特点等。

为编好这部教材，赵国祥深入研究国内已出版的大学生心理健康教材，充分借鉴编写经验，结合河南省大学生的实际状况和未来发展趋势，确立了问题导向和学理解读的编写指导思想，并进行教材编写框架体系设计，形成了初步的框架体系。随后，赵国祥、李永鑫、周社刚、刘慧瀛等就此进行了多次深度研讨，达成共识，形成框架体系征求意见稿。在此基础上，组织河南省大学生心理健康教育名师工作室（共两批20个）的17位负责人进行两次研讨，最终确定教材编写框架体系，并从20个工作室里选取11位专业、专职人员组成编写委员会，参加各章的编写工作。各章作者根据分工与编写大纲，分头拟定详细编写提纲，汇总后，又召开两次编写提纲研讨会，最终确定了整部教材的三级编写提纲，正式开始分头编写。之后，编写组先后对一稿、二稿和三稿进行逐章研讨修改。周社刚、李永鑫、刘慧瀛分别做了部分三稿后的统稿工作，周社刚协助赵国祥做了整部教材的最终统稿工作。主编助理韩星冉博士协助主编做了大量的编务工作，并参加前言的起草和附录的汇集、编写工作。

《新编大学生心理健康教程》突出以下特点：

时代性。新时代背景下，党和国家对学生的教育提出了新要求，致力于培养德智体美劳全面发展的社会主义建设者和合格接班人；同时，经济社会的发展和科学技术的进步造就了新的社会生态环境，学生心理也发生了新变化。针对这些新变化，教材紧跟时代的步伐，与时代发展同频共振，回应时代的呼声，强调"五育"并举，促进学生心理健康。

思想性。教材的编写以马克思主义基本原理为指导；以习近平总书记的指示批示为根本遵循；以充分挖掘中华优秀传统文化和中国革命建设史中涌现出来的心理育人资源为基础；以引导大学生学习英模人物的心理品质和高尚人格，实现育心育人，形成正确"三观"为目标；以立德树人根本任务的实现为最终目的。

科学性。心理健康教育是心理科学的重要组成部分，其学理性必须依据心理科学研究成果，并把心理学最新研究成果转化为解决心理问题的应用知识和技术。同时，推介具有循证依据的心理调适方法和技巧，增强教学内容的趣味性、体验性与科学性，确保学生"学了能懂、懂了会用、用了有效果"。

生活性。教材编写选用大学生生活中的常见事件，引用贴近大学生生活的典型案例。注重将课堂学习和日常心理健康教育活动相结合，把课后作业、日常应用作为教材编写的重要内容，引导学生"课上学得会、课后坚持用"，切实提升学习效果。

实用性。针对大学生常见心理困扰，教材提出切实可行的建议与方法，既传授知识，更推介技能，突出操作性、易懂性与实用性。教材设置课堂心理行为训练专栏，注重训练项目的易学性、易掌握性与易用性，帮助学生实现助人自助，可以运用简便的心理调节技术解决自身遇到的心理问题，真正实现"教师好教、学生好学"。

趣味性。教材设置小知识专栏，选用可读性强、趣味性浓的心理学小知识，拓宽学生的心理学知识视野，增强学生的阅读兴趣，激发学生学习心理学的热情。

乐观性。教材秉持积极心理观，致力于塑造学生阳光心态。针对大学生心理发展规律特征，从激发积极心理动能出发，选取具有积极导向的典型案例，为大学生积极心理品质的自我增强提供示范。

本教材编写遵循"每章围绕一个大学生的心理健康主题＋大学生心理发展的一般规律＋心理能力主要提升策略＋心理发展挑战应对"的逻辑思路，即每一章均围绕一个主题来编写，分为四部分：首先提出大学生面临的问题；其次介绍大学生心理发展的一般规律，主要介绍该主题的主要概念、发展规律和特征，重点突出心理学学理性，尽量通俗易懂；然后阐述心理能力的提升策略，主要围绕大学生心理发展任务和心理能力提升，提出实现发展任务、心理能力提升的策略和方法，重点突出积极动能的激发和心理能力的提升；最后针对心理发展的挑战与应对，主要针对大学生日常生活中的心理困扰，给出心理训练方案和应对方法，重点突出操作性和实用性。

为了实现上述教材编写目标，我们组成了教材编写委员会。

主编：赵国祥，博士、二级教授、博士生导师，享受国务院政府特殊津贴专家、中国心理学会会士、十三届中国心理学会理事长、《心理研究》杂志主编。先后担任河南大学副校长、常务副校长、党委副书记，十三届全国人大代表、第十届河南省委候补委员、河南师范大学党委书记。兼任国务院学位委员会教育专业学位教学指导委员会委员、教育部心理学科教学指导委员会委员、教育部普通高等学校大学生心理健康教育专家指导委员会委员、教育部中小学生心理健康教育专家指导委员会委员。主持国家自然科学基金、教育部重大项目、国际合作项目等省部级以上课题 11 项，在国内外学术刊物发表论文 80 余篇，出版著作、教材 12 部，获得省部级以上教学、科研成果奖 8 项。

副主编：李永鑫，河南大学，二级教授、博士生导师，中国心理学会理事、中国心理学会人格心理学专业委员会副主任、河南省心理学会理事长、河南大学教育学部常务副部长兼心理学院院长、河南省高校大学生心理健康教育名师工作室主持人、《心理研究》杂志执行副主编等。

副主编：周社刚，河南师范大学，博士、副教授，河南省高校大学生心理健康教育名师工作室主持人。

副主编：刘慧瀛，郑州大学，教授、博士生导师，大学生心理健康教育中心主任，河南省高校大学生心理健康教育名师工作室主持人等。

主编助理：韩星冉，华北水利水电大学，博士、讲师。负责相关资料的收集、整理、分发和管理，参与前言、附录的编写和汇集整理。

编写委员会委员（按编写顺序）：

周社刚，编写第一章"绪论"。

刘慧瀛，编写第二章"大学生活与环境适应"。

马玉俊，郑州航空工业管理学院，博士、副教授，大学生心理健康教育中心负责人，河南省高校大学生心理健康教育名师工作室负责人（第二批）。编写第三章"家庭环境与积极应对"。

郭彦霞，河南中医药大学，副教授，大学生心理健康教育中心负责人，河南省心理健康教育名师工作室负责人（第一批）。编写第四章"大学生学习特点与学习能力提升"。

张典，河南大学，副教授，大学生心理健康教育中心负责人，河南省心理健康教育名师工作室主要成员（第一批）。编写第五章"大学生自我意识与培养"。

郭晓薇，新乡学院，副教授，学校心理健康教育中心负责人，河南省心理健康教育名师工作室负责人（第二批）。编写第六章"情绪变化与调节策略"。

尚宇红，河南工业大学，副教授，大学生心理健康教育中心办公室主任，河南省心理健康教育名师工作室负责人（第一批）。编写第七章"人际关系与沟通"。

毛俊青，河南科技大学，副教授，学校心理健康教育中心骨干，河南省心理健康教育名师工作室负责人（第一批）。编写第八章"恋爱心理与责任培养"。

刘柏涛，南阳师范学院，博士、副教授，学校心理健康教育中心负责人。编写第九章"大学生压力管理与挫折应对"。

常丽，河南农业大学，讲师，学校心理健康教育中心骨干。编写第十章"心理弹性与走出逆境"。

丁笑生，南阳农业职业技术学院，教授、博士生导师，学校党委书记，河南省心理健康名师工作室负责人（第二批）。编写第十一章"大学生提升幸福感的策略"。

在教材编写过程中，河南省教育工委、教育厅领导给予的指导、关心与支持，是对我们的莫大鞭策与鼓励。编写团队成员无论在理论观点的探讨、典型案例的选用、相关知识的选择，还是在课堂心理行为训练的设计、课后思考题的设计等方面，都以开放包容的理念、严谨治学的态度，展开充分的交流、讨论，以确保编写目标的实现。浙江大学出版社高度重视并大力支持编写团队的工作，为我们顺利完成任务提供了保障。在教材的编写过程中，我们还参考了已有的研究成果等，力求教材内容的科学性与前沿性。在教材即将付梓之际，向指导、支持、关心和帮助我们的领导、专家、同行表示衷心的感谢并致以崇高的敬意！

《新编大学生心理健康教程》编写委员会

2025 年 3 月

目 录

第一章 绪 论

📖 学习目标

1. 了解心理健康的含义和大学生心理健康标准。
2. 理解心理异常和心理问题的识别标准。
3. 掌握心理异常和心理问题识别技能，能对心理健康状况进行初步评估。
4. 学会运用心理健康促进的基本技能和一般策略，不断提升心理素质。

📖 知识导图

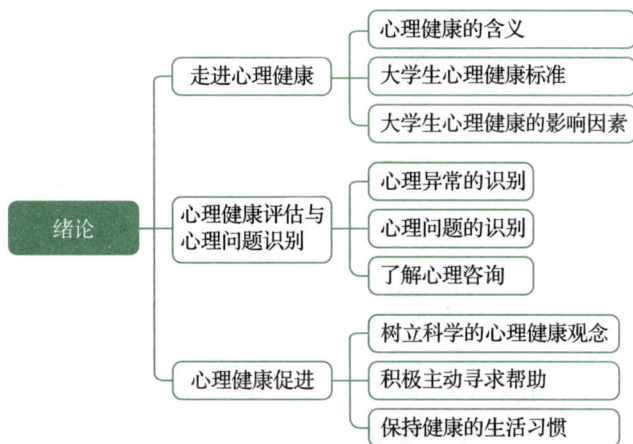

📖 关键词

心理健康；异常心理；心理问题；心理咨询；心理健康促进

📖 案例导读

巴黎奥运会上，17 岁的全红婵凭借总分 425.60 的成绩，蝉联奥运会女子 10 米跳台冠军，成为中国奥运史上最年轻的三金王。但全红婵的成功并不是一蹴而就的，成功的背后是长时间的磨炼和面对压力的挑战。

全红婵从小就展现出非凡的跳水天赋，10岁进入了国家队。由于出色的天赋和表现，她很早便成为媒体关注的焦点。在公众强烈的关注下，她面临着巨大的心理压力。尤其是在东京奥运会前，全红婵年仅14岁，作为"跳水新星"的她一度成为媒体和公众关注的焦点。外界对她的期望值极高，很多人将她视作中国跳水队的未来，希望她在东京奥运会上能为中国队再添一枚金牌。这种高压的舆论环境，对于一个第一次参加大赛的青少年选手来说，心理压力无疑是巨大的。

全红婵在接受采访时曾表示："跳不好的时候或者被说的时候，就很想哭，也想过很多次放弃。每天的训练要怎么坚持，今天练完了明天还来，是不是很累，这样一天一天下去，所以也会有这样的想法。但我非常乐观，都憋在心里，不轻易讲出来而已。"面对压力，全红婵将所有精力都集中在训练上，通过提升自己的技术水平来增强自信心，通过顽强拼搏来战胜压力。

全红婵的成功不仅是跳水技术上的成就，更是心理调适能力的体现。在任何领域，当面对巨大的外部压力和挑战时，不断提高心理素质，积极调整心态、专注过程、坚定目标，都是取得最终成功的关键。

大学生正处于身心发展的关键时期，随着生理机能的成熟和心理认知的深化，其人格发展趋于稳定。伴随着自我认识的深化和成长经历的增多，心理冲突和心理困惑也更容易发生。提高心理健康水平，增强心理素质是大学生健康成长、实现梦想的现实需要，也是其提升生命价值、拥抱幸福生活的重要基础。

第一节　走进心理健康

世界卫生组织提出，健康是身体上、心理上和社会适应上的一种完好状态，心理健康是健康的重要方面。对于大学生来说，了解心理健康的含义，学会评估心理健康水平，是实现心理健康发展的重要技能。

一、心理健康的含义

在日常生活中，人们每时每刻都在对外部世界进行认识、体验和反映，这些认识、体验和反映构成了一个人的心理状态。一般来说，心理健康是指一种自我内部之间协调一致，自我和环境之间平衡和谐，并能实现心理发展、发挥心理潜能的积极稳定状态。

在很长一段时期内，人们认为心理健康和心理疾病是一个连续统一体，健康即没有疾病，这就是传统上的精神病理学模型。该模型认为心理疾病主要包括内化心理问题和外化心理问题，前者主要通过抑郁、焦虑等情绪感受表现出来，后者主要通过躯体症状和行为不适表现出来。精神病理模型在深化人们对心理问题认识的同时，过于关注消极心理，忽视一个人的自我更新能力，弊端日渐显现。积极心理学的兴起对其提出了直接挑战，通过积极心理和消极心理界定心理健康状况的双因素模型逐步提出，为认识心理健康提供了新视角。

小知识专栏 1-1

积极心理学的兴起

一天，心理学家马丁·塞利格曼（Martin Seligman）在自己的花园里割草，他 5 岁的小女儿尼奇在一旁快乐地玩耍。虽然已经写过许多儿童心理方面的著作，但塞利格曼和女儿之间的关系并不是很亲密。塞利格曼工作非常忙，所以他专心致志，想快一点将花园打扫好。尼奇则是一个活泼可爱的孩子，她在一旁蹦蹦跳跳，不时把父亲割下来的整齐摆放的杂草扔向空中。很快，塞利格曼无法忍受女儿的行为，他大声训斥了女儿一通，让她不要捣乱。尼奇一声不响地走开了。过了一会儿，尼奇回到了花园，严肃、认真地对塞利格曼说："爸爸，我想和你谈谈！"

"可以啊，尼奇！"塞利格曼回答，并停下手中的活。

"爸爸，你还记得我在 5 岁生日之前的样子吗？从我 3 岁开始，你就经常说我是一个爱抱怨、爱哭诉的孩子。那个时候，我经常会对很多事情哭诉和抱怨，每天都要说这个不好那个不好，从来不管这些事情是紧要的还是无关紧要的。但是，当我过了 5 岁生日后，我就下定了决心，不再对遇到的任何事情和任何人哭诉和抱怨了。你知道，这是一件非常艰难的事情，也是一个非常困难的决定。当我不再抱怨时，你会停止对我的训斥、吼叫吗？你会不再郁闷吗？"

听完女儿尼奇的话，塞利格曼仿佛遭受了电击一般，感到惊诧、震惊、内疚。作为父亲，他对尼奇的成长了如指掌，但他似乎将过多的注意力放在尼奇身上的抱怨、哭诉、捣乱等种种缺点和问题上，忽视了她自身拥有的最美好的品质。他还发现自己总是用消极的眼光去看待他人和自己，但他生活得并不快乐。从那天开始，塞利格曼决定让积极的思维主导自己，让积极的情绪充满心灵。他发起了积极心理学运动，致力于发现人的优秀品质和美好心灵。

双因素模型通过消极心理指标（如心理疾病）和积极心理指标（如主观幸福感）将一个人的心理健康状况分为四种状态：完全心理健康，这类人的心理疾病症状少，主观幸福感高，情绪积极稳定，社会功能正常，在短期内不太可能出现心理问题；部分心理健康，这类人虽然没有明显的心理疾病症状，但主观幸福感较低，尽管他们目前没有达到精神疾病的诊断标准，但未来患病的风险较高；部分病态，这些人有明显的心理疾病症状，但因为他们拥有较高的主观幸福感和积极的心理资源，更容易也更可能自我恢复；完全病态，这类人不仅有明显的心理疾病症状，还经常感到生活不幸福，整体心理状况和社会功能更为不良。

双因素模型将积极心理特征纳入心理健康的考量范围，更加贴近人们的实际心理状况，为促进心理健康提供了更多的策略和方向。对大学生而言，提升心理健康水平不仅要预防心理问题的发生，还要注重培养个体的积极心理品质，增强生活幸福感。

二、大学生心理健康标准

随着人们对心理健康内涵认识的深化，各种心理健康标准被提出。其中，美国人本主义心理学家亚伯拉罕·马斯洛（Abraham Maslow）和伯纳德·米特尔曼（Bernard Mittelman）提出的十条心理健康标准被广泛引用，具体包括：有足够的安全感；能充分了解自己，并对自己的能力做出适当评价；生活的目标切合实际；不脱离周围现实环境；能保持人格的完整与和谐；善于从经验中学习；能保持良好的人际关系；能适度宣泄和控制情绪；在符合集体要求的前提下，能有限度地展现个性；在不违背社会规范的前提下，能恰当地满足个人的基本要求。该标准既可以用来对照评估自身的心理健康状况，又可以作为提高心理素质的理想标准。

大学生处于青年初期，其心理健康标准既符合一般人群的健康标准，又具有特殊的角色要求和心理发展特点，总体上涵盖以下方面。

（一）智力正常

智力是以抽象思维能力为核心的综合认知能力，包括观察力、注意力、记忆力、想象力和思维能力等。智力正常是大学生完成学习任务和适应环境的基础，也是衡量大学生心理健康的首要标准。智力正常既指具备正常认识事物的能力，如未有幻觉妄想、思维紊乱等，又指智力功能充分发挥，能保持较强的好奇心，学习兴趣浓厚，思维品质良好等。

（二）情绪积极稳定

情绪是心理健康的核心，情绪变化是一种正常现象，但总体上，情绪应较为稳定，积极情绪应占主导地位。情绪积极稳定的大学生通常能够保持乐观、愉快的心境，对未来充满希望，遇到挫折时能够积极调整、妥善应对。相反，如果因为小事容易情绪剧烈波动，或者长期陷于消极情绪中难以自拔，则是心理健康不佳的表现。

（三）意志健全

意志是人们在行动中自觉克服困难，实现预定目标的心理过程。每个人的生活都不是一帆风顺的，意志健全的大学生自觉性强，有明确的学习目标和生活目标，能够表现出持之以恒、顽强不屈的品质，能够积极主动解决问题。反之，意志薄弱的大学生则容易盲目行动，优柔寡断，畏惧困难，无法控制自己的行为。

（四）自我意识正确

自我意识是一个人对自己以及自己与他人、与周围环境关系的认识、体验、评价和控制，是人格的核心。自我意识正确的大学生能够客观正确地评价自己，既能正视自己的不足，又能发挥自己的优势，能够悦纳自己，保持自信。反之，自我意识有偏差的大学生只能看见自己的缺点，陷入深深的自卑，或者高估自己，表现出自负的特点。

（五）人际关系和谐

人际归属是人们的一种重要需要，与他人建立情感联系是人类生存和发展的重要保障。人际关系和谐的大学生能够保持积极、真诚、理解和宽容的态度，接受别人与自己的观点差异，善于通过沟通化解分歧，能够与他人合作共事。相反，过于以自我为中心、封闭自己、频繁与他人发生冲突、缺乏人际交往技巧，则是大学生心理健康不佳的表现。

（六）人格健全

人格是一个人独特的相对稳定的心理行为模式，是个体比较稳定的心理特征的总和。一个人格健全的人，心理各个方面协调统一，能够根据环境变化对自己的行为进行调节和控制，生活信念积极稳定，行为表现出一贯性和统一性。反之，经常发生剧烈的内心冲突，行为和态度变化无常，在生活中孤僻怪异，则是心理健康水平不佳的表现。

三、大学生心理健康的影响因素

大学生心理健康受到诸多因素的影响，如生理遗传因素、家庭因素、社会因素和个体因素。提升大学生心理健康素质，既要充分认识到生理遗传因素的作用，又要提升自我调适能力，还要营造有利于心理发展的良好生态环境。

（一）生理遗传因素

生理和心理相互影响，心理活动的基础受个人生理遗传基因的制约。研究显示，即使在不同环境中成长，同卵双胞胎在许多心理特质上依然有很高的相似度，这表明遗传因素在个体心理发展中具有重要作用。现有大量研究也证实，一些精神疾病如精神分裂症、双相情感障碍、人格障碍等与遗传的关系十分密切。此外，各类躯体疾病、生理损伤也会引发情绪和行为的变化。例如，甲状腺功能亢进可能引发敏感易怒、情绪不稳定和自制力减弱等行为表现。需要注意的是，生理遗传因素仅为个体发展提供了可能性，而心理具体如何发展与表现，还取决于后天环境的作用。

小 知 识 专 栏 1-2

遗传和环境在心理发展中的作用

"龙生龙，凤生凤，老鼠的儿子会打洞"，这句俗语经常用来说明生物遗传对人类行为的影响。其实，心理健康究竟是受到生理遗传影响还是后天环境影响也是人们关心的重要课题。该类研究的一个重要途径是对双生子进行研究。

双生子有两种，即基因完全相同的同卵双生子和约一半基因相同的异卵双生子。基于此可以推断，同卵双生子如果心理特征和心理健康状况相同，则说明生物遗传对心理特征和心理健康有较大影响。研究者曾寻找了56对分开养育的同卵双胞胎和一起成长的同卵双胞胎，对其进行为期一周的集中心理测验，测验内容包括人格特质、能力倾向、职业兴趣以及智力等。结果表明，无论同卵双胞胎是分开养育还是一起养育，两者在每种特征上都有惊人的相似。另外，一些研究也发现，几乎所有的精神疾病都受遗传因素的影响。例如，精神分裂症的遗传系数达到70%以上，重度抑郁症的遗传系数达到40%，强迫症的遗传系数达到60%以上。这表明，对于相当数量的人类心理特征和精神疾病而言，大多数差异是由遗传因素引起的。

不过这种观点很快受到质疑。一些学者认为基因等遗传因素不是决定命运的必然因素，父母仍能以各种方式影响他们的子女，即使这种影响可能只占很小的百分比。此外，研究还发现，有时并非环境影响人的特性，而是人的特性影响环境。目前，学者们通常认为人类心理发展的影响因素并不是单一的，而是由多种因素共同作用的结果，这不仅包括生理遗传因素，还包括个体家庭环境因素、社会环境因素、个体心理因素等。

资料来源：吕澜．新编大学心理健康教程 [M]．上海：上海交通大学出版社，2015：13-14.

（二）家庭因素

人们常说，"家庭是人生的第一所学校，家长是孩子的第一任老师"，家庭是每个人生存发展的首要环境和长期环境，因此它对每个人的心理发展作用时间最长，影响也最为深刻。

1. 家庭互动模式

家庭是每个人最早接触到的人际环境，家庭成员之间的相处模式既塑造着孩子的行为模式，又为孩子学习人际交往、合作竞争、冲突解决提供了榜样和示范，从而对孩子的言行举止、人际模式、价值观念产生影响。良好的家庭互动模式应该有以下特点：家庭成员之间界限清晰、互相认可、彼此平等；接纳彼此的差异，鼓励发展各自的独特性；能够共同分担责任；相互信任，能够通过沟通化解矛盾等。对于大学生来说，其要学会识别自己同父母的不良互动方式，学会和父母沟通，取得父母的理解，获得父母的支持。

2. 父母教育方式

不同父母养育孩子的方式方法各不相同，这不仅影响亲子互动和亲子关系，还影响孩子对父母的认识和评价，进而对孩子的情绪状态、心理状况产生影响。一般来说，权威型教养方式的父母既注重约束和管教，又会关心孩子的情绪变化，给予孩子温暖和支持，孩子会更乐观积极，也会更独立自律。专制型教养方式的父母会制定很多规则，要求孩子必须遵守和服从，对孩子的关爱相对较少，孩子容易自我怀疑，不够自信，容易出现迷茫、抑郁、焦虑等消极情绪。放任型教养方式的父母对孩子过度宽容和溺爱，会想方设法满足孩子的各种要求，对孩子的过错却不予理会，孩子容易出现过度依赖、以自我为中心、任性刁蛮、社会适应能力较弱等特点。忽视型教养方式的父母对孩子的关注严重不足，既没有温暖和支持，又没有指导和教育，孩子会感到被忽视，容易产生愤怒情绪，自信心、好奇心、自我控制能力会变弱。对于大学生来说，应学会接纳父母的不完美，学习如何为自己负责，从而消除父母不良教育方式带来的消极影响，发扬自己从父母身上学到的优点。

3. 家庭氛围

家庭是情绪高度聚集的地方，家庭成员在一起会形成特定的家庭情绪氛围，从而影响每个人的情绪状态。一般来说，在和睦、安宁、愉快的家庭氛围中，孩子会感到更安全、更快乐，处理问题也会更自信，人际交往能力也更强。相反，家庭关系紧张、容易发生冲突争吵，孩子就会缺乏安全感，情绪就会不稳定，生活中容易产生紧张的情绪，人际交往中难以建立信任感，有的还会表现出容易发怒、难以相处的特点。对于大学生来说，可以试着主动参与到父母的日常工作中，培养和父母的共同兴趣，增进亲子关系，从而营造良好的家庭氛围。

（三）社会因素

大学阶段正处于从学校生活向社会生活的过渡阶段，各种社会因素会对大学生产生更为直接的影响，除了宏观社会环境的影响外，生活事件、学业压力、人际关系也是影响大学生心理状况的重要因素。

1. 生活事件

生活事件是指那些在日常生活中出现的事件或变故，这些事件可能是生活中一些平常的小事，也可能是一些重大事故。生活事件的出现打乱了本已建立的适应平衡，改变了以前有效的心理调节模式，容易引起应激反应。从中学来到大学，大学生的生活领域拓宽，人生议题变多，可能会遇到各种各样的生活事件。学业压力、人际关系、感情问题、评比竞选、环境适应和家庭矛盾是大学生常见的六类生活事件，容易引发学生的情绪波动。

2. 学业压力

大学时期是学业和个人发展的关键阶段，当前社会发展节奏快，知识更新速度快，竞争异常激烈，学习和竞争的压力在大学生群体中尤为普遍。当前，"内卷"等现象在大学校园较为普遍，一些学生因为学业压力过大产生焦虑、抑郁等情绪，还有一些学生因为竞争压力过大，产生学习动机减退、厌学等现象。

3. 人际关系

大学生正处于人格发展的关键期，渴望建立良好的人际关系，并希望在情感上得到满足。但大学生的人际交往技巧还不成熟，在处理复杂的人际关系和情感问题时，会感到困惑和压力，这种压力常常会引发情绪问题，甚至导致心理障碍。

（四）个体因素

生活中常会见到一种现象，不同的人遇到相同的事情，反应却不一样。同样遇到挫折，有的人悲观消沉，难以自拔，有的人积极乐观，顺利渡过难关。这反映了面对生活事件的影响，个体心理因素会发挥调节作用。其中，人格特征、认知风格、应对方式是常见的个体心理因素。

1. 人格特征

人格是人们应对问题的稳定心理行为模式。研究发现，神经质即情绪起伏大的人，出现心理问题的可能性更高。外向冒险、行为冲动、情绪易变的人容易做出各种危险行为。这类人通常雄心勃勃，争强好斗，脾气急躁，不善于自我克制，经常处于焦虑状态，还容易引发心血管疾病。

2. 认知风格

认知风格反映了人们认识外界事物的倾向和特征。对心理问题持非绝对负面观点的人会适度自我管理，有利于心理健康，而对心理问题持压抑观点的人，则容易出现心理问题。如果一个人习惯把在生活中遇到的问题归结为内在的、稳定的、整体的原因，如"都是我不好"，就容易出现抑郁；而习惯将事情的结果归结为自我控制原因的人，消极情绪会减少，积极情绪会增加。

3. 应对方式

应对方式是人们解决问题的策略和办法。采用积极应对方式的人，以解决问题为主要目的，习惯于直面问题、寻找解决问题的办法、改变策略、寻求帮助等，会促进心理健康；采用消极应对方式的人，遇到问题时习惯于发脾气、逃避、自我惩罚、怪罪别人等，无疑会损伤心理健康。大学生应当学习、练习并逐步形成积极的应对方式，养成乐观的认知风格，保持理性、平和的健康心态，提升自己的心理素质。

第二节　心理健康评估与心理问题识别

心理健康状态是一个动态变化的过程，具有连续性和相对性，在健康和不健康之间并没有绝对清晰的分界线。为了更好地评估心理健康状况，人们依据心理特征、社会适应情况、主观体验等，将心理不健康状况分为不同的类别和等级。

课堂讨论 1-1

如何进行心理健康评估？

请认真阅读以下四个案例，分小组讨论并回答以下问题：

（1）请按照心理健康水平高低，对下面四个案例进行排序。

（2）你的判断依据是什么？

案例一：害怕猫和狗的男生

小明是一名大一男生。刚上大学时，小明遇到有阴影的地方或角落，总会盯着看，担心有小猫小狗蹿出来。后来，他看到地上有脏东西，会通过脚踩反复确认东西是否会动。最近，他每次外出回到宿舍都要反复用肥皂洗手，总觉得手上有脏东西。原来高三时，小明在和小狗的嬉戏中，不小心被咬伤，他担心感染小狗身上的病菌，可伯父却说温和的狗不会带有病毒，因此并未及时带他去医院打预防针。一周后，父亲从外地回来才带小明去打了狂犬病疫苗。但自从这件事之后，小明就开始胡思乱想，担心伤口被感染。那段时间，小明刚好在书上看到有关狂犬病毒知识的介绍，了解到狂犬病毒会导致人发疯最后死亡，感到更加害怕。此后，小明逐渐开始出现上述行为，特别害怕猫和狗。

案例二：找回迷失的自己

小敏是一名大二女生，因觉得"很迷茫、很无聊"，前来寻求心理老师的帮助。小敏自述刚来到大学时没有什么特别的目标，每天除了吃饭、睡觉就喜欢看小说，两年下来，她读了许多名著，虽然丰富了人生经验，但也让"自己更加迷失"，不知道什么样的生活是好的。小敏现在是"事不关己，高高挂起"的状态，很"自我"，偶尔会帮助别人，但很少向别人求助。即使遇到情绪不好的时候，她也是一个人独自面对，几乎没有可以交心的朋友。虽然现在已经上大二了，但自己不知道以后想去做什么，也不知道能去做什么。这种状态持续了一个月左右，小敏想了很多办法但也解决不了。

案例三：灰色天空

小丽，女，是一名大三学生。从大二下学期开始，小丽总是毫无原因地感到孤独、悲伤，觉得"自己的天空是灰色的"，有时甚至会掉眼泪。小丽现在觉得做什么事情都没有意思，就连以前最喜欢的画画也觉得索然无味，有时早上醒来也不愿意起床。室友们对她非常关心，她虽然不愿意告诉室友自己的真实感受，但为了不让大家担心，常常装作什么事情也没有。另外，小丽的睡眠也变得很糟糕，晚上上床后需要很久才能入睡，但早上很早就会惊醒。小丽觉得自己很没用，什么都做不好，甚至一些简单的事情也不愿意去尝试。

案例四：新生活、新起点

经过三年高中苦读，小浩顺利考上大学。他对大学生活充满向往，希望在知识的海洋里扬帆起航。但他很快发现同学们都有很多特长，在高中是学校尖子生的小浩在这里显得非常普通。小浩积极参加班干部和学生社团招新，但结果却不尽如人意。小浩开始变得沉默寡言，更让他气馁的是以前他引以为傲的学习成绩在大学中也毫不起眼。慢慢地，小浩变得自卑且敏感，开始独来独往，甚至不想和同学交往。小浩给父亲打电话诉苦，父亲听了后告诉他："我没有上过大学，也没什么建议，但我觉得做什么事情都要能吃苦。"小浩自此开始更加努力，每天学习到很晚，早上早早起床去读书、锻炼身体，虽然辛苦，但小浩觉得生活开始变得充实。

一、心理异常的识别

总体来说，人们的心理状况可以分为正常心理和异常心理。正常心理是指心理活动功能正常，能保障人们顺利地适应环境，进行人际交往，正常反映、认识客观世界的本质及其规律。异常心理是指人的心理过程和个性心理特征发生异常，对客观现实反应紊乱和歪曲，出现典型的精神障碍症状。对于大学生来说，各类心理异常都有可能发生。大学生出现心理异常时要积极求助，配合治疗；发现同学出现心理异常时要及时向辅导员和心理健康教育中心反馈信息；在与精神障碍康复学生相处的过程中，要帮助他们减少压力，增加理解和支持，引导其学习人际交往技能和问题解决技巧。

（一）心理异常识别标准

1. 主观世界与客观世界的统一性原则

心理是客观现实的反映，任何正常心理活动在形式和内容上须与客观环境保持一致。如果一个人听到、看到、闻到或感觉到根本不存在的东西，或思维内容脱离现实，即出现幻觉或妄想，就代表出现了精神病性症状。此外，有无"自知力"也是判断精神障碍的一项指标。人们一般能够审视自己的心理活动与客观环境的一致性，并能觉察到心理体验和客观现实是否统一，当缺乏这种现实检验能力和自知力时，就代表出现了心理异常。

2. 心理活动的内在协调性原则

心理活动包括认知、情绪情感、意志行为等成分，不同成分之间是一个完整的统一体。只有各个成分协调一致，才能保证人在反映客观世界的过程中高度准确和有效。如果这种协调一致性缺失，就代表出现心理异常。例如，一个人遇见一件好事，原本该高兴却变得伤心难过；一个人虽然知道某件事情没有必要，却忍不住要去做；等等。

3. 人格的相对稳定性原则

一个人的人格一旦形成，便具有相对稳定性，在没有重大外界变革的情况下是不易改变的。如果在没有明显外部原因的情况下，一个人的人格出现大的改变，那么这个人的心理活动可能也出现了异常。例如，一个原本节俭的人，突然挥金如土；一个热情开朗的人，突然变得十分冷漠等。如果在他的生活环境中找不到足以促使他发生改变的原因，就说明他的心理活动已经偏离正常状态。

（二）常见心理异常

心理异常多种多样，大学生常见的心理异常主要包括精神分裂症、抑郁症、人格障碍、强迫症等。

1. 精神分裂症

精神分裂症是一种病因未明的严重精神疾病，多起病于青壮年，常有知觉、思维、情感和行为等方面的异常，表现为现实感丧失、幻觉、妄想、思维紊乱等症状。精神分裂症患者并没有认识到自己的心理异常，通常表现出言语思维不由自己支配、行为与现实脱节、精神活动和外界不协调、病态的判断和推理等症状，会对个人的认知和社交能力产生严重影响，因此要及时到医院接受正规、科学的治疗。

2. 抑郁症

抑郁症是最常见的精神障碍，最主要的表现是情绪持续低落，觉得空虚，没有价值感；对周围的一切事物都失去兴趣；食欲激增或骤减，体重出现明显变化；睡眠出现问题，明显感到疲劳；自我评价低，觉得自己一无是处，常常内疚、绝望；思维、语速甚至手势都变得缓慢，注意力不集中；上述情况持续两周以上。抑郁症是生理、心理和社会因素综合作用的结果。轻度抑郁症患者可通过自我调节、积极参加社交活动、多进行户外运动、与家人和朋友沟通等方式，使症状得到改善。中度及以上的抑郁症患者需要通过药物治疗和心理治疗等专业方法来干预。

3. 人格障碍

人格障碍是指一个人因遗传、原生家庭以及所处的环境因素等造成的性格缺陷或根深蒂固的行为方式，常见类型有偏执型、分裂型、强迫型和边缘型等。患有人格障碍的个体情绪不稳定，自制力较差，与他人交往的能力和自我实现的能力都较弱，主观上会感到痛苦，但缺乏对自己人格缺陷的正确判断，往往很难从失败中汲取教训，以至于在学习、生活中屡屡受挫，在给自己带来痛苦的同时也给他人带来消极影响。

4. 强迫症

强迫症是一组以强迫思维和强迫行为为主要临床表现的精神疾病。强迫思维常见有强迫观念、强迫情绪及强迫意向，如碰到脏东西就害怕会得病、反复纠结地球为什么是圆的等。强迫行为常见有反复检查门窗是否关闭、反复洗手洗衣、反复计数等，往往是为了减轻强迫思维产生的焦虑而采取的行为，患者明知是没有必要的，但控制不了，因而感到痛苦。强迫症可能与遗传、心理、社会、个性及神经–内分泌等因素相关，需要及时到专业医疗机构诊断干预。

二、心理问题的识别

在心理正常的状态下，每个人的心理状况和外部环境以及两者的相互作用都是不断变化的，这引发了心理健康状态的变化和自我与环境关系的失衡，如果失衡得到修复、再次恢复平衡，个体心理就会不断成长，如果失衡未能修复，个体功能受到影响，心理问题便会产生。根据失衡程度和个体功能影响情况，心理问题分为一般心理问题和严重心理问题。

（一）心理问题识别标准

心理问题主要通过认知、情绪、行为等心理特征的改变表现出来，常伴有痛苦体验和功能损害。评估心理问题主要考虑以下四个方面。

1. 个人痛苦水平

心理问题通常表现为心理上的痛苦，痛苦程度越高，心理问题越严重。面对考试失利，有的同学虽然感到挫败，但依然能自我调节，改变心态，重振精神；有的同学自己调适不了，需要向好友倾诉，获得支持；有的同学即使有好友的支持也无济于事，对自己完全怀疑、否定自己，变得郁郁寡欢、一蹶不振。后者的痛苦水平更高，可以归为心理问题。

2. 功能受损情况

每个人在社会中都担任一定的角色，各个角色发挥着不同的作用和功能。心理问题会影响角色作用的发挥和功能的行使。功能受损领域和程度不同，心理问题严重程度便会不同。有的人在公众场合演讲时会感到紧张，有的人在亲密关系建立和维持中会感到困难，还有的人总与周围的人发生各种各样的矛盾，他们的功能损害情况均不相同。总而言之，功能损害越严重，心理问题就越严重。

3. 对自身的伤害

心理问题会影响一个人对环境的适应和自我的发展，但不同心理问题的影响程度存在差异。有些心理问题可以通过找朋友或家人倾诉、求助以及看电影、运动等方式进行调节，而有些心理问题却会导致拖延、回避、封闭自己甚至自我伤害。那些增加自我伤害风险的问题显然更为严重。

4. 社会规范偏离程度

人对环境的适应主要表现为对社会文化规范的适应，心理问题也受到社会文化规范的影响。我国有"男儿有泪不轻弹"的传统，当男性表现得过于"柔弱"时便会引发争议，反映了社会文化对心理问题界定的影响。评估一个人是否出现心理问题，也要考虑社会的可接受性。

（二）一般心理问题识别

一般心理问题是指现实因素引发了内心冲突，虽然对社会功能有所影响，但影响范围和影响程度有限。一般心理问题的识别标准主要包括以下四点。

1. 现实因素激发

心理问题是由于现实生活、工作压力、处事失误等因素而产生的内心冲突，冲突是常人可以理解的，并因此体验到不良情绪。例如，因为学业压力、考试失利、感情受挫等引发的消极情绪。

2. 持续时间较短

不良情绪不间断地持续一个月以内，或不良情绪间断地持续两个月就可以自我化调适。

3. 在理智控制之下

不良情绪反应仍在相当程度的理智控制下，始终能保持行为正常，基本维持正常生活、学习、社会交往，但效率有所下降。

4. 反应尚未泛化

自始至终，不良情绪的激发因素仅仅局限于最初事件。例如，考试压力引发的焦虑，但在做其他事情时不受影响。

（三）严重心理问题识别

严重心理问题相对于一般心理问题，内心冲突的持续时间更长、强度更高，影响也更大，主要识别标准如下。

1. 由相对强烈的现实因素激发

引起严重心理问题的原因是较为强烈的、对个体威胁较大的现实刺激。例如，个体面临毕业但求职频频失利，感到就业没有希望。

2. 持续时间较长

从产生痛苦情绪开始，痛苦情绪间断或不间断的持续时间在两个月以上、半年以下。

3. 初始情绪反应强烈

个体遭受的刺激强度越大，反应越强烈。大多数情况下，个体会短暂地失去理性控制，在后来的持续时间里，痛苦可逐渐减弱，但单纯依靠"自然发展"或"非专业性的干预"难以化解，对生活、工作和社会交往有一定程度的影响。

4. 内容充分泛化

痛苦情绪不但会被最初的刺激引起，而且与最初刺激相类似、相关联的刺激也可以引起此类痛苦，即反应对象被泛化。例如，个体最初因为考试失利而感到悲伤，现在一提到要去教室就感到绝望，不想去学校。

三、了解心理咨询

一个人在遇到心理问题时，寻求心理咨询是向专业资源求助的重要方式。心理咨询通常包括两个主体：一个是具备专业知识和技能的咨询师，另一个是前来咨询问题的来访者。心理咨询是指心理咨询师运用心理学知识和技术，通过与来访者建立相互信任的人际关系，帮助来访者探索自我意识、理解内部冲突并发现自己的问题根源，以此来改善情绪，挖掘自身潜能，完善人格，最终提高社会适应能力的过程。

小知识专栏 1-3

大学生对心理咨询的常见疑问

1. 什么时候需要心理咨询？

- 有很长一段时间觉得非常孤独或者想找人说说话。
- 刚来到大学，在学习或生活上遇到困难，或与宿舍的同学相处不愉快。
- 发现自己的性格有些变化，如比以前沉默寡言、常常哭泣等。
- 在情感上出现困扰，心情沮丧、长时间不能摆脱，或出现分手等让你一时间无法应对的事情。

- 与父母无法顺利沟通，常常产生冲突，甚至不愿意回家，不想见到他们。

- 和恋人、舍友、同学、辅导员、导师或任何关系密切的人产生冲突或不愉快，以致影响了正常的生活、学习。

- 压力过大，出现胸闷、难受、疼痛等症状，但到医院检查又查不出问题。

- 对毕业后何去何从充满困惑，想探索自己未来的职业兴趣或发展方向却犹豫不决，或在寻找工作、实习、考研、申请出国留学的过程中遇到了自己不能独自承受的压力。

- 对于某些特定的物体过分恐惧，某些行为或对于某一事物的思维反复顽固地出现而无法摆脱，对于食物、烟、酒精、网络等某些东西出现依赖，遇到亲人、朋友去世等突发事件之后一个月以上仍继续被这些事件的回忆干扰生活……

2. 心理咨询就是找人聊天吗？

心理咨询和聊天有很大区别。咨询师与来访者需要共同制订合理、可行的改变目标，通过谈话、模拟、练习、分析等方法一起探索、尝试、体验，最终达成咨询目标。

3. 如果我去心理咨询，我的秘密会暴露吗？

许多同学担心自己和咨询老师说的话会被别人知道。在心理咨询行业中，保密原则是最重要且基本的准则，也是心理咨询师的职业道德。一般情况下，心理咨询师会严格遵守保密原则，不会对任何人说起咨询内容，所有的个案记录也将严格保密处理。但存在保密例外：①咨询内容涉及高风险的人身伤害问题，包括伤害自己或他人；②因法律刑事案件，法院或公安机关提出要求时。

4. 我从来没有做过心理咨询，需要做哪些准备？

做心理咨询前，建议先安排好一段固定的咨询时间，因为大多数情况下，咨询不是一次就结束的。如果有可能的话，还可以调适好开放、积极、主动解决问题的心态。

依据不同的标准，心理咨询可以分为不同的类别。按照咨询参与人数，心理咨询包括一对一的个体咨询，一个咨询师和整个家庭成员的家庭咨询，以及一个咨询师和多位来访者的团体咨询。按照咨询形式，心理咨询可以分为咨询师和来访者的面对面咨询与通过线上开展的网络咨询。按照对心理问题发生发展和干预的不同理解，心理咨询可以分为不同的取向，如认为心理问题源于童年早期经验对现在行为的影响，主张通过对早期经验的领悟来解决心理冲突的心理动力学取向；认为情绪困扰源于不合理认知，主张通过构建合理认知来改变情绪的认知行为取向；认为心理问题源于有条件的价值评价导致自我和经验不一致，主张通过咨访良好关系实现心理发展的人本主义取向。不过，临床经验和实证研究均发现各种咨询取向都有较好的效果。

心理咨询服务对象主要是心理健康人群，如因为现实问题影响产生各种心理困扰前来寻求帮助的人，或者有明显心理问题、长期受到困扰但并非精神疾病的人，还有一些处于康复期的精神疾病患者。心理咨询可以帮助来访者缓解和消除心理痛苦，深化自我认识，改变思维和行为方式，调整人际关系，实现心理和环境的平衡。

心理咨询的一个重要理念是助人自助，来访者在心理咨询过程中发挥着重要作用。现代研究也证实，来访者自身的资源和优势，如期待、动机、人格特征等，会对咨询效果产生重要影响。来访者在咨询中，能够表达内心的想法、感受和困惑，主动参与到咨询中；在日常生活中，主动运用咨询中学到的理念、方法和技巧，对咨询取得效果有着重要作用。总体来说，心理咨询是来访者和咨询师双方合作的过程，任何一方都对咨询效果有着重要影响。

第三节　心理健康促进

心理健康的状态是一个人在日常生活中逐步形成的。促进心理健康、提升心理素质并非一朝之功，需要像提升身体素质一样天天坚持锻炼。这既需要树立科学的心理健康观念，正确认识心理问题和心理健康，又需要不断学习心理健康知识，掌握科学的心理调适方法，养成健康的生活方式。

一、树立科学的心理健康观念

随着社会的发展，大多数大学生已经开始关注和重视心理健康。但由于受到传统观念的影响以及心理健康知识的缺乏，部分学生对于心理健康仍然存在不少误解；部分学生"讳疾忌医"，遇到心理问题时采取回避和逃避的态度，导致问题越来越严重；部分学生不重视心理健康维护，总是怨天尤人、牢骚满腹，影响自身生活质量；部分学生不注意激发自身心理动能，郁郁寡欢、消沉悲观，"躺平""佛系"等现象屡见不鲜；部分学生不注重人际沟通，过于以自我为中心、团队协作能力差，造成各种人际矛盾和冲突。

树立科学的心理健康观念是提升自身心理素质的前提。这意味着一个人要关注自身心理健康，将提升心理健康水平作为实现人生幸福的重要内容；要不断学习心理知识，掌握心理调适方法，善于维持自我和环境的平衡；充分激发心理潜能，养成热爱生活、珍视生命、自尊自信、理性平和、乐观向上的心理品质和不懈奋斗、宠辱不惊、百折不挠的意志品质；要树立正确的世界观、人生观和价值观，正确认识义和利、群和己、成和败、得和失，养成良好的个性品质。

小知识专栏 1-4

心理健康常见的认识误区

1. 心理问题只是"软弱"的表现

这种观点忽略了心理健康问题背后的复杂性。实际上,心理问题是由多种因素共同作用的结果,包括遗传因素、大脑化学物质的变化、生活经历以及环境压力等。将这些问题归咎于个人的"软弱"不仅不准确,而且可能导致患者感到羞耻而不愿意寻求帮助。因此,重要的不是评价,而是如何寻找解决的途径。

2. 出现心理问题和精神疾病时完全可以自我调节和康复

尽管一些轻微的心理问题可能通过自我调节得到缓解,但许多情况下,未经治疗的心理健康问题可能会持续存在并逐渐恶化。大多数人遇到心理问题时,习惯于先尝试自我调适,而一些人的自我调适并不能解决问题,需要到专业机构寻求帮助。

3. 心理健康问题很少见

心理健康问题其实非常普遍。据世界卫生组织估计,全球约有四分之一的人在一生中会经历某种形式的心理健康问题。这意味着几乎每个人都可能会直接或间接地受到影响。因此,提高公众对心理健康的认识非常重要,能够帮助更多人及时获得支持和治疗。

4. 求助于心理咨询师意味着"有问题"

求助于心理咨询师并不意味着你有严重的精神健康问题。许多人通过咨询来解决学习压力、情感困扰、职业规划等问题。这是一种积极主动的态度,有助于提升个人的心理健康水平和生活质量。

5. 心理健康问题一旦治愈就不会复发

许多心理健康问题都有复发的风险,特别是在没有持续关注和维护的情况下。定期进行心理健康检查、保持健康的生活方式和及时寻求帮助都是预防复发的关键措施。

二、积极主动寻求帮助

一个人遇到心理问题时,会采用不同的方式和策略来处理,有的人会倾向于自己调整和解决,有的人会向家人、朋友、亲戚等寻求帮助,也有的人会向专业机构和专业人士寻求帮助。求助方式和策略的选择,一般受到个人对自己心理问题严重程度的认识、自我表露程度、自尊水平、情绪调节方式以及对心理咨询的认识等因素的影响。一般来说,人们在解决心理问题的过程中会经历以下三个阶段。

（一）问题觉知

当一个人出现心理失衡时，通常会感觉到"不正常""不对劲"或者"不舒服"。有的人心理健康意识比较强，能够较快判断出自己的情绪、行为或者人际交往、工作、生活出了"状况"，并将其归结为心理健康问题；有的人可能会归结为躯体症状，抱怨自己"头疼"、睡眠不好、没精神等；还有的人可能习惯了心理问题的状态，没有将其归结为心理问题，而归结为"自己命苦""别人对自己不好"等；也有一些人对心理问题的觉知源于周围人的提醒，如别人直接告诉自己可能心理有问题或者和周围人的关系都不好等。在这个阶段，认识到问题的存在、善于自我觉察至关重要，这通常需要一定的自我反思能力和开放性态度，接受自己可能需要帮助的事实。

（二）自助评估

当一个人觉得自己出现了心理问题时，一般会先尝试通过自我调整来解决。如果觉得问题不太严重，影响不太大，自己解决这个问题有经验也有办法，那么可能会采取一些办法来尝试解决问题，一般表现为"我能应对这个问题""这个问题影响不太大"。如果通过自己的调整，问题得到了解决或缓解，个体就会获得更大的成长。如果一个人长期处于负面情绪状态，对自己的评价非常低，觉得自己无法解决这个问题，别人也无法帮助自己，遇到问题多采取逃避的方式，就会陷入痛苦之中并不愿意去解决问题。

（三）他助评估

一个人如果觉得自己的心理问题比较严重，不解决的话对自己影响非常大，但自己又没有能力解决，这个人可能会去寻求外部力量的帮助来解决问题。外部力量包括的范围非常广，既包括父母、朋友等非专业力量，又包括心理治疗、心理咨询等专业力量。一个人选择哪些人作为求助对象，可能会考虑是否便利、是否经济、是否有效、社会对这种帮助方式的容忍程度等因素。随着大学生对心理健康问题的认识提高，求助专业力量的比例大幅提升，但仍有一些大学生遭受病耻感、污名化等担心的困扰，不愿接受心理咨询和精神治疗。新时代的大学生应当自觉关注自身心理健康和心理发展，遇到困惑和困难时要敢于求助。

课堂心理行为训练 1-1

"自我表露"

活动：先对同学进行随机分组，分组后给每位同学发放一把公开量尺，量尺用来测量一个人对某件事公开表达的程度，从最右端到最左端依次为永远保密、恋人、家人、心理咨询师、朋友、同学、老师、熟人、邻居、同乡、随时公开。第二步，请同学们想一下对自己来说的四类事情：最怕发生的事情、最不敢想的事情、最不容易忘记的事情、从未告诉过别人的事情，选择一件事情写在纸上。

讨论：

1. 这件事情是什么性质的，是涉及态度观点、兴趣爱好、学习工作、金钱、性格、身体、家庭还是其他？

2. 这件事情能否对外公开？如果不能，请在量尺上选择可以向谁吐露，并说明原因；如果能，请简短叙述。

3. 对于可以公开的事情，同学们听后有什么感受和反馈；对不能公开的事情，请同学们讨论这类事情可以告诉谁，什么原因，有没有类似的经历？

三、保持健康的生活习惯

现代生活节奏快、压力大，保持健康的生活方式对于心理健康的维护非常重要。健康的生活方式可以让生活保持良好的节律，增强可控感，减弱压力源，从而提高生活的幸福指数，促进心理健康。

（一）保持积极心态

心态反映了一个人的精神心理状态，是一种心理调节能力的综合体现。拥有积极心态的人，即使面对挫折，也能看到生机；而拥有消极心态的人，即使身处顺境，也会悲观失望。积极的心态可以让人生绚丽多彩。积极心态意味着当事情不能改变时，可以通过改变对事情的态度来发挥主观能动性。比如，遇到挫折时，你尝试寻求应对措施，就会看到希望；每天花几分钟的时间记录下你所感激的事物，无论是"小确幸"还是重大成就，都能提升自身价值感；在面对挑战时，你去寻找机会而不是盯着困难，能够更加乐观。

（二）维护身体健康

良好的身体机能是保持心理健康的重要基础。个体要平衡膳食，多吃营养丰富的食物，避免过度摄入咖啡因和糖分；要确保每天都有足够的睡眠时间，合理作息、起居有常、早睡早起；要积极参加体育锻炼，坚持每周至少锻炼三次、每次锻炼三四十分钟，体育锻炼方式可以多样，但强度应该适中；不吸烟、不喝酒，维持正常的体重水平。对于大学生来说，一些不健康的生活方式尤其需要调整，如沉溺网络、暴饮暴食、过度节食瘦身、晚睡熬夜、不锻炼、抽烟酗酒等。

（三）加强时间管理

加强时间管理可以增强对生活节奏的控制，实现生活规律、劳逸结合，避免长时间快节奏的生活或者生活过于枯燥无聊，从而提升生活满意度。大学生可以利用时间管理工具来规划每一天，科学用脑，合理分配重点任务所需的时间，恰当处理学习、休息和个人休闲时间，提高工作或学习的效率，避免因为拖延和生活杂乱无章而产生的压力感。

（四）增强人际交往能力

俗话说"快乐同别人分享，快乐就增加了一倍；痛苦同别人分享，痛苦就减弱了一半"，良好的人际关系是应对困难挫折的缓冲器，是情感支持的重要来源，也是维持心理健康的重要法宝。大学生要持有友善包容、求同存异的人际交往态度，学会欣赏别人，乐于同别人交往，提高人际交往技巧，不断扩大自己的朋友圈，和同学建立深厚亲密的友谊，在合作中实现共赢，在分享中促进发展。

（五）积极应对压力

"纸上得来终觉浅，绝知此事要躬行。"良好的心理素质并非空喊口号，而是在应对压力、战胜挑战中训练得来的。大学生要敢于直面生活中遇到的各类问题，积极想办法解决各种难题，在分析问题、解决问题的过程中，锻炼自己的思维能力、沟通能力和意志品质，丰富自己的人生体验，从而不断提高自己的心理健康水平。

（六）培养兴趣爱好

兴趣是幸福生活的源泉，也是提升心理健康水平的密钥。大学生要广泛培养自己的兴趣爱好，可以是文艺活动，也可以是阅读写作等，要定期抽出时间来做自己喜欢的事情，积极加入各类兴趣小组或者学生社团，给自己的生活增添多样色彩。

本章小结

心理健康是指一种自我内部之间协调一致，自我和环境之间平衡和谐，并能实现心理发展、发挥心理潜能的积极稳定状态。大学生心理健康状况受到生理遗传因素、家庭环境因素、社会环境因素和个体心理因素的影响。在提升大学生心理素质时，要树立科学的心理健康观念，遇到问题能够积极主动寻求帮助，平时保持健康的生活习惯。

课后思考题

1. 大学生心理健康的标准是什么？

2. 如何提高心理健康素养？

3. 以宿舍为单位，每人分享自己成长过程中克服的一件难事。当时遇到了什么事情，你是怎么做的，这对你以后的成长有什么启发？

学习目标

1. 了解入学常见的生活适应、学业适应、人际交往等问题。
2. 理解心理适应问题产生的原因及其对身心健康发展的影响。
3. 掌握心理适应问题的调节应对方法。
4. 运用相关心理知识适应大学生活与环境。

知识导图

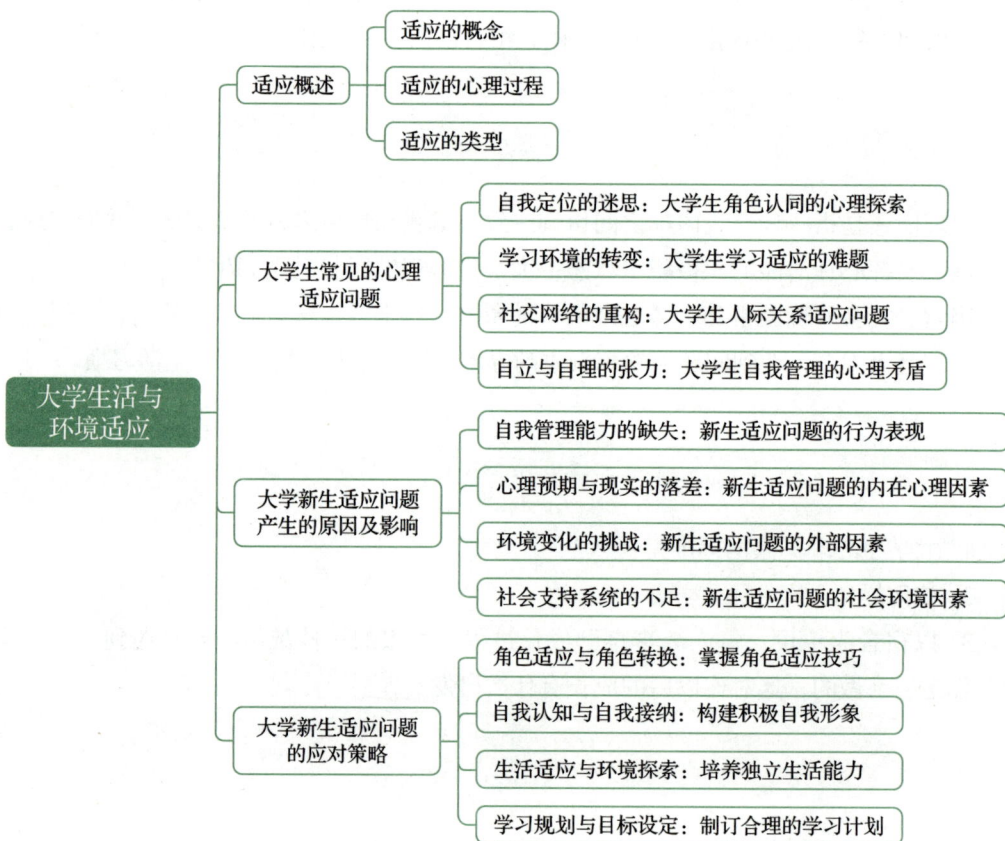

📖 关键词

大学新生；适应不良；心理调适

📖 案例导读

上大学前，小S的一切都是由父母照料的，她的学习成绩很好，父母和老师都很喜欢她。可上大学后她发现周围的同学都很优秀，自己之前的优势不复存在，而且所有的事情都要自己来做，学习上没有了父母和老师的督促，大量的课余时间需要自己来安排，生活上床单、被套都要自己换洗，想要参加集体活动又不好意思……在学习和生活的压力下，小S感到自己处处不如意，尤其是其他室友来自同一个地方，平时交谈喜欢说方言，小S觉得自己跟她们说普通话很不和谐，显得格格不入，她感到很孤独，很寂寞，非常痛苦。

第一节 适应概述

踏入大学的门槛后，每一位新生都站上了一个新的起点。大学生活以其独有的开放性和自主性，为学生们展开了一幅全新的画卷，但同时也带来了一系列心理适应的挑战。

一、适应的概念

适应是指生物体在与其生存环境相互作用的过程中，通过形态结构、生理机能、行为反应和生活习性的调整与改变，提高其对外界环境的协调控制能力的现象。这一概念起源于生物学，最初用于描述物种如何通过自然选择过程，即保留有利变异并淘汰有害变异（适者生存），以适应环境变化并提高生存机会。在心理学中，适应被视为个体在面对环境限制或变化时，通过改变和调节自身同时反作用于环境的一种动态交互过程。这个过程不仅包括基础的生理适应，如视觉、听觉等对刺激物的逐渐适应，还包括更复杂的心理适应，即个体根据环境变化不断调整其认知结构以维持内在认知与外在环境的平衡。此外，适应还包括社会适应，指个体为融入新的社会环境、排除困难、表达需求而进行的态度、思维和行为的调整。

具体来说，生理适应体现为个体对环境刺激的自然反应，这种适应在生物学上称为基因型适应和表型适应。基因型适应涉及动物形态、生理功能和行为模式的改变，这些改变在遗传上发生了调整以更好地应对环境变化。表型适应则是指动物在特殊生活压力下通过学习获得的行为改变，而非基于基因的调整。心理适应涉及个体心理状态的调整，如通过心理防御机制减轻压力、恢复平衡；认知适应是心理适应的一个重要方面，它涉及个体如何通过认知过程（如思维、记忆、学习）来适应环境变化，实现认知与环境的平衡；社会适应是指个体在社会环境中的行为调整，以符合社会规范和要求。社会角色适应（如新成员适应），涉及个体在新环境中的心理和行为调整，包括对学习、生活、社交环境的适应。社会文化适应则关注个体如何理解和融入不同的社会文化环境，包括语言、习俗、价值观的适应。

适应的层次从感官适应到认知、情感、行为适应，再到社会文化适应，构成了一个由内而外、由个体到社会的连续体。适应的重要性在于，它为个体发展创造条件，并推动其实现更高层次的适应。社会的每一次变化，人的每一个阶段的发展与成长，都需要个体去适应这种变化，而个体的每一次适应，实际上也是个体的一次成长。适应良好的个体通常具有更高的心理健康水平，能够积极地投入学习、社交和自我成长。适应是一个动态的、多维度的过程，涉及个体与环境之间的相互作用，这一过程不仅涉及个体对环境的被动适应，还包括主动改变环境以促进自身成长的能力。通过适应，个体不仅能够生存和发展，还能够在社会中找到自己的位置，实现个人价值和社会价值的统一。这一过程对于个体的心理健康、社会适应能力以及整个社会的和谐发展都具有至关重要的作用。

二、适应的心理过程

从心理学角度来看，适应并非被动接受，而是一个充满心理活动的过程，我们可以将其分解为四个阶段：需求激发、障碍呈现、应对反应以及结果评估。

（一）需求激发

在人类的生命旅程中，需求扮演着核心角色。心理学家马斯洛提出了需求层次理论，它将人类的需求从低到高分为五个层次：一是生理需求；二是安全需求；三是社交和爱的需求；四是尊重需求；五是自我实现的需求。每满足一个较低层次的需求，就会激发出更高层次的需求。当这些需求得到满足时，人们会体验到心理平衡；反之，如果需求未被满足，人们可能会感到紧张、失望、恐惧和不安，情绪也会随之波动。由于生活环境的不断变化，人们总是面临着适应新环境的需求。因此，在适应过程中需求的存在是不可或缺的，人们正是为了满足这些需求而不断适应生活环境。

（二）障碍呈现

障碍是指个体在尝试用现有习惯机制满足需求时遇到的阻力。如果个体对某种环境已经形成了适应机制，那么这种机制就是习惯性的；当环境发生变化，原有的习惯性机制无法应对时，就会产生障碍。面对障碍，人们可能会感到不同程度的紧张和焦虑。障碍主要有以下三种类型。

1. 环境障碍

例如，一个大学新生从家乡的小城镇来到繁华的大都市求学，面对快节奏的生活方式和多元文化的冲击，其原有的生活习惯和社交模式可能不再适用，需要重新适应新的环境。

2. 个人局限

例如，一个有志于成为软件工程师的学生，可能会因为缺乏编程基础或数学能力不足而感到困难重重，这些个人局限可能会阻碍他们实现职业梦想。

3. 需求冲突

例如，大学生可能同时面临学业压力和社交需求，既想保持良好的学业成绩，又不想错过与朋友聚会和参加校园活动的机会。这种对时间的双重需求可能会使大学生产生压力和焦虑的情绪。

（三）应对反应

面对新的挑战，当旧的行为模式不再有效时，个体便会探索新的方法来达到目的，这就是反应。人适应环境的效果很大程度上取决于能否根据变化不断地调整自己的反应，这一步骤至关重要，它直接关系到适应的成功与否。在这个阶段，人们可能会经历压力、焦虑等情绪，直到找到有效的解决方案。常见的应对反应有行为改变、认知调整及情绪调节，主要是指通过改变原有的行为模式，尝试新的方法来适应环境，改变对环境的认知和评价，以更积极的心态面对挑战，学会管理自己的情绪，避免过度焦虑或沮丧。

（四）结果评估

衡量适应是否成功的唯一标准在于是否能够缓解因需求未被满足而产生的内在压力。一旦找到能够缓解压力的方法，就意味着找到了适应的途径。随着这一过程的发生，新的需求得到满足，原有的行为模式与新需求之间的矛盾得以解决，心理上的不平衡状态也暂时回归稳定。但这种平衡往往是暂时的，因为新的挑战终将出现，促使个体进入下一个适应周期，这种"不适应—适应—再不适应—再适应"状态的循环往复就是适应过程的规律性表现。因此，适应不仅是解决问题的过程，更是一种持续的成长和发展的状态，它要求我们保持开放和灵活的态度，不断探索和发现新的可能性，从而实现个人和社会的持续发展。

三、适应的类型

适应是个体与环境互动的核心机制，它决定了个体如何在不断变化的环境中找到立足点。从个体成长的角度来看，适应过程中的态度和行为方式对个体的现实适应行为有着深远的影响。个体可以选择主动调整自身以适应环境，或者努力改变环境以适应自身的发展需求。基于这种态度和行为方式的分类，我们可以将适应分为两种主要类型：积极适应与消极适应。

（一）积极适应：主动改变环境

积极适应是一种高度主动的适应方式，它要求个体充分发挥主观能动性，积极地调整那些与环境不协调的行为。这种适应方式的目标是改变环境，使之更符合个体的发展需求。积极适应强调个体为了自我提升和发展而努力改变环境，这是一种更为高级和主动的适应策略。积极适应者通常具备以下特点。

1. 主动性和创造性

积极适应者会主动寻找解决问题的方法，而不是等待问题自然解决。他们常常富有创造力，能够想出新的解决方案。

2. 自我效能感

积极适应者通常拥有较高的自我效能感，相信自己有能力影响周围的事物，并且这种信念促使他们采取行动。

3. 持续学习

积极适应者倾向于将每一次挑战都视为学习的机会，从而不断提升自己的技能和知识。

4. 目标导向

积极适应者通常有明确的目标，并且他们的行为和决策都围绕着这些目标展开。

（二）消极适应：被动顺应环境

与积极适应相对，消极适应是一种更为被动的适应过程。在这种适应方式中，个体调整自己的行为或态度以适应外部环境的要求。这种适应过程更多地强调了为了生存而进行的自我改变，而不是为了发展而改变环境。消极适应是一种人与环境之间的基本互动，它关注的是个体如何在现有的环境条件下生存下去。消极适应通常具备以下特点。

1. 适应性

在某些情况下，个体可能会因为缺乏资源或其他限制因素，不得不调整自己的期望和行为以适应环境。

2. 短期有效性

虽然消极适应可能在短期内帮助个体应对困难，但它往往不能带来长期的改善。

3. 可能的依赖性

如果个体频繁使用消极适应策略，可能会逐渐习惯于这种模式，导致在面对新情况时缺乏探索和创新的动力。

4. 影响心理健康

长期处于消极适应状态可能会对个体的心理健康产生负面影响，如增加焦虑或抑郁的风险。

实际上，在现实生活中，积极适应与消极适应并不是绝对对立的概念，在特定情境下可能相互转化。在不同的环境和个人发展阶段，个体可能会交替使用这两种适应策略。例如，在职业生涯初期，一个新人可能需要先采用消极适应来熟悉新的工作环境，而在积累了足够的经验和资源后，转而采取积极适应的方式去争取晋升或改进工作流程。无论是选择积极适应还是消极适应，关键在于个体能否从中找到一种既能维持当前生存又能促进长远发展的平衡点。通过灵活运用这两种适应方式，个体可以在多变的世界中更好地定位自己，实现个人的成长和发展。

第二节 大学生常见的心理适应问题

步入大学后，许多学生发现实际的大学生活与他们之前设想的理想状态存在差距。在中学阶段，学生们习惯于严格的管理和明确的目标导向，而大学是一个更加开放和自主的环境。这种转变可能会导致一些学生在面对自由选择时感到迷茫和不安，继而产生一系列心理适应问题。

一、自我定位的迷思：大学生角色认同的心理探索

大学生活不仅是一段自我发现和角色塑造的旅程，还是个人成长和自我定位的关键时期。初入大学，学生们会遇到来自不同背景和文化的各色人物，这为他们提供了一个广阔的视野，但也带来了新的挑战。例如，一些学生在中学时是佼佼者，但在大学中却发现自己不再是中心人物，这样的角色转换可能会带来挫败感和自我价值的困惑。

大学生活也意味着更多的自由和选择。学生可以自主选择课程、参与社团活动，甚至决定自己的未来职业道路。这种自由既带来了无限的可能性，也带来了选择的负担。学生可能会在众多的选择面前感到迷茫，不确定自己的选择是否正确，是否能够实现自己的期望和梦想。他们可能会问自己："我是谁？""我想要什么？""我如何在这个新环境中找到自己的位置？"在自我认同的探索中，自我怀疑和不安的情绪会常常出现。学生在这个阶段需要重新定义自己的角色和社会定位，但有时候这种新角色的接受并非易事。如果学生无法有效地调整自己的角色定位，可能会导致自我认知的偏差，进而在心理上产生困扰。

二、学习环境的转变：大学生学习适应的难题

从中学到大学，学习环境的转变对大学生来说是一个深刻的挑战。大学教育强调自主学习和探究，学生需要自己设定学习目标，规划学习路径，并且主动寻找和利用学习资源。这种学习方式要求学生具备更强的自我驱动力和自我管理能力。大学中，教师的角色更多地转变为指导者和启发者，而不是单纯的知识传授者。课程内容更加深入和广泛，评价标准也更加多元和灵活，除了传统的考试和作业，项目作业、小组讨论、口头报告和论文写作等都成为评价学生学习成果的方式，这种评价体系鼓励学生进行批判性思考和创造性表达。

对于习惯了应试教育模式的学生来说，这种学习方式的转变可能会让他们感到不适

应。他们可能会发现自己在中学时期积累的学习经验和养成的习惯不再适用，需要学习新的学习技巧。尤其是在面对复杂的学术问题和高难度的课程时，这种适应过程可能更多伴随着挫折和困惑。大学的学习资源也更加丰富和多样，图书馆、在线数据库、学术期刊和各种学术讲座都是学生可以利用的资源。但如何有效地利用这些资源，如何从海量信息中筛选出对自己学习有用的内容，是学生面临的一大挑战。在这种新的学习环境中，学生可能会产生学习效率低下的问题，他们可能会发现自己难以集中注意力，难以管理好自己的时间，或者难以理解复杂的学术概念。这些问题可能会影响他们的学习成绩，甚至可能影响他们对自我能力的评估和对未来的信心。

三、社交网络的重构：大学生人际关系适应问题

在大学环境中，社交网络的重构是一个复杂且多维的过程，它涉及个体如何适应和融入一个全新的社会结构。大学生来自不同的地域、文化背景和家庭环境，这使得他们在进入大学时不仅要面对学业上的挑战，还要应对人际交往中的不确定性和复杂性。随着社交网络的扩展，大学生可能会遇到与以往不同的社交规则。他们需要学习如何在多样化的群体中找到自己的位置，这包括与不同兴趣、价值观和生活方式的人建立联系。这种适应过程可能会引发一系列心理和情感上的挑战。一些学生可能会感到难以融入，因为他们缺乏与新环境相适应的社交技能，或者他们的个性和兴趣与主流群体不相符。

此外，大学生活中的"内卷"现象，即学生之间为了获得更好的成绩、奖学金或其他资源而进行的激烈竞争，可能会进一步加剧人际关系的紧张。这种竞争文化可能会导致学生之间的关系变得功利化，友谊和合作可能会被竞争与对个人成就的追求所取代。在这种环境下，学生可能会感到压力巨大，因为他们不仅要在学业上取得成功，还要在社交层面上保持竞争力。社交网络的不稳定性和不确定性可能会对学生的心理健康产生负面影响。当学生感到孤独或被边缘化时，他们可能会经历焦虑、压力和抑郁等情绪。这种情绪状态可能会进一步影响他们的社交行为，导致他们在建立和维持人际关系时更加谨慎与保守。长期处于这种状态可能会形成一种恶性循环，使学生越来越难以融入社交网络，进而加剧他们的孤独感和社交焦虑。

四、自立与自理的张力：大学生自我管理的心理矛盾

大学生活对学生自我管理能力的挑战是显著的，尤其是在他们从依赖家庭环境向独立生活过渡的时期。学生不仅要在学业上展现自主性，还要在日常生活中实现自理。面对洗衣、做饭、打扫卫生等日常琐事，一些学生可能会感到不适应，尤其是那些在家中鲜少参与家务的学生。他们可能会在处理这些任务时感到迷茫，这种迷茫感可能会转化为焦虑和压力。同时，大学生活还要求学生进行自我规划，包括职业规划和学业目标设定，这需要他们具备前瞻性思维和自我驱动的能力。对于一些学生来说，规划未来的过程可能会引发内心的矛盾和冲突，因为他们可能对自己的兴趣和职业方向感到不确定，

或者缺乏实现这些目标所需的资源和支持。

在自我期望与现实能力之间的张力中，学生可能会经历心理上的矛盾。一方面，一些学生可能对自己期望过高，忽视了自身在自我管理方面的不足，这可能会导致失望和产生挫败感；另一方面，一些学生可能低估了自己的能力，对自己的潜力缺乏信心，这可能会阻碍他们充分发挥潜力。大学环境中的社交压力和同伴影响也可能加剧这种张力，学生可能会因为担心自己无法跟上同伴的步伐而感到焦虑，或者因为害怕失败而不敢尝试新事物。这种社交压力可能会影响他们的自我认知和自我效能感，进而影响他们的自我管理能力。因此，如何平衡独立生活的需求与个人的实际能力，成为许多新生需要面对的一大课题。

课堂心理行为训练 2-1

"我能说出你是谁？"

活动目的：帮助学生认识新同学，适应新的人际环境。

活动过程：

1. 10 个人为一组面对面坐，5 个人坐在内圈，5 个人坐在外圈，互相进行自我介绍：我是谁，来自哪里，喜欢什么美食或运动。

2. 互相介绍之后，外圈的人向右移动一个座位，继续进行互相介绍，直到所有同学都介绍完自己为止。

3. 请每一个同学从自己开始，顺时针介绍所有同学，完整说出所有小组成员"叫什么，来自哪里，喜欢什么"即获得成功。

第三节 大学新生适应问题产生的原因及影响

步入大学后，新生们会经历一场从依赖到独立、从被动到主动的深刻转变。在这场转变中，自我管理能力的欠缺可能成为他们适应新环境的一大障碍。自我管理，这一融合了时间规划、情绪调节、学习导向等多元维度的能力，是大学生活不可或缺的支撑。但对于许多新生而言，培养这种能力并非易事。

一、自我管理能力的缺失：新生适应问题的行为表现

在大学阶段，没有了高中时期老师和家长的严格监督，新生们需要自己规划时间和管理学习进度。他们可能会发现，没有了老师和家长的督促，他们在面对众多课程和活动时常常感到手足无措。一些新生可能会因为缺乏有效的时间规划，导致作业堆积如山，甚至影响到他们的睡眠和健康。他们可能会在深夜里挣扎着完成作业，或者在考试前夜临时抱佛脚，这样的学习方式不仅效率低下，而且对身心是一种极大的消耗。情绪

调节同样是自我管理中的重要一环。大学生活充满了未知和挑战，新生们可能会因为成绩不理想、人际关系复杂或对未来迷茫而感到焦虑。他们可能会在情绪的波动中迷失自我，不知道如何调整自己的心态，如何面对挫折和失败。这种情绪的不稳定可能会影响他们的学习效率，甚至影响他们的社交生活。

自我管理能力的缺失不仅影响着新生们的学习和生活，还影响着他们的人际关系。在大学阶段，建立良好的人际关系对于个人的成长和发展至关重要。如果新生们不能有效地管理自己的情绪和行为，他们可能会在与人交往中遇到障碍，如沟通不畅、冲突不断等，甚至可能因此而感到孤独或被排斥。此外，自我管理能力不足还可能影响新生们的心理健康状况。长期的焦虑、压力和迷茫可能会导致一些新生出现心理问题，如抑郁、焦虑等。这些问题如果不及时发现和处理，就会对他们的大学生活乃至未来的职业生涯产生长远的负面影响。

二、心理预期与现实的落差：新生适应问题的内在心理因素

在新生踏入大学校园的那一刻起，他们便带着对未来的憧憬和期待，准备在这片新天地中展翅翱翔。但理想与现实之间往往存在一道难以逾越的鸿沟，这种心理预期与现实的落差成为新生适应问题产生的内在心理因素。

新生在入学前，往往对大学生活有着美好的想象，他们期待着自由的学习氛围、丰富的课余生活、和谐的人际关系以及充满挑战的学术探索。这种理想化的预期来源于对大学美好生活的向往，但忽视了现实生活的复杂性和多样性。当新生真正开始大学生活时，他们会发现现实与想象相去甚远，这种心理落差往往让他们感到失落和挫败。

在学习方面，新生可能预期大学课程轻松有趣，能够自由选择感兴趣的内容。但现实中的大学课程往往要求更高的自主学习能力和严谨的研究态度，学习压力可能并不比高中低。这种预期的轻松与现实的学习压力形成鲜明对比，使新生在心理上难以接受，从而产生适应困难。在生活方面，新生可能会预期宿舍生活充满乐趣，能够与室友建立深厚的友谊。但实际上，集体生活中的矛盾和冲突在所难免，生活习惯的差异、个人空间的压缩等问题都可能使新生感到不适。这种对美好集体生活的期待与现实中的矛盾冲突形成落差，加剧了新生的心理负担。在社交方面，新生可能会预期在大学中迅速融入新的朋友圈，建立起广泛的社交网络。但现实中的社交并不总是顺风顺水的，性格、兴趣、价值观的差异使人际交往变得复杂。新生可能会在尝试建立新关系的过程中遭遇挫折，这种预期的顺利与现实中的困难形成的落差，会让他们感到孤独和困惑。此外，新生在自我价值实现方面的预期也可能与现实不符。他们可能会预期在大学中迅速找到自己的定位，实现个人价值。但现实中，大学是一个竞争激烈的平台，新生需要经过一段时间的探索和努力才能找到自己的位置。这种对自我实现的预期与现实中的缓慢进展形成鲜明对比，容易让新生感到焦虑和自我怀疑。

心理预期与现实的落差对新生的影响是多方面的。在心理层面，这种落差可能导致新生出现情绪波动，如焦虑、抑郁、自我否定等。在行为层面，新生可能会因为失望而选择逃避现实，减少社交活动，甚至放弃努力。在学业层面，这种落差可能会影响新生的学习动力和学术成就，甚至让他们对所学专业和未来职业发展产生怀疑。因此，理解和关注新生的心理预期，帮助他们调整心态，成为促进新生适应大学生活的重要环节。

三、环境变化的挑战：新生适应问题的外部因素

新生踏入大学校园，犹如翻开人生新的篇章，然而这一转变并非一帆风顺的。从温馨的家庭环境到宿舍的集体生活，从熟悉的家乡到陌生的城市，生活环境的巨变给新生带来了前所未有的挑战。这些挑战不仅体现为生活习惯的改变，更深刻地影响着他们的心理健康。

在家庭环境中，新生习惯了父母的呵护和关怀，饮食、作息都有规律可循。但进入大学后，他们需要适应集体宿舍的生活，这意味着饮食习惯、作息时间都可能需要重新调整。这些看似微不足道的变化，实际上对新生来说是巨大的考验。他们可能会因为不适应新的饮食习惯而影响身体健康，或因作息时间紊乱导致精神状态不佳。

与此同时，学习环境的调整也可能让新生倍感压力。相较于高中阶段，大学课程更加注重自主学习和研究能力的培养，课程内容也更加深入和广泛。新生需要从被动接受知识转变为主动探索和研究，这对他们的学习能力提出了更高的要求。面对严格的学术要求和评价体系，新生可能会感到力不从心，进而影响学业成绩。社交环境的变化同样给新生带来了挑战。在大学中，他们需要与来自五湖四海的同学交流，建立新的社交网络。这对于性格内向、社交能力较弱的新生来说，无疑是一大难题。他们不仅要学会如何与人相处，还要在社团活动中锻炼自己，这对于他们的心理承受能力是一个极大的考验。

经济压力的增加也是新生必须面对的问题。独立管理个人财务，对于许多新生来说是第一次。学费、生活费、日常开销等经济负担，让他们可能需要在学习和兼职之间寻找平衡。这种经济压力可能会让新生感到焦虑，甚至影响他们的学业。此外，文化适应的挑战也不容忽视。对于那些远离家乡求学的新生来说，新的文化环境让他们感到无所适从。语言障碍、习俗差异、价值观冲突等问题，使他们在适应过程中遭遇重重困难。这种文化冲击不仅影响新生的日常生活，还可能让他们陷入心理困境。

新生在进入大学后面临生活环境、学习环境、社交环境、经济压力和文化适应等方面的挑战，这些外部因素对新生的影响是多方面的。在日常生活中，他们可能会因为无法适应新的环境而感到孤独、无助。在心理健康方面，他们可能会出现焦虑、抑郁等情绪问题。在学业方面，他们可能会因为适应不了大学生活而成绩下滑，甚至产生退学的念头。在这个充满挑战的过程中，新生们需要勇敢面对，积极转变，在大学生活中不断增强自我管理能力，尽快适应新环境。

四、社会支持系统的不足：新生适应问题的社会环境因素

进入大学校园，对于许多新生而言，意味着从一个熟悉的环境过渡到一个全新的世界。这个过程中，其不仅需要应对学习上的挑战，还要面对与人交往、自我认知等多方面的调整。在这一过程中，社会支持系统的不足往往成为阻碍新生顺利过渡的关键因素之一。社会支持系统包括家庭、朋友、学校等多个层面的支持网络，它们对新生的心理健康和社会适应起着至关重要的作用。

家庭作为个体最直接的情感依靠，其支持与否直接影响大学生的心理状态。对于远离家乡的大学生来说，与父母或其他亲属的沟通减少，可能导致情感支持的缺乏。当遇到挫折或困难时，没有及时的家庭支持可能会加剧大学生的焦虑感与孤独感，进而影响其学业表现和个人发展。在大学的新环境中，除了家庭支持的缺失外，新生还面临着来自朋友及学校支持的不确定性。初来乍到，新生们或许会发现，建立新的友谊并不像想象中那么简单。尤其是在大型的讲座课程或是专业细分的情况下，找到志同道合的朋友可能会变得更加困难。这种情况下，缺乏朋友间的支持可能会导致学生感到更加孤独并且压力增大，因为朋友不仅是日常生活中的伙伴，更是情感倾诉的对象，能够帮助彼此渡过难关，共同成长。

同时，学校的制度和支持体系也扮演着重要角色。理想情况下，学校应该提供各种资源和服务来帮助新生适应新环境，如心理咨询、职业规划、学术辅导等。但现实中，这些服务可能因资源有限而难以满足所有学生的需求，或者因为信息不对称，新生们并不了解如何获取这些资源。此外，一些学校的社团活动虽然丰富多彩，但对于性格内向或不擅长社交的学生来说，参与其中并非易事，这也会让他们感到与校园文化格格不入。值得注意的是，随着互联网技术的发展，社交媒体成为连接人们的重要工具。虽然它为新生提供了一个展示自我、寻找兴趣相投之人的平台，但同时它带来了新的挑战。过度依赖虚拟社交可能会妨碍真实的面对面交流，使新生在实际生活中更难建立深厚的友谊。此外，社交媒体上展现的理想化生活也可能给新生带来无形的压力，让他们觉得自己未能达到某种标准，从而产生自卑情绪。

社会支持系统的不完备会增加了大学新生适应新环境的难度。家庭联系的减弱、交友渠道的局限以及学校支持机制的不完善，共同构成了新生面临的主要社会支持缺口。这些问题相互交织，不仅削弱了学生的心理韧性，还可能导致一系列适应障碍，如社交焦虑、抑郁情绪等心理健康问题。与此同时，互联网虽提供了额外的社交途径，但也可能因过度使用而引发现实社交技能的退化，以及由于与他人生活对比所产生的自我认同危机。因此，社会支持系统的现状及其对学生的影响是一个复杂的议题，它深刻地影响着新生们能否平稳过渡至独立的大学生活，并对其之后的学习态度及个人成长轨迹产生深远影响。

第四节　大学新生适应问题的应对策略

大学新生踏入校园，从一名高中生迅速转变为大学生，这一转变不仅是身份上的简单变化，更是一次深刻的角色转换。在这个过程中，新生们不仅要适应新的学习环境，还要学会独立生活，处理复杂的人际关系，更重要的是，他们需要在这个全新的舞台上重新定义自我，找到自己的位置。因此，掌握角色适应技巧，是新生顺利完成这一转变的关键。

一、角色适应与角色转换：掌握角色适应技巧

认识到角色转换的重要性是前提。每一个大学新生都面临着从高中生到大学生的角色转变，这意味着从一个被严格管理和指导的学生变为一个需要自主管理的成年人。这种转变要求新生们能够自我管理时间、自我设定目标、自我调整学习方法。只有意识到这一点，才能在心理上做好准备，迎接大学生活的各种挑战。新生们需要学会自我调适，适应新的角色需求。在大学这个新的集体里，每个人都有自己的长处，新生们应该学会欣赏他人，同时找到自己的独特价值。当原有的优势不再明显时，新生们要勇于面对自我价值的落差，通过积极的自我暗示和实际行动来增强自信心，避免自卑和自我怀疑。

新生们还应学会处理人际关系，这是角色适应中的重要环节。大学是一个小型社会，新生们来自五湖四海，有着不同的背景、习惯和性格。大学新生在与同学的相处中，要善于倾听和理解他人，学会包容和尊重差异。当遭遇人际冲突时，大学新生应尝试沟通而不是逃避，积极寻找解决问题的方法，建立和谐的人际关系，这对于新生的心理健康至关重要。与此同时，新生们还需要调整学习方式，以适应大学的学习要求。大学的学习更加强调自主性和创造性，教师更多的是起引导作用。因此，新生们要尽快从高中时期的被动接受转向主动探索，学会合理规划学习时间，培养批判性思维能力，提高自学能力，这样才能在大学学习中游刃有余。新生们还应该尽早进行职业规划，虽然大学生活丰富多彩，但最终目的是更好地就业。因此，新生从大一开始，就应该思考自己的职业方向，了解自己所学专业的就业前景，积极参与实习和社会实践活动，为未来的就业积累经验和资本。

大学新生要想顺利完成角色转换，需要在心理上做好准备，学会自我调适，处理好人际关系，调整学习方式，并且尽早进行职业规划。通过掌握这些角色适应技巧，新生们不仅能更快地融入大学生活，还能为自己的未来发展打下坚实的基础。

二、自我认知与自我接纳：构建积极自我形象

大学生活对每位新生而言都是充满期待与挑战的新旅程，它既是学术探索的广阔天

地，又是个人成长与社会融入的重要阶段。许多新生在这一过程中会遭遇适应性难题，如感到孤独、学习压力大或难以构建社交网络等。在此情境下，形成正确的自我认知与勇于自我接纳至关重要，这是构建积极自我形象的关键，有助于大学新生更好地融入并享受大学生活。

自我认知是一个深刻了解自我的过程，包括认识自己的兴趣爱好、才能特长、核心价值观及性格特质等。步入大学殿堂，学生将面临更为多样化的选择，无论是课程选修还是社团活动，都需要明确自己的热情所在、能力所及以及憧憬的未来模样。这不仅是为寻找合适的学术领域或未来职业生涯做准备，更重要的是，它能帮助个体树立自信心。自我接纳则是在全面认识自我的基础上，欣然接受自己的全部——无论优点还是缺点。没有谁是十全十美的，每个人都有自己独特的光芒与待提升之处。要学会接纳自己的不足，同时坚信自己有力量去改变那些能够改变的部分；与此同时，也要懂得欣赏自己的长处，如此才能促进心理健康发展。当我们能够真诚地面对自己时，便能以更加平和的心态应对人际关系中的冲突与分歧，赢得他人的尊重与理解。

大学新生还应该培养成长心态。成长心态是指个体相信自己的能力是可以通过努力来提高的，在面对困难和挑战时更倾向于寻求成长和进步的机会。具有成长心态的新生在遇到问题时，会将其视为学习和成长的机会，而不是不可逾越的障碍。这种心态有助于新生在大学期间不断挑战自我，实现自我超越。

通过这样一段深入的自我发现之旅，新生们不仅能逐步适应大学的生活节奏，更能在其中发掘自身存在的价值，形成积极乐观的生活态度。这种积极心态将成为他们人生旅途中的宝贵财富，无论是在校园内还是步入社会，都能引领他们走向更加宽广的人生舞台。

三、生活适应与环境探索：培养独立生活能力

对于刚刚步入大学校园的大一新生来说，从高中时期相对单一的学习和生活环境过渡到大学自由而多元的氛围中，是一个充满挑战的过程。尤其在独立生活能力和环境探索方面，很多学生会感到无所适从。因此，如何快速地适应新环境，提升个人的生活自理能力，成为摆在每位新生面前的一道必答题。

学会规划自己的日常生活是独立生活的第一步。新生需要制定一个合理的作息时间表，不仅包括上课时间和学习计划，还包含适量的运动、休息及娱乐活动。另外，新生还可以尝试使用一些手机应用软件或日历工具来帮助自己记录和管理日常事务，如课程安排、作业截止日期等重要信息。同时，合理膳食也是保持健康的重要因素之一，新生需要按时吃饭并合理搭配饮食。此外，在宿舍生活中，新生与室友共同制定清洁轮班表，确保居住环境整洁有序，这不仅能增进彼此间的友谊，还能培养个人的责任感。在新环境中建立社交网络同样至关重要。大学不仅是学习知识的地方，更是拓展人际关系的好时机。积极参加社团活动或兴趣小组，可以找到志同道合的朋友，丰富课余生活，

也有助于缓解初入陌生环境所带来的孤独感。此外，利用学校的资源，如心理健康教育中心、职业发展中心等，新生能够帮助自己更好地调整心态，积极面对生活中的各种挑战。

勇敢地走出舒适区，勇于探索未知领域。大学生活为新生提供了诸多尝试新鲜事物的机会，无论是学术研究还是社会实践，都值得去尝试。例如，通过参与志愿服务、实习项目或海外交流的经历，大学生不仅能增加阅历，还能提高解决问题的能力。在这个过程中，新生可能会遭遇失败和挫折，但这正是成长的一部分。每一次勇敢的尝试都是向成熟迈进的一步。大学生应保持乐观积极的心态，对待困难要持有正确的态度。大学生涯充满了不确定性，这些变数将直接影响大学生活质量。当遇到困难时，大学生不要轻易放弃，要学会寻求帮助，无论是学业上的困惑还是心理上的压力，及时与信任的人分享感受，寻找解决方案。

每个人都会经历适应期，这是成长过程中不可或缺的一部分。面对新环境带来的挑战，关键是要有信心和勇气去迎接每一个困难。无论遇到怎样的挫折，都要坚信自己有能力去克服。保持积极乐观的心态，主动寻求帮助，不断尝试和学习，这些都是适应过程中的重要策略。随着对新环境的适应和经验的积累，大学新生们将展现出更加坚韧和自信的姿态。

四、学习规划与目标设定：制订合理的学习计划

大学新生在适应新环境的过程中，制订合理的学习计划与目标是极为关键的一步。大学的学习模式与高中截然不同，教师不再像高中那样围着学生转，学习更多地依赖于学生的自觉性。新生们需要从被动接受知识转变为主动探索知识，能够自主管理学习时间，合理规划学习内容，设立明确的学习目标。

新生们应当尽快适应大学的学习节奏，从"填鸭式"学习转向自主探究。大学课程内容广泛且深入，学习不再是单纯的记忆知识点，而是要求理解、分析乃至创新。为了适应这种变化，新生们可以制订每日的学习计划，将学习任务分解成一个个小目标，逐一击破。例如，新生可以每天安排固定的时间用于复习课堂内容，预习第二天的课程，并留出时间用于解决学习中的难点。这样不仅有助于新生巩固所学知识，还能有效提升学习效率。与此同时，新生们需要明确自己的学习目标，因为大学生活相对自由，如果缺乏明确的目标，就容易迷失方向。新生们可以根据自己的专业特点和个人兴趣设定短期与长期学习目标，短期目标可以是每学期要达到的成绩水平，或是掌握特定的技能；长期目标可以是毕业前要完成的研究项目，或是未来的职业规划。设立这些目标后，新生们还需要制订详细的实施计划，如每周要读一篇专业论文，每月要完成一个小项目，从而确保目标的实现。

新生们还应学会利用各种学习资源。大学为新生提供了丰富的学习资源，包括图书馆、在线数据库、实验室等，这些都是学习过程中不可或缺的支持。通过参加学术讲

座、加入学习小组等，新生们可以拓宽知识面，提升学习效率。同时，合理利用互联网资源，如学习通、慕课及专业论坛等，能帮助新生们获取前沿知识，增进对专业的理解。此外，培养良好的学习习惯同样重要，这包括但不限于定期复习、做笔记、参与讨论等。良好的学习习惯能够帮助新生们巩固所学知识，提高学习质量。例如，坚持每天回顾当天所学内容，有助于加深记忆；定期整理笔记，有助于梳理知识脉络；积极参与课堂讨论，有助于提升批判性思维能力。

新生们还应该注重时间管理，合理安排学习与休闲时间。大学生活丰富多彩，但时间是有限的。新生们需要学会区分优先级，合理分配时间给学习、社交、休息等活动。通过制定时间表，新生们既能在学习上有所收获，又能享受丰富多彩的大学生活。通过上述措施，新生们不仅能够更好地适应大学的学习环境，还能够在自我成长的道路上迈出坚实的一步。

在适应新环境时，通过制订合理的学习计划与明确的学习目标，大学新生不仅可以更好地应对大学的学习要求，还能促进个人能力的全面提升。合理规划学习时间和内容，明确学习目标，并充分利用各种学习资源，将为新生们的大学生活增添无限色彩。

本章小结

大学生正处于一生中的黄金年龄，正是学习、成长的好年华，蕴含着无限发展的可能。面对大学校园这一新的环境，只要有迎难而上的勇气和包容一切未知的心态，积极迎接新变化、挑战新事物，就能够很快适应并融入新环境，为自身的健康成长创造良好的条件。

课后思考题

1. 思考一下自己的大学生活是否存在适应不良的问题？
2. 你是怎么处理遇到的适应不良问题的？

📖 学习目标

1. 了解家庭的概念、家庭教育功能的变迁、家庭生命周期及家庭系统理论。

2. 理解家庭环境因素对我们个体的可能作用，包括父母教养方式、家庭互动模式和家庭氛围等。

3. 掌握可能由于家庭原因引发心理困扰的常用调适方法。

4. 学会运用积极理念主动建设积极家庭环境。

📖 知识导图

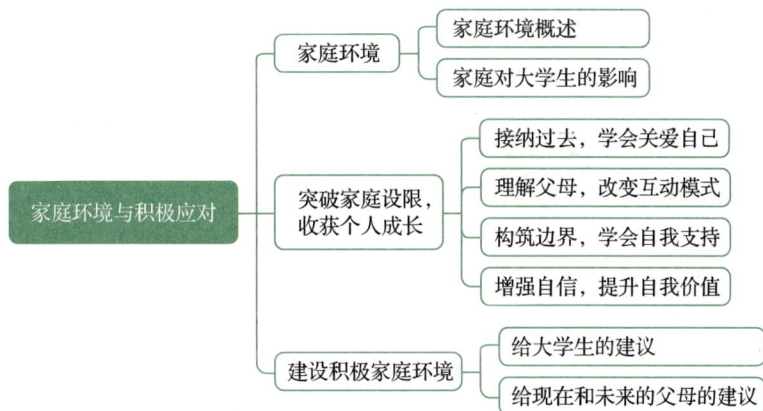

📖 关键词

家庭；原生家庭；亲子关系；教养方式；积极家庭环境

📖 案例导读

梁启超的女儿梁思顺曾提及这样一个故事。在她小的时候，父亲曾拿出一本《论语》，让她阅读背诵。可《论语》晦涩难懂，才读上两句，她就开始抓耳挠腮，怎么也读不进去。

见此情况，父亲拿出糖果作为奖励，哄着她读书。哪承想，思顺一见糖果，更是魂不守舍。无奈之下，梁启超只好随着她在自己身边玩耍，自顾自地坐在书桌前埋头读书了。

谁知，没过一会儿，她也学着父亲的模样，打开了手中的《论语》，开始认真读了起来。梁启超见状，内心大为触动：原来只需自己做好榜样，孩子便会跟着模仿。

从那以后，小到吃饭说话的微习惯，大到读书工作的态度，梁启超都会时刻约束自己。

梁启超一生养育有9个子女，有3人成了院士，其余6人也都是各领域的佼佼者，世人称之为"一门三院士，满庭皆才俊"。

父母的言行就是子女最好的教材，一流的父母造就一流的孩子。

第一节　家庭环境

家庭是人生的第一个课堂，父母是孩子的第一任老师。孩子们从牙牙学语起就开始接受家庭教育。父母对子女的影响很大，往往可以影响子女的一生。中国古代流传下来的孟母三迁、岳母刺字、画荻教子讲的就是这样的故事。家庭环境对我们的成长作用如此巨大，因此有必要了解家庭是什么，它又是如何影响着我们，以及我们可以做些什么，从而更好地成长成才。

一、家庭环境概述

家庭，是指以婚姻关系、血缘关系或收养关系为基础的社会单位，通常包括父母、子女和其他共同生活的亲属在内。

如果从汉字来释义，家在甲骨文中由"宀"和"豕"组成，其本义是屋内、住所。"宀"的字形就像一个房子一样，豕则象征着家里养猪的情景。这种起源其实很有趣，因为我们现在对于"家"的概念是和猪没什么关系的，但在古代的中国家庭生活里，这是常见的情形，所以"家"的本义是住所，引申出安家落户、定居之意。后来又扩展为家庭、家族的概念。本章提到的家庭主要是指核心家庭，即由一对已婚父母和未婚子女组成的家庭。核心家庭内部保持着三种最基本的家庭关系：夫妻、亲子、兄弟姐妹关系。

家庭环境是由家庭中各种因素组合而成的复合体，具体可以分为物质和心理社会两个维度。家庭物质环境，包括家庭物理结构、家庭社会经济地位、家庭文化背景、家庭居住情况、父母经济收入、父母职业等，家庭心理社会环境包括家庭组织结构、家庭氛围、父母教养方式、亲子关系等。

家庭是个体社会化的起点，是青少年心理素质形成的最重要的场所。本节从家庭概念的背景信息出发，简要介绍家庭教育功能的发展、家庭生命周期和家庭系统理论。

（一）家庭教育功能的发展

孔子曾说："饮之食之，教之诲之。"养育孩子是家庭的社会功能，教育孩子是家庭最重要的社会责任。家庭教育的功能与地位伴随着时代的发展而发展，伴随着教育现代化的演进而演进。当今的家庭教育有了怎样的调整呢？

1. 从学业教育的延伸转向以生活教育为本

家庭与学校、社会共同构成了个体教育的三大支柱。家庭教育有着学校教育和社会教育难以取代的特殊功能，不应成为学校教育的延伸，家长也不是学校老师的"助教"。但在家庭结构小型化的当下，部分家长带有明显的功利主义倾向，只关注孩子学业成绩的好坏，不重视对孩子品德和习惯的培养，对家庭教育的理解和实践还未脱离"学业中心主义"。

只有让家庭教育回归生活、融入生活，让孩子在生活中接受教育、增长见识、养成良好的生活习惯、掌握必要的生活技能，才能打通孩子的个体生活与社会生活、书本世界与生活世界、直接经验与间接经验之间的壁垒，让孩子对实际生活有所体验，对未来社会有所认知，对自己的行为有所改进，进而激活孩子自主发展的"活性因子"。

2. 从"望子成龙"转向"望子成人"

望子成龙是父母对孩子成才的美好期盼，希望孩子未来能出人头地或有所作为，拥有成功与幸福的人生，这是很正常的事情。但是在现实生活中，许多父母将这种期盼简单化为对孩子学业成绩的要求，以学业成绩的好坏作为评价孩子的唯一标准，认为孩子只有考上名校、找到好工作才有出路和未来。希望孩子通过知识改变命运、通过学习获得更多的选择机会，这种想法本没有错，但不应顾此失彼或本末倒置，一心只关注孩子是否"成才"，忘记了孩子成才之前首先要"成人"，孩子的健康身心和良好品行才是能让他一生走得更远更好的根本保障。

在家庭教育过程中，家长应看到每个孩子有不同的特点、天赋及成长节奏，如果父母能意识到这一点，就不会陷入总拿自家孩子与"别人家孩子"盲目攀比的怪圈。孩子的成长成才是自身条件和外部环境相互作用的结果。不同的孩子会有不同的智力与能力结构、不同的阶段性成长特征、不同的性格特质、不同的兴趣爱好，他们的学习能力与学业成绩自然也会有所差异。无论孩子的起点如何、成绩如何、未来走向何方，教育的价值取向应有利于促进孩子的身心健康成长，未来有能力成为一个健全的幸福的人。

孩子未来发展的不确定性和可塑性很强，父母要遵循孩子身心发展的规律和特点，帮助孩子打好健康全面发展的基础，家庭教育的价值取向也要从只关注孩子"成才"转向先让孩子"成人"。

3. 从孩子成长转向全员共同成长

联合国教科文组织终身学习研究所 2022 年发布的《让终身学习成为现实》手册指

出，现代生活的复杂性要求人们具有一定的适应性，终身学习是应对当下时代快速变革的有效手段，可以培养积极的公民意识，提高就业能力，促进人们的健康和福祉。随着信息化、数字化和智能化发展，终身学习已成为一种全新的生活方式。与此同时，家长的角色定位、教育观念及方法也需要随着孩子的成长、家庭结构的转变以及社会的进步等不断调整，这要求家长的学习和成长是持续的。

在此背景下，家庭教育被赋予了新的时代内涵。家庭教育不再是家长对孩子施加影响的一种单向教育活动，而是家庭成员间，特别是父母与子女间的一种相互学习、相互促进的双向教育活动。家庭教育不再只将促进孩子的成长成才作为唯一的出发点和落脚点，孩子也不再是家庭中的唯一受教育对象，而是强调全体家庭成员的共学互学、共生共长；强调家庭教育首先是对家长的教育，若要孩子天天向上，家长先要好好学习；强调家庭成员基于彼此尊重、相互平等、相互了解的原则，通过相互支持、沟通对话来认识与解决问题，实现孩子和家长的共同进步与成长。由此，家庭成为一个具有知识共享特征的学习共同体。

事实上，家庭学习共同体是一种对孩子最美好的陪伴状态。知识一般可以分为显性知识和隐性知识两大类，其中显性知识可以通过语言、书籍、文字、工作流程等方式学习获取，而隐性知识往往是个体长时间所积累的独特的经验知识，只有通过面对面的交流才能获取。由于获得知识和经验的时间先后有差异，家长相比孩子而言，往往更富有经验；而孩子也有自己的优势，如他们获取信息的速度更快、接受新知识的能力更强等。家庭全体成员如果能够发现和承认彼此的局限与不足，并且能够看到对方的优点，通过平等交流、相互学习，实现优势互补，那这个家庭就能形成一种既和谐又上进的氛围，能驱动知识与经验的相互传递，能促进家庭成员的进步与发展，还能涵养热爱学习、民主平等的家风。

（二）家庭生命周期

人类生命的周期是有秩序的，按照阶段发展，每个阶段都会有高原期，都要通过发展来完成所要求的改变，成长和改变的阶段之后是相对稳定的阶段，在这个阶段中各种变化得到巩固。家庭同样有生命周期，如当子女离开幼儿园、进入青春期或者外出求学时，不是只有孩子需要学习适应新环境，每名家庭成员都必须重新调整适应新环境。

家庭生命周期是一个家庭从形成、发展到消亡的过程，反映了家庭从形成到解体呈循环运动的变化规律。家庭生命周期的概念源自发展学理论，个人如何迎接其中种种的挑战是个重要的课题。在这个过程中，家庭会经历多个阶段，包括单身阶段、新婚阶段、满巢阶段、空巢阶段、退休阶段和鳏寡阶段。在家庭的每个阶段都有一些问题待解决，有一些重要工作待完成，若要顺利通过家庭生命周期的各阶段，就要尽力承担各阶段所应负的责任。

从家庭生命周期的发展来看，大学生正处在"离家"阶段。离家阶段主要涉及的是个体从家庭中独立出去，开始自己的独立生活，这是家庭生命周期中的一个重要转折点。这一时期，大学生需要逐渐学习接受自己在情感和经济上的责任，从原生家庭中分化，从以往与父母非常亲密的家庭生活中走出来，逐渐发展出独立自主、为自己负责的生活状态。

（三）家庭系统理论

家庭系统理论起源于20世纪30年代开始的家庭治疗。在家庭治疗的过程中，心理治疗专家逐渐发现儿童身上的心理和行为问题，并不仅是个体自身的问题，更反映了家庭和成员的问题。儿童出现的"问题"应该从家庭成员的关系、家庭系统内部中寻找突破口，单一对儿童进行干预的治疗效果并不理想。在对儿童和青少年情绪问题进行家庭治疗的基础上，默里·鲍文（Murray Bowen）提出家庭系统理论，并在后续的研究中逐渐丰富和完善这一理论。

该理论认为家庭是由具有亲属关系的家庭成员（如夫妻关系、亲子关系、同胞关系等）组成的系统，每个成员之间都存在相互作用的关系。每个家庭成员处于不同的位置和关系中，其中任何一个成员的改变都会引起其他成员行为、情绪的变化。每个家庭成员都不是孤立的，而应作为家庭系统的一部分来理解，家庭大于其组成部分之和。

根据家庭系统理论，整个家庭系统稳定、和谐、健康对于孩子的成长有重要影响。家庭系统越平衡，家庭的功能发挥越好，家庭成员的身心也就越健康。国内也有研究者发现，对于健康的儿童而言，构成家庭生态系统的父母子系统、家庭环境子系统和儿童子系统均对其心理问题的形成起抑制作用；而对于问题儿童来说，除儿童子系统对心理问题的形成起抑制作用外，父母子系统和家庭环境子系统也对心理问题的形成起正向作用。家庭系统理论还强调了家庭内部子系统之间存在相互作用的关系。在此基础上，帕克（Parke）和布里尔（Buriel）提出家庭社会化综合模型，概括了亲子子系统、共同养育子系统、父母子系统、同胞—儿童子系统等不同的子系统对儿童社会化的直接和间接影响，以及不同子系统之间的相互作用。

总之，家庭系统理论为我们提供了一个系统的全局视角，能让我们更深刻地看待个体心理健康与家庭环境的关系，从而有助于理解我们自身和他人的心理健康状况，并有机会得到改善。

小知识专栏 3-1

家庭治疗取向

家庭治疗（family therapy）是一种心理治疗方法，它以家庭这个存在于社会生活中的自然系统为对象，从家庭以及相关系统的整体角度来规划和开展心理治疗。在进行家庭治疗时，治疗师与来访家庭中的成员一起工作，共同努力促使家庭发生变化，或者使其成员中有病者症状消除。

专业的家庭治疗起源于20世纪50年代，在西方社会从个别心理治疗，以及某些团体心理治疗等治疗形式中发展而来。第二次世界大战以后，以美国为代表的西方国家，其工业化、都市化进程越来越快；而在社会生活方面，婚姻冲突增加，离婚率上升，青少年违法犯罪的现象也有增多。面对这些问题，社会各界对家庭在社会转型期面临的调适任务开始给予极大关注。在心理治疗领域，大家开始从关注内心冲突转到关注人际心理过程，并以此来规划治疗过程。

资料来源：樊富珉. 咨询心理学 [M]. 上海：华东师范大学出版社，2022：307-308.

二、家庭对大学生的影响

我们每个人都出生在特定的核心家庭里。大量研究表明，家庭环境中的诸多因素可能对子女心理健康有着深远影响。通过个体心理健康的镜子，能映照出各种影响因素的影子。它们如何塑造我们的心理世界呢？本节仅从父母教养方式、家庭成员互动关系和家庭氛围几个方面做一介绍。

（一）父母教养方式

父母在养育孩子的过程中都有自己的方式方法，这就是父母教养方式。父母教养方式不仅决定着父母如何与我们相处，影响亲子关系，而且影响我们每一个人对自己的认识和评价。

父母教养方式是影响个体心理健康最关键的因素。研究发现，如果父母能够以温暖、理解、民主的方式对待子女，子女的心理问题检出率就相对较低，人际关系更加和谐，处理压力的方式更科学、有效。相反，父母以拒绝、惩罚等消极的教养方式对待子女，子女的心理问题检出率则相对较高，通常缺乏自信心，人际关系敏感，对挫折的承受力较差。

美国心理学家鲍姆瑞德（Baumrind）从"控制"和"反应"两个因素对父母教养方式进行了划分。"控制"是指父母对孩子的成熟和合理行为的期望与要求；"反应"是指父母以接受、支持的方式对孩子的需要做出反应的程度。这两个因素都有程度高低之分，由此产生以下四种不同的组合。

高控制高反应的权威型父母。在教育孩子的时候，这类父母是比较典型的"优质"父母。他们虽然忙于工作，但还是会花时间来教育孩子，他们会给孩子建立很多的要求和规则。当孩子遇到困难的时候，他们也会第一时间站出来给他们提供帮助。"权威型"父母与孩子沟通比较频繁，关系也比较融洽。这类父母教育出来的孩子多数独立性比较强，善于自我控制和解决问题，自尊和自信心比较强，喜欢与人交往，有较强的认知能力和社会适应能力。

高控制低反应的专制型父母。他们的特点是教育子女比较严格，习惯于控制子女的行为和态度，并且试着让子女和自己的态度一致，很少允许子女拥有自己的独特性，也少与其交流，与子女的感情较疏远。这种教养方式下的孩子，容易出现缺乏主动性、胆小、畏惧、抑郁、有自卑感、容易情绪化、不善与人交往等特点。

低控制高反应的纵容型父母。这一类父母的特点是对孩子的需要有很好的反应，很关注孩子，会比较容易宠溺孩子，对孩子的要求比较宽松甚至完全不予以控制和指导。如果父母自身的人格以及处事过程中都比较没有边界，没有稳定的规则指引，孩子容易出现凡事以自我为中心、冲动、缺乏自我控制、抗挫折能力不够等问题。

低控制低反应的忽视型父母。这一类型在鲍姆瑞德看来等于没有施加教养。忽视型的父母缺少责任感，把精力更多地放到生活和工作当中，不愿意或者无法找到时间、挪出精力照顾子女，于是把子女放到心理或物理的远距离之外，以此逃避子女带来的不方便，对子女不闻不问，任其自由发展。在这些家庭中长大的孩子，他们与父母的关系比较生疏，几乎没有什么交流，也难以感受到被爱的感觉，容易缺乏安全感，造成敏感多疑、孤僻等性格特征。需要注意的是，现有研究发现，在忽视型教养方式下孩子更容易出现网络成瘾的情况。

父母的教养方式不仅会作为一种重要的家庭因素直接影响儿童的心理健康水平，还会影响其他家庭因素对儿童心理健康的作用。针对家庭经济状况不好的青少年的研究发现，在母亲温暖和支持性教养方式下的子女产生抑郁与焦虑情绪的概率更低。

小知识专栏 3-2

习得性无助实验

"习得性无助"是美国心理学家塞利格曼于 1967 年研究动物时提出的，他用狗做了一项经典实验。起初他把狗关在笼子里，只要蜂音器一响，就给狗以难受的电击，狗关在笼子里逃避不了电击。多次实验后，蜂音器一响，在电击前先把笼子的门打开，此时狗不但不逃而且不等电击出现就先倒在地上开始呻吟和颤抖。本来可以主动地逃避却绝望地等待痛苦的来临，这就是习得性无助。

1975 年塞利格曼用人当受试者，结果人也产生了习得性无助。习得性无助最常见的描述是：一个人消极地面对生活，经常没有意志力去战胜困境，而且相当依赖别人的意见和帮助。

有意思的是，塞利格曼后期投身到了"积极心理学"的研究当中，成为积极心理思潮和研究的引领者之一。

资料来源：彼得森，迈尔，塞利格曼. 习得性无助 [M]. 戴俊毅，屠筱青，译. 北京：机械工业出版社，2011：23-25.

（二）家庭成员互动关系

家庭是我们每个人最早接触到的人际环境。家庭成员之间的互动模式既塑造着孩子的行为模式，又为孩子学习如何进行人际交往、如何处理冲突和矛盾、如何进行竞争和合作提供了示范，从而影响其言行举止、人际交往方式和价值观念。

1. 亲子关系

亲子关系是指父母与子女之间的互动关系，它是个体一生中出现最早、持续时间最长的一种人际关系。亲子关系在儿童心理健康发展方面扮演着重要角色。亲密和谐的亲子关系对儿童的发展有积极的促进作用，包括主观幸福感等积极情绪更高，亲社会行为增加，同伴关系、师生关系等人际关系更和谐。

亲子关系不良是许多学生出现严重心理问题的原因之一。亲子冲突与大学生的问题行为、学业不良、抑郁、焦虑等有着很直接的关系。个体在成长过程中需要逐渐获得独立的人格，但这个成长过程需要父母的良好陪伴和积极引领。如果家庭中长期存在亲子关系不良，孩子缺乏与父母间正向的人际互动，那么他们很容易体会到不被理解、不被支持、缺爱等消极感受。甚至这些不良的亲子互动模式也会对孩子其他的人际交往产生不良影响，如部分人会因此产生对外界的不信任、不安全、敌意等感受。但这并不意味着父母一定要小心翼翼、完全避免与孩子产生冲突，事实上，适当的人际冲突有助于个体发展社会适应性，关键在于父母能否合理、恰当地把握冲突，用积极的态度去面对冲突，同时帮助孩子学习如何以正确的方式去面对人际关系中的问题。

在不同的年龄阶段，亲子关系的特点不同，对儿童的影响也不同。在童年阶段，亲子关系中的亲子依恋更为关键，对儿童一生的发展都有重要影响。有研究显示，亲子依恋能显著预测儿童的行为问题、情绪问题。在青春期的初期阶段，亲子关系的亲密性有所下降，亲子冲突发生的次数开始上升，到青春期的中期阶段达到最高值，直到青春期的晚期阶段或成年期开始呈下降趋势。亲子冲突与儿童问题行为、消极情绪、消极人格等相关联，如攻击行为、网络成瘾等。

> **小 知 识 专 栏 3-3**
>
> #### 哈洛依恋实验
>
> 发展心理学家哈利·哈洛（Harry Harlow）认为幼猴除了基本的饥饿、干渴等生理需求外，它们一定还有一种要接触柔软物质的需求。为验证这个理论，哈洛及其合作者决定制作用于实验的不同类型的母猴。
>
> 他们用光滑的木头做身子，用海绵和毛织物把它裹起来；在胸前安装一个奶瓶，身体内安装一个提供温暖的灯泡。然后，他们组装了另一只不能提供舒适环境的代理母猴。这只母猴是由铁丝网制成的，外形与绒布母猴基本相同，以便使幼猴用接近绒布母猴的方式接近它。这只铁丝母猴也安装了能喂奶的乳房，且能

够提供热量。换句话说，这只铁丝母猴与绒布母猴相比，除了在被哈洛称为"接触安慰"的能力方面有差异外，其他方面完全一样。

随后，研究者把这些人造母猴分别放在单独的房间里，这些房间与幼猴的笼子相通。8只幼猴被随机分成两组，一组由绒布母猴喂养，另外一组由铁丝母猴喂养。哈洛企图将喂养的作用与接触安慰的作用分离开来。他把猴子放在笼子里，并记下在出生后的前5个月中，幼猴与两位"母亲"直接接触的时间。结果是令人惊讶的。

接触安慰在幼猴对母猴产生依恋的过程中有重要影响，分别由绒布母猴和铁丝母猴喂养的两组猴子的行为特征进一步证明接触安慰的重要性。虽然两组猴子食量同样大，体重增长的速度也基本相同，但由铁丝母猴喂养的幼猴对牛奶消化不良，且经常腹泻。这说明，缺少母亲的接触安慰会使幼猴产生了心理上的紧张。

恐惧物体的实验进一步证明幼猴对绒布母猴的依恋。每当幼猴发现自己正面对一些害怕的事物时，它们便很快跑向绒布母猴，并抱住它以获得安慰的保护。随着幼猴年龄的增长，这种反应变得更加强烈。另外，无论是铁丝母猴喂养的幼猴，还是绒布母猴喂养的幼猴，其反应没有差异：当它们害怕时，都会到绒布包裹的代理母猴那里寻求安全感。

资料来源：布卢姆．爱与依恋的力量 [M]．江水东，译．北京：中国纺织出版社有限公司，2021：114-115.

2. 夫妻关系

夫妻关系是指丈夫和妻子之间的关系，包括夫妻婚姻质量、婚姻满意度、夫妻冲突等。在一个家庭系统中，夫妻之间的关系是影响家庭人际关系的核心因素，对家庭生活起着重要作用。儿童长期生活在家庭环境中，父母之间的关系如何对其身心健康发展至关重要。

夫妻关系对当事人而言只是自身婚姻状况的问题，但是对孩子而言，则是自己父母的关系问题。当夫妻关系系统运转不良时，会连带影响孩子的心理状态。家庭系统理论认为，家庭中的孩子出现心理问题，往往反映了整个家庭成员之间关系的问题，而整个家庭系统中，夫妻关系是整个家庭关系的核心。许多研究发现，夫妻冲突是预测子女问题行为的有效指标，那些具有心理和行为问题的孩子更多地来自充满敌意和争吵的不幸福的家庭。父母公开的、强烈的冲突对孩子的心理发展影响重大。即使父母没有离异，但是长期生活在父母冲突频繁的家庭氛围中，孩子的心理状态仍然会受到很大的消极影响。

良好的夫妻关系对儿童心理健康发展有积极的促进作用。很多研究表明，一个生活在父母关系质量良好、家庭稳定环境中的孩子心理健康水平更高。生活在和谐融洽的婚姻关系中的儿童社会适应表现更好。在日常生活中，儿童经常"观察"到父母处理婚姻关系的行为模式，并内化形成自己的行为模式，影响他们未来行为模式、思维方式等的发展，从而影响他们的心理健康水平。与婚姻破裂相比，严重、频繁的夫妻冲突对儿童发展的负面影响更大，有研究指出，父母冲突导致孩子出现不良适应问题的风险大约是父母离异的2倍。幸运的是，研究表明，冲突得到解决的家庭与夫妻之间友好相处的家庭相比，孩子的心理健康不存在显著差异。有研究发现，父母采取冲突管理和合适的沟通技巧有利于提高孩子的主观幸福感。这提示，只要有效解决夫妻间的冲突，就能缓解夫妻冲突对儿童发展的不良影响。

夫妻关系质量还会通过父母与子女之间的互动关系、父母教养方式、父母参与教育的行为等间接影响儿童的心理健康。例如，破坏性的父母冲突形式，包括言语攻击和暴力虐待（威胁、侮辱、打骂）会增加父母对子女的体罚和虐待，从而增加儿童行为问题、情绪问题、人际困难等适应问题产生的风险；婚姻满意度高的父亲更倾向于参与孩子的教育，这对子女的身心发展都有积极的促进作用。

（三）家庭氛围

家庭是一个情绪高度聚集的地方。家庭成员在一起会形成特定的情绪氛围，对每一个人产生影响。一般来说，在愉快、和睦、安宁的家庭氛围下，孩子会感到更安全、更快乐，情绪会更稳定，人际交往过程中使用的技巧也会更成熟。相反，如果家庭环境不好，充满了冲突和争吵，经常发生各种矛盾，孩子就不容易建立安全感，会感受到情绪不稳定，在人际交往过程中难以和别人建立信任感，生活中也会容易产生紧张、害怕、恐惧等情绪。有的孩子还会表现出难以相处的特点。

紧张的家庭氛围一方面会导致大学生产生焦虑、恐惧等不良情绪，而长期处于紧张氛围中会让他们感觉压抑、无助和悲观，容易引发抑郁倾向；另一方面会使大学生缺乏安全感，内心总是处于不安定的状态，产生自卑心理，影响其性格的发展，可能变得内向、敏感、孤僻，难以表达自己真实的情感和想法。

首先，和谐的家庭氛围可以让大学生拥有良好的心理状态，在面对学业压力和各种挑战时保持积极乐观的心态，更有信心和勇气去克服困难，因为他们知道自己有一个温暖的港湾可以依靠。其次，和谐的家庭氛围有助于大学生形成健康的人际关系，在和谐的家庭中成长的大学生往往更懂得如何与人友好相处、相互尊重和理解，并能将这种良好的互动模式运用到校园生活和未来的社会交往中。最后，和谐的家庭氛围能够给予大学生更强的安全感和归属感，使他们在相对独立的环境中感到安心，不会因为缺乏情感支持而感到迷茫或孤独。

每个家庭因成员间的关系和家庭价值观的不同，而具有独特的家庭气氛。因此，较之于父母教养方式、亲子关系或夫妻关系，家庭氛围能更全面地考察家庭环境的影响。

研究发现，父母抑郁症状可显著预测子女感知到的家庭氛围，家庭环境会进一步影响子女的情绪体验和心理健康。相关研究还发现，在教养子女的过程中，焦虑水平高的父母更多地引发焦虑的养育行为，以及负向亲子关系问题。此外，若父母间存在破坏性冲突，其子女也会产生抑郁倾向，而和睦的家庭氛围有利于子女心理健康水平的提升。因此，家庭氛围在父母心理健康与子女心理健康之间起着重要的中介作用。父母的心理健康可能通过家庭氛围间接影响子女的生活满意度。根据家庭系统理论，父母关系状况会迁移到亲子关系中，从而对青少年的发展产生影响，如较多的父母冲突会使父母较少关注子女的需求，导致亲子关系紧张，而子女生活满意度也受到负面影响。

试想，你与家人是如何互动的？父母的教养方式属于哪一种？家庭的氛围又是怎么样的呢？这些都对你产生了怎样的影响？对这些问题的反思，有利于理解家庭如何对你产生影响。这为大学生处理好家庭和自己的关系奠定了基础。

第二节　突破家庭设限，收获个人成长

正如前文所述，家庭对大学生的影响是方方面面的，并且可能会持续很久。通常来说，如果是正面的积极的影响，大学生能欣然接受，但如果是负面的或消极的作用，大学生会顾虑重重，不知如何消解。这里要注意的是，大学生澄清和理解家庭对自己的影响，并不是为了将家庭作为当下困境的罪魁祸首，也不是为了寻找推脱责任的借口，而是为了更好地理解自己、接纳自己，从而突破家庭对我们的限定，实现更好的成长。

作为大学生，面对过往的不如意，需要学会接纳过去、关爱自己；当与家人沟通不畅时，学会理解父母，改变互动模式；同时，应明确人际边界，学会自我支持；而最关键的是，努力提升自我价值，增强自信。

一、接纳过去，学会关爱自己

不可否认，原生家庭对一个人的影响是重大的，但童年没有收割幸福，并不意味着就此没有了播种幸福的能力。因为个体还有主观能动性，学会接受过去，学会爱自己，学会放下，重新审视原生家庭，这将有助于个体疗愈原生家庭带来的伤痛。

（一）接受自己的过去

正如电影《心灵捕手》里面所说："只有接受自己，才能接受整个世界。"原生家庭或许给我们带来过很多伤害，让我们久久难以释怀，但人的一生是漫长的，我们不应该一辈子都禁锢在原生家庭的阴影里，而应该学着接受自己的过去，学会爱自己，选择放下，与自己和解。

（二）学会爱自己

如果没有得到原生家庭的爱，就努力提高自我关爱能力，尝试照顾自己的感受和需求。杨绛先生说："无论别人如何对待你，你都要好好爱自己，人到中年，最好的状态是，眼里写满故事，脸上依然不露风霜，能吞下所有的委屈，也能放大自己的格局。"

一个人只有学会了爱自己，才能懂得爱别人，并得到他人的爱。

（三）选择放下

一直执着于自己在原生家庭受到的伤害，往往会让个体陷入困境，而当个体放下执念时，心灵便能得到解脱，自在无碍。

在人生的旅途中，个体常常被各种执念所困，放不下过去的遗憾，放不下对未来的担忧。所以选择放下，并不意味着你已经宽恕了过去的种种，而是放过自己，让自己从过去的痛苦中解脱出来。

（四）重新审视

重新审视父母给我们带来的伤害，感谢他们在当时的社会环境、个人处境和有限的经济条件下为我们做出的努力。去发掘伤害背后的真相，或许父母已经尽力了。这有助于我们更加理解原生家庭带来的创伤。

放下原生家庭的伤痛，不停留在过去，好好爱自己。你值得被爱，值得被肯定，值得拥有更好的人生。

二、理解父母，改变互动模式

父母和子女的成长经历、时代背景不同，面对的社会文化熏陶也不同。随着科技和社会的快速发展，新的知识和信息不断涌现。父母可能因为年龄、教育背景等原因，对新的知识和技术接受速度较慢，而大学生能够更快地适应和接受这些新的知识与信息。这种知识更新速度的差异可能导致双方在某些话题上存在认知和理解上的分歧，社会文化背景的差异可能导致双方在思想观念、价值取向和生活方式等方面存在巨大的差异。新旧观点碰撞必然会产生矛盾，而这就是代沟。

所以在了解了为什么大学生会跟父母产生代沟从而引发冲突后，要学会正视与父母之间的冲突，化解矛盾，要学会与父母进行有效沟通。大学生可以尝试从相处模式的转变入手。

（一）主动沟通

家庭是父母和孩子共同的空间，需要彼此的付出，才能营造温馨和谐的家庭氛围。大学生应迈出第一步，从真诚与父母交流开始。

（二）勇敢表达

当父母渐渐理解你的想法时，不妨大方地分享自己的感受。父母对孩子的完美期待往往源于关心，这份爱值得珍惜，但不必让它成为压力。做真实的自己，才是最好的回应。

（三）学会倾听

即使青春期与更年期存在"代沟"，父母的建议也可能蕴含着宝贵的经验。大学生应试着放下偏见，认真倾听，或许会有意想不到的收获。

学习与父母有效沟通和改善家庭关系是我们一生的课题，它不是一蹴而就的，而是需要我们在懂得道理的基础上反复尝试、不断练习。在这个过程中我们要相信，尽管与父母可能存在矛盾和冲突，但家无论何时都是可以安心依靠的港湾。愿我们都能在与父母愉悦沟通的过程中，找到属于自己的幸福。

三、构筑边界，学会自我支持

人类是社会性动物，人际关系会对个体的生活产生直接的影响。在良好的支持性关系中，个体可以受到滋养，感到快乐；而如果个体长期受到关系的困扰，个体的心理健康就会受到影响，也会让个体缺乏足够积极的能量投入学业和自己喜欢的事中。

如果个体也正受到人际关系的困扰，那么"建立边界"是你需要的一个重要技能。建立健康、灵活的边界可以让我们保护自己的能量不被过度消耗，也可以帮助身边的人更了解我们，更好地与我们相处。掌握建立边界的"三部曲"，是做自己能量守护者的重要途径。

（一）识别需要建立边界的信号

建立边界的第一步，就是需要识别在出现哪些信号时我们要为自己建立和维持边界了。当感觉到"不对劲"时，我们会质疑是否自己的感受出了问题，或者忽视这种感受。实际上，我们的感受是我们的好伙伴。

这些"不对劲"可能包括但不限于以下话题：对某个话题感到焦虑或担心；总是回避特定的人；经常收到不请自来的建议；觉得一段关系非常不对等；为了能让事情进展顺利，总是赞成和妥协；总是直接或间接地被暗示："别人的感受比你的感受更重要"；在与特定的人相处时和相处后，你感到精疲力竭；总是卷入别人的冲突；在和特定的人相处后，你总是感到消极或自我怀疑；开始考虑暂停和一些人互动和相处。我们可以允许自己感到"不对劲"，也有权肯定和照顾自己的感受。

（二）用清晰、善意的语言表达边界

在意识到自己需要建立边界后，接下来要做的就是以恰当的方式将自己的边界展现给别人。

1. 直接表达

在表达时，最有效的方式是清晰直接地陈述需求。不必用委婉的暗示或自我贬低的理由（如"我最近正在减肥，先不买零食了"），只需简单明了地表达真实意愿（如"我不想讨论这个话题，谢谢"）。记住，你有权拒绝而无须解释或道歉。

2. 善意表达

我们在沟通边界时感到犹豫，往往是因为我们不想伤害对方的感受，而这样的考虑正是因为我们的善意。这份善意其实可以尝试用语言表达出来。例如："我很希望自己可以好好投入我们的小组作业，但晚上9点之后开会讨论我的效率会很低，我们可以早一些吗？"

3. 以合作的态度解决问题

在表达边界时要注意，我们并不是在强制改变对方的行为，而是表达我们的感受，

坚定我们的行为，并以合作的态度解决问题。我们所使用的语言也要从自己开始，落脚点也在自己。例如，与其说："别在宿舍大声外放视频！"不如说："有人在宿舍大声外放视频的时候，我会被打扰，我们可以一起解决一下这个问题吗？"

4. 不需要过度解释自己

不需要过度解释自己设立边界的原因。建立边界并得到尊重的权利不取决于对方是否理解前因后果。如果对方反复询问为什么，我们可以只是重申自己的边界，例如："我需要休息。""我现在不太想做这些。"

（三）维持自己的边界

在表达自己的边界后，我们也需要维持自己的边界，在此期间可能需要重申自己的边界，告知对方后果。例如："我需要被支持，而不是总是被教导，否则我需要减少与你相处的时间。"

如果在充分表达沟通边界后，却不断被侵犯，或如果继续感到不舒服，我们可以采取行动，如在上面的例子中，如果自己还总是被教导，并造成困扰，就可以减少与对方的互动。

建立与维持边界需要勇气，同时建立边界是一项需要终身实践的技能，需要我们一步一步去练习。

当然，我们所建立的边界应当是灵活的，我们有权利调整自己的边界。每个人在不同的情境下会有不同的状态，因此我们一时所建立的边界可能不够。这就需要我们不断回到自己的感受，尊重感受，根据自己的感受进行调整。例如："我最近的时间空了一些，如果你还愿意的话，我们可以一起出去玩。""抱歉，我原本答应你可以一起看电影，但我最近忽然变忙了，原定的时间我可能去不了了。请问现在取消会对你造成影响吗？"

在我们以善意、尊重和清晰的方式澄清自己的边界后，我们已经负责地做了我们所能做的。如果对方不能以成熟的方式应对我们的边界，请告诉自己：这不是我的问题。照顾好自己的感受，永远是第一重要的事情。

人际关系中保持自我、实现成长的关键在于建立清晰的边界意识、重视自我感受以及敢于表达自己的观点和需求。只有这样，我们才能在复杂的人际关系中保持独立性和自主性，同时与他人建立和谐友爱的关系。

四、增强自信，提升自我价值

国内积极心理学运动的代表人物彭凯平教授提到以下几种方法能够帮助我们提升自信。

（一）知行合一

王阳明的"知行合一"理念告诉我们：自信源于行动。尝试在课堂上主动选择前排就座，积极发言，让自己被看见、被听见。每一次勇敢展现自我的经历，都是对自信的累积。

（二）寻求支持

在生活中遇到困难的时候，我们需要寻求他人相助。没有人能独自成就所有事。真正的智慧在于识别并珍惜生命中的"贵人"——那些愿意与你互相共赢的人。

（三）做好准备

对未知的担忧常会削弱自信。通过提前规划或制定备选方案，你可以将"不确定"转化为"有准备"，这时焦虑会自动退散。

（四）积少成多

胡适先生说，要大胆假设、小心求证。伟大始于微小。记录每天的小成就（如完成一项任务、学会一个新技能），这些看似不起眼的成功终将汇聚成自信的基石。

第三节　建设积极家庭环境

许多大学生都有这样的体验：进入大学后，虽然生活自由，但难免想念父母，想要回到温馨舒适的家中；可真到了假期，回到家中，短暂的温馨过后，代沟与摩擦又让双方感到疲惫，甚至"相看两厌"。

从家庭生命发展周期来看，大学生正处在"离家"阶段，逐渐学着承担自己在情感和经济上的责任，从原生家庭中分化出来，逐渐完成从"家庭的孩子"到"独立的个体"的身份转变。

一、给大学生的建议

每个人的成长都在不断分化。从出生时身心方面与父母完全融合为一体的那种亲密状态，逐渐找到属于自己的认知，自己的情感，自己的世界观、价值观。如果不从家庭中分化出来，大学生可能很难离开家独立生活，也就很难适应大学校园生活，也许毕业后会成为"啃老族"，甚至无法拥有自己的亲密关系。身为大学生的年轻人，分化到什么程度是合适的呢？亲密感与独立感达到动态平衡。当然，这是一个理想状态，只有极少数大学生能够完全做到，大家不妨将这种状态作为努力的目标。如何提高自己的分化水平，改善与父母的沟通互动呢？大学生可以试着这样做。

（一）加强沟通交流，合理表达需求

1. 了解自己的家庭

我们是否了解父母的经历？是否清楚他们人生中的重要转折？是否了解家庭重大事件的发展与解决？不妨趁着假期听父母讲讲，这些故事或许会帮助自己进一步理解父母的过去和如今的处事方式；又或许会让自己对家庭产生新的认识。在这个过程中，我们与父母的关系更近了，也对自己的成长环境与经历多了几分理解和思考。

2. 接纳父母及自身的局限性

没有完美的父母和孩子，也没有完美的家庭关系。父母的原生家庭和成长经历很大程度上影响了现在的他们，或许他们做得不够好，但值得我们尊重和接纳。除此之外，沟通方式、行为选择、文化认知等客观因素也在一定程度上对我们与父母的沟通产生影响，进而引发摩擦与矛盾。当我们能够接纳并正视这一切时，改变就在悄然发生。

3. 发展一致性沟通

沟通不仅是言语的交流，更是情感的传递与共鸣。缺乏沟通，家庭关系便难以维系其温馨与和谐。不妨细细回想，我们是否有过这样的经历：出于害怕真实的自我与想法不被父母所接纳，我们选择了无原则的顺从与讨好；或当感受到潜在威胁时，便急于用指责作为防御的武器。在某一刻或许这为我们筑起了保护屏障，但它们却在无形中遮蔽了内心真实的声音。

因此，大学生应培养一致性沟通的能力，即表达时内外一致，让言语能够真诚地映射出内心的真实感受与想法。这需要大学生以一种开放、包容的心态接受和处理自己的真实感受与情绪，并且尝试在合适的情境下表达自己内心真实的声音，邀请父母"参观"自己的内心世界。或许这时会发现，自身的一致性表达让家庭关系变得更加融洽。

4. 善用沟通小技巧

12秒原则：愤怒往往会维持12秒左右，控制住这12秒，情绪就能得到缓解。当我们十分冲动地想要生气愤怒时，要有意识地提醒自己在心里默数12秒，以有效减少因一时冲动而导致的消极后果。

注重理性表达：在悲伤或委屈等情绪被放大的极端情况下，脱口而出的话可能会伤害到对方，这时可以试着用客观描述加上主观感受的表达方式来平衡表达需要与保护关系，把事实和自己的感受都不带太多情绪地表达清楚，这么做更有利于沟通。

将问题具体化：当感觉到不被家人理解和支持时，我们可以试着继续追问，弄清楚问题产生的具体原因。明确了具体原因，我们就可以有针对性地提升自己的能力，有理有据地请父母支持自己。

换位思考：日常相处中，多尝试从父母的角度来思考事情，尤其是在与父母的观点不一致时，这样做并非为了顺从父母甚至牺牲自己的感受与需求，而是为了促进平和的沟通及和谐的关系，避免尴尬甚至争吵。

运用非语言艺术：人际沟通中的93%是通过非语言信息来进行表达的，包括声调、语气、眼神、动作等。与父母沟通时也可以尝试多使用非语言信息，如用眼神和动作配合语言来表达自己真实的想法。

（二）培养共同兴趣，增进亲子关系

大学生应当深刻地意识到，改变的力量源自内心而非外界环境。与其困在对父母的期待与现实的落差里，不如主动创造，培养共同的兴趣。真正的改变始于我们迈出的那一小步，比如和家人一起看感兴趣的电影，一起出门散步，共同制作饭菜等。

1. 尝试建立边界

在家庭互动，甚至是人际关系中，通过询问、探讨的方式来确认对方的边界和规

则。比如，放长假回家时，思考自己的哪些信息是父母希望知道的，选择一些信息主动告诉父母（如实习进展），哪些安排是希望父母只知晓时间、事件却不希望知晓细节的（如参加同学聚会）。

2. 主动提出期望

没有人可以完全知道另一个人的所思所想，父母虽然与大学生子女共同生活了十几年，但有时依然无法领会子女的意图。比如，我们在假期希望能睡懒觉，睡觉睡到自然醒。那么我们要及时、多次地和父母表达期待："我希望可以睡个懒觉，如非必要，父母请不要喊我起床。"

3. 区分他人情绪与自我情绪

情绪是无形的，我们要有能力分清哪些是对方的情绪，哪些是自己的情绪。有位大学生谈起过："我以前听到妈妈对爸爸不做家务很生气，就会跟着一起对爸爸很生气。后来，我与爸爸之间也关系紧张了"。其实，他只要学会区分情绪，就可以知晓夫妻关系是妈妈面临的困难，他可以从孩子的角度理解或者提建议，而不是一同陷入愤怒的情绪中。

4. 区分当下情绪与过往情绪

学会区分哪些是我们此时的情绪，哪些是之前累积下来没有处理的情绪。例如，某次父母给我打电话询问我买的学习资料为什么这么贵？当时我感到很生气，似乎被指责，不由自主地与父母争执起来。但自己情绪激烈的程度超出了事件本身，就说明此时的情绪不仅是当下事件引起的，还有之前累积下来的，比如曾经被父母指责生活花销过大而一直没处理的情绪。认识到这一点，你就可以冷静下来，好好和父母解释这本学习资料贵的原因了。

5. 学会承担责任，对自己的决定承担后果

对家人的依赖经常会阻碍大学生分化。事实上，将选择权交给父母，做一个顺从的孩子，虽然维持了和谐的家庭关系，避免了激烈的家庭关系冲突，但不利于自己的成长。所以，当我们学着承担责任，面对后果，不去抱怨别人，更多地寻找达成目标的方法，就可以让自己慢慢独立，完成自我分化，学会对自己负责。

（三）表达感恩爱意，主动关心父母

1. 欣赏、感恩的语言

每一个人都希望被欣赏、被肯定，父母为我们的成长付出了很多，他们的付出需要被我们看到。所以，当父母为你付出时，不要忘了及时表达欣赏和感激；当父母过生日时，记得给他们打个电话，勇敢表达对他们的爱和感恩。

2. 服务的行为

服务的行为是指通过为对方做一些事情来表达爱。例如，懂得关心和体贴父母，放假回家替父母做些力所能及的事，扫扫地、洗洗碗，为父母做几道你新学的拿手菜，教他们使用不同的手机 App 等。

3. 赠送礼物

对于接受礼物会感受到爱的人来说，即使是一些小礼物也会拥有十分重要的含义。它在传达"我的心里一直有你""虽然我没有经常陪伴你，但你对于我来说是重要的"等信息。有时候自己亲手制作或者是花费心思"淘"来的礼物更有意义。

4. 有品质的时光

上大学后，我们陪伴在父母身边的时间越来越少，提高假期相聚时光的品质是我们向父母表达爱的有效方式。假期回家，白天带父母出去看看风景，晚上陪他们聊聊天，分享彼此的快乐、焦虑以及生活中的点点滴滴，专注倾听对方的话语，感受彼此的关心与爱。在校期间，我们还可以通过电话、微信等方式与父母保持联系。

5. 身体接触

亲人间的手挽手、温暖的拥抱都能传递爱的信息。对所爱的人施以适当的身体接触，有时胜过千言万语。例如，当父母心情沮丧，需要安慰的时候，给他/她一个温暖、踏实的拥抱。

二、给现在和未来的父母的建议

大学阶段是大学生为成为社会成员做准备的阶段。这一阶段，大学生在心理方面的发展任务包括学会管理情绪、提高独立性和自主性、建立成熟的人际关系、形成客观的自我认知与自我认同、制订人生目标或自我理想等。他们不希望家长再像对待小孩子那样与他们交流。但大学生的父母在此之前一直扮演着"保姆""指挥官""安全港"等角色。总之，除了大学生，大学生父母也需要提高心理韧性与抗压能力，并与学校形成合力。

（一）适应角色变化，改变关怀方式

随着孩子逐渐长大，父母与子女的关系也发生了深刻的变化。进入大学校园，孩子们开始真正体验到生活的多样性和复杂性，而家长是学生成长路上的引导者和引路人。

大学时期是孩子们世界观、人生观和价值观形成的高峰期，他们会对自己是谁、将来要做什么等问题展开深入思考。在这个过程中，家长应当尊重孩子自我探索的权利，鼓励他们发现自己的兴趣爱好和潜力，而不是过度干预或设定既定轨迹。

孩子们离开熟悉的环境，尝试独立生活，面临着处理日常生活琐事和建立新的人际关系网络的任务。家长应逐步放手，让他们有机会自己解决问题，同时教导他们如何与他人和谐相处，培养良好的社会适应能力。

面对学业压力、就业前景、情感问题等多重挑战，大学生可能出现情绪波动甚至心理压力过大的情况。家长应教授孩子有效的压力缓解技巧，如时间管理、放松训练等，并强调在遇到难以独自应对的问题时，应主动寻求专业心理帮助。

保持开放的心态，耐心聆听孩子的感受与困惑，不急于评判或提供解决方案，而是通过共情加深理解。

首先，父母应认识到家庭教育的重要性，摒弃错误的教育观念，做到充分尊重和信任自己的孩子，要经常鼓励他们去尝试和探索，和他们保持平等的交流，认真倾听他们的心声，而不是一味地命令和指责。其次，父母不要过分包办代替，要逐步培养孩子的独立生活能力和思考能力，要允许他们犯错。最后，父母要着眼于孩子的未来发展，不要只看眼前的成绩和表现。父母不仅要关注孩子的学习，更要重视他们的身体和心理健康，注重培养孩子诚实、善良等品德，不断提高他们的综合素质。

面对孩子成长中的困惑，家长要有意识地与学校联动，发挥家庭和学校的教育合力。父母应积极了解孩子的在校情况，鼓励孩子善用学校提供的各类资源，并准备好让家庭成为安全基地，成为孩子探索世界的避风港。

（二）善于表扬肯定，恰当表达情感

父母不仅要学会表达爱，更要善于表达爱。尽管孩子的年龄不断增长，身体发展日趋成熟，但其被肯定、被赞许和被鼓励的需要，就像牙牙学语阶段的婴幼儿一样。无论孩子成功与否，家长都要给予充分的认可和鼓励，让他们知道失败并不可怕，挫折也是成长的一部分。

父母要给予孩子充分的尊重，理解他们的想法和感受，让他们觉得自己被重视，从而增强他们的自我价值感，更有信心去面对各种情况，养成积极的心态。父母要根据孩子的特点和需求进行有针对性的教育，使他们能在适合自己的道路上发展，发挥自己的优势，获得成就感。父母还要及时给予孩子积极的反馈和肯定，让他们知晓自己的努力和进步是被看到的，激发他们继续努力的动力，提升自我认同感。

温馨、和谐的家庭氛围需要家庭成员之间相互尊重、理解和支持，让每位家庭成员感受到家庭的温暖和关爱。在温暖的家庭氛围中成长的大学生，往往能够更好地调节自己的情绪，保持积极乐观的心态，正确看待生活中的困难和挫折；在与他人的交往中更懂得关心和尊重，从而建立和维持健康的人际关系，减少社交焦虑和孤独感；在面对学业压力和心理困扰时，他们能够从家庭中获得支持和鼓励，有利于缓解压力对心理健康的不良影响。

（三）活出精彩自己，体现榜样力量

言传身教，身教重于言传。父母应做精彩的自己，如本章开始提到的梁启超先生一样，教育子女，身体力行。从点滴做起，孩子能自然地感受到父母的力量，自发地模仿，渴望向往成功，更容易付诸行动。

父母的言行举止对大学生起着潜移默化的影响。如果父母是积极向上、乐观豁达的榜样，大学生往往会拥有更健康的心理状态。他们会从父母身上学到如何应对困难和挫折，从而在面对自己生活中的挑战时保持坚韧和勇气，减少焦虑和抑郁。父母善良、诚实等品质也会潜移默化地影响大学生，让他们形成正确的价值观和道德观，内心更加充实和笃定，促进心理健康发展。

课堂心理行为训练 3-1

我的家庭

活动内容

课堂心理行为体验趣味活动"我的家庭"（5～10分钟）。

活动目标

通过这个活动来看一看"原生家庭"对我们到底产生了怎样的影响。

活动过程

请大家准备好纸和笔，依次认真思考以下几个问题，思考结束以后把答案写在纸上。

1. 你的爸爸是什么样的人？他有哪些性格特点？请至少写出他的3个典型特征。

2. 你的妈妈是什么样的人？她有哪些性格特点？请至少写出她的3个典型特征。

3. 你是什么样的人？你有哪些性格特点？请至少写出自己的3个典型特征。

4. 你和父母之间的关系如何？

写完之后，请大家认真对比一下：自己和爸爸妈妈有哪些相似的地方？有哪些不同的地方？你发现了什么？

请大家分享一下在这个活动中你的发现。活动后选三名代表发言，教师做简要点评。

本章小结

首先，本章介绍了家庭环境相关的概念和发展情况，内容涉及家庭功能的变迁、家庭生命周期及家庭系统理论；其次，探讨了家庭环境中几个重要的影响因素，包括父母教养方式、家庭互动模式和家庭氛围；再次，分析了家庭因素可能引发的典型心理困扰及应对方法；最后，从主动建设积极家庭环境的角度，为大学生和父母提供了一些建议。

课后思考题

1. 如何评价"原生家庭宿命论"？

2. 家庭教育与学校教育的关系是什么？

3. 有一种家庭教育的观念说"男孩应该穷养、女孩应该富养"，你怎么看？

学习目标

1. 了解大学生的学习特点，在学习内容、学习方法等方面与中学的不同之处。

2. 理解转变学习观念，调整学习方式，对提高自己的学业水平和修养、增强自己的竞争力的重要性。

3. 掌握大学阶段可能出现的学习问题、原因及相应的调节方法。

4. 运用适当的学习方法提升大学生学习能力与效率，培养积极的学习态度。

思维导图

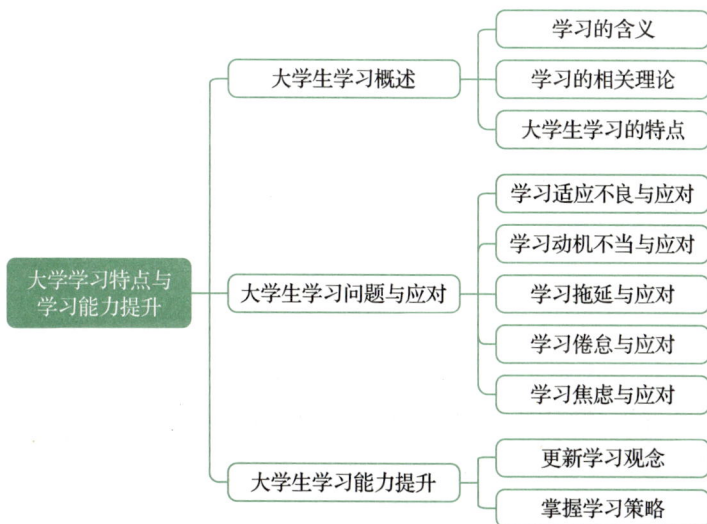

关键词

大学生学习特点；学习适应不良；学习能力；提升策略

📖 案例导读

相传苏东坡年轻时自恃其才，有一次，他自撰了一副春联"识遍天下字，读尽人间书"，并书于大门上。此联虽然表明自己爱读书，但联中"识遍"与"读尽"，未免口气太大。有一天，来了一位老者，一边拿出几本书，一边对他说："听说你识遍天下字、读尽人间书，今天特来请教。"苏东坡接过书一看，顿时就愣了，因为书上的字他一个都不认识！老者微微笑了笑，飘然而逝。苏东坡大受启迪，才知道人世间的学问是无止境的。于是他将对联改为："发奋识遍天下字，立志读尽人间书"，表达了读书治学是永无止境的。

第一节　大学生学习概述

对于大学生来说，大学阶段最主要的任务仍然是学习，学业是增强本领的主要途径，也是获得价值观的重要来源。同中学阶段相比，大学生的学习方式方法、特点规律和面临的问题等都有很大的不同，只有更新学习观念，提高自主学习的能力，掌握合适的学习策略，才能提高学习效率。

一、学习的含义

我国古代文献中，"学"与"习"是分开用的。《辞源》指出，"学"乃"仿效"也，即获得知识、技能；"习"乃"复习""练习"也，即复习、巩固。最先把这两个字连在一起讲的是孔子，孔子曰："学而时习之，不亦说乎？"（《论语·学而》）

在近代，学习是心理学中的一个术语，它有广义和狭义之分。从广义来看，学习是人和动物在现实活动过程中通过尝试或训练而获得经验，并由经验引起较为持久的心理和行为变化的过程。狭义的学习是指在社会生活实践中，以语言为中介，自觉地、积极主动地掌握社会经验的过程。学习在人类生活中起着重大的作用，人可以迅速而广泛地通过学习适应环境，由自然人转变为社会人，还可以通过学习挖掘人脑智力的潜力并根据人类的需要改造环境。

二、学习的相关理论

（一）中国古代学习思想

关于学习，中国古代教育家做过许多精辟的论述。《学记》中指出："玉不琢，不成器。人不学，不知道。"孔子也特别重视学习的作用，他在《论语·雍也》中提到"君子博学于文，约之以礼，亦可以弗畔矣夫"，在《论语·学而》中主张"学而时习之"。孔子不仅强调要博学，而且重视思考，把"学"与"思"相提并论，他在《论语·为政》中指出："学而不思则罔，思而不学则殆。"这些学习思想，对今天大学生的学习仍然有指导意义。

（二）西方现代学习理论

在西方，心理学家根据不同的观点、方法和材料，对学习的现象进行理论阐述，从而形成了学习心理理论，主要有以下两大类。

1. 行为—联想主义的学习理论

行为—联想主义学习理论的学者们认为学习的过程是通过不同方式建立刺激与反应的联系去获得知识和经验的过程。这类理论主要包括华生的行为主义理论（认为学习是指在刺激与反应之间建立联结——条件反射，这一过程是通过反复尝试实现的）、爱德华·桑代克（Edward Thorndike）的试误说（认为学习的过程是盲目尝试错误的渐进过程）、斯金纳的操作条件反射理论（认为反射学习是刺激—反应的过程）、班杜拉的社会学习理论（认为人可以通过观察榜样人物行为习得自己的行为）。

小 知 识 专 栏 4-1

桑代克的试误说

美国著名的教育心理学家桑代克，曾做过许多动物学习的实验，并用以解释学习的实质与机制。其中，让饿猫逃出"问题箱"的学习是他的经典实验之一。具体实验情况是这样的：

桑代克用木条钉成的箱子里，有一个能打开门的脚踏板。当门开启后，饿猫即可逃出箱子，并能得到箱子外的奖赏——鱼。一开始，饿猫进入箱子中时，只是无目的地乱咬、乱撞，后来偶然碰上脚踏板，饿猫打开箱门，逃出箱子，得到了食物。接着第二次，桑代克再把饿猫关在箱子中，如此多次重复，最后，猫一进入箱中即能打开箱门。实验表明，猫的操作水平都是相对缓慢地、逐渐地和连续不断地改进的。由此，桑代克得出了一个非常重要的结论：猫的学习是经过多次的试误，由刺激情境与正确反应之间形成的联结所构成的。

桑代克据此认为，学习的过程是一种渐进的尝试错误的过程。在这个过程中，无关的错误的反应逐渐减少，而正确的反应最终形成。根据他的这一理论，人们称他的关于学习的论述为"试误说"。

2. 认知—组织的学习理论

认知—组织学习理论的学者们认为学习过程是学习者积极主动进行复杂的知识、信息加工的过程，可以理解为，学习者在一定的社会文化背景下，借助他人（教师、其他学习者）的帮助，利用必要的学习资料，通过自己探讨而获得知识、信息的过程。学习的规律与条件是注重学习的内部条件主动性、内部动机、过去经验及智力，学习的结果是形成反映整体联系与关系的认知结构。这类理论主要包括苛勒的格式塔学习理论（认为人是通过对问题情境的观察、理解它的各部分的构成及相互的联系，分析出制约问题解决的各种阻碍，从而发现解决问题的途径）、布鲁纳的认知结构学习理论（认为学习某一知识，在头脑中形成某一认知结构以后，与新的感觉输入相互作用）、加涅的信息加工理论（认为学习者通过感官转换一定的神经传递信息）、皮亚杰、维果斯基等的建构主义学习理论（认为学习是一个意义建构的过程）。

三、大学生学习的特点

大学阶段和中学阶段的学习有很大的不同，学习内容、学习阶段和学习方法的巨大变化往往让很多初入大学的同学不知所措。那么，大学阶段的学习有哪些新的特点呢？

（一）学习内容的特点

大学的学习实际上是一种高层次的学习，学习内容的特点主要表现在三个方面：第一，基本的素养内容，包括人文素养、科学素养、伦理道德素养等。第二，基本的专业内容，包括所选的专业基础知识、专业基础理论、专业基本技能等。第三，科学前沿及不同学科交叉融合方面的知识。

（二）学习阶段的特点

中学阶段的学习主要围绕着升学，学生的学习活动主要是由学校和教师安排的。大学期间，无论是学习内容、学习时间还是学习方式都更加强调个体在学习活动中承担的角色，教师不再是学习活动的督促者，而是学习活动的引导者。这就要求大学生要尽快转变角色，减少依赖，学会自主学习。培养和提高自主学习能力，既是大学生必须完成的一项重要任务，又是进行终身学习的基本条件。目前，各高校十分注重对大学生创新能力的培养，在课程设置、课程安排、课程衔接上注重突出学生的主体地位，加大实践教学比重，提供实践学习的机会，如每年举办的"挑战杯"全国大学生系列科技学术竞赛等活动，为很多优秀大学生提供了实践锻炼的平台。

（三）学习方法的特点

进入大学，教师从让学生掌握更多基本知识的"授之以鱼"，更多地转变为"授之以渔"，帮助大学生探究知识的形成过程和掌握科学的研究方法，了解学科的发展前沿、存在的问题及解决思路。大学阶段的学习往往是教师介绍思路多，对知识详细讲解少，抽象理论多，直观内容少。因此，大学生在学习中不能再仅仅满足于课堂知识的学习，还要通过自学、交流、请教、上网等途径获取知识。大学课堂鼓励批判性思维，学生不仅要了解知识，还要有能力质疑并创造新知识。所以大学生要学会结合自己的兴趣，充分利用学校提供的各项资源开展广泛学习，以使自己获得全面发展。

第二节　大学生学习问题与应对

学习的烦恼

活动目标：了解学生自己的学习烦恼。

活动过程：经过一段时间的大学学习，几位大一新生聊起了他们的烦恼。

同学 A：我觉得上了大学之后，因学校和专业与自己的志愿不一致而不满意，对学习越来越不感兴趣，缺少动力。

同学 B：高考失利了，调剂到这里，发现原来班里高手如云，我各方面都不如别人，再怎么学也没用，还不如及时享乐。

同学 C：父母好不容易送我来大学读书，我一定要出人头地，但是看到班里那么多人不怎么学习也能考高分，觉得自己很笨，心里很着急。

同学 D：我每天都到教室自习，但是总是喜欢走神，越是要求自己要好好学的科目，走神越厉害，一些较难的科目上课的时候也会走神，现在就要考试了，该怎么办啊？

随机分组：五人一组，结合自己的情况进行讨论，每位同学都要发言，讨论时间为 5 分钟，讨论结束时，每个小组推选一名代表发言。

教师总结、点评：说明学习烦恼是学生学习中的普遍现象，是有消除方法的，在接下来的学习中，教师会教大家一些有效的方法。

每个大学生都怀着梦想走进大学，但是进入大学之后却发现过去的学习方式不适用了，曾经优异的成绩也成了遥远的回忆……了解大学生学习过程中容易出现的心理问题及调适方法，有利于提高大学生的学习效率，培养健康的学习心理。那么，大学生常见的学习问题有哪些呢？

一、学习适应不良与应对

（一）学习适应不良的表现

学习适应不良是指个体在学习过程中出现了无法有效应对各种学习压力和挑战的情况。学习适应不良的表现主要包括学习动机弱、学习兴趣不浓、学习方法单一、学习效果不佳、学习焦虑、学习退缩、自我否定等。部分学习适应不良者可能出现自闭、逃避学习、放弃学业等极端情况。

（二）学习适应不良的原因

（1）个体因素：学习方法不当、自我调节能力差、性格特点等都可能成为导致学习适应不良的原因。

（2）家庭教育：家庭内部氛围紧张、教育方式不当、家长期望过高、家庭经济困难等都可能导致学习适应不良。

（3）学校环境：学校的教学质量、师资力量、教学管理等方面的问题也会影响学生的学习适应。

（4）社会期望：社会竞争激烈、评价体系单一、对成功标准的误解等社会因素会加剧学习适应不良。

（三）学习适应不良的应对策略

（1）家校合力：为了解决学习适应不良问题，家庭、学校要和社会各方共同努力，促进教育公平和学生全面发展，从而实现教育的本质目标，让每一名大学生都能够获得有效的学习适应与成长。

（2）多元评价：倡导多元综合评价，关注大学生的兴趣、特长、优势，注重学生差异，改革学生评价体系，理解和尊重学生的个性发展规律。

（3）提升学习技能：选择适合大学生的学习方法，培养其自主学习、合作学习、问题解决等能力，增强其学习自信心。

（4）科学情绪管理：提供情绪支持和心理辅导，帮助大学生理解和认识自己的情绪变化，学会科学有效地应对学习压力，建立积极乐观的心态。

二、学习动机不当与应对

学习动机是指激发个体开展学习活动，维持已有的学习活动，并引导其行为朝向一定的学习目标的一种内在过程或内部心理状态。学习动机在大学生学习过程中具有重要作用，它一方面能激发学生的学习兴趣，唤醒大学生对学习的准备状态，将精力集中在学习活动上，并对学习活动起到维持和监控作用；另一方面，其又可以作为一种学习结果，强化学习行为。反之，学习动机不当会影响学生的学习效率和学习效果。

（一）学习动机不当的表现

大学阶段之前的学习一直是有教师督促着学生学，"应该学什么"和"不应该学什么"，这类问题的答案都很明确。大学阶段的学习更加强调自主性，而一些大学生既缺乏明确的目标，又没有老师和家长的督促，容易导致学习动机不当，主要表现为学习松弛，缺乏明确的学习目标，对大学期间学习上达到什么样的要求心里没底；没有清晰的学习计划，对自己时间的安排、学习的内容以及如何分配时间和精力，没有打算；学习时注意力不集中，不能全神贯注听课、看书和思考问题，思想容易开小差，学习上浅尝辄止、一知半解；缺乏学习成就感，缺乏学习的热情和激情，也很少享受到学习带来的快乐等。

（二）学习动机不当的原因

1. 学习动机不明确

部分大学生对学习没有明确的目标，没有把现在的大学学习与将来个人成才、祖国的前途命运联系在一起，没有树立为振兴中华而努力学习的信念，所以缺少或者没有奋发向上、努力学习的原动力，对学习基本上采取一种放任的态度。

2. 对所学专业缺乏兴趣

对所学专业缺乏兴趣是造成学习动力缺乏的重要原因之一。一种情况是在高考填报志愿时，由于学生和家长对专业缺乏了解，学生到校学习后才发现对本专业并不喜欢；另一种情况是家长从当前社会就业"热点"出发，为子女填报了所谓"好找工作""挣钱多"，或相比之下较轻松的专业，事实上学生本人对家长选定的专业并无兴趣。另外，有些学生受到考试成绩的限制，只能服从分配，不具备选择专业的条件。心理学认为兴趣是力求认识、探究某种事物的心理倾向，是一个人对某种事物所持的积极态度。学生如果对所学专业缺乏兴趣，大概率不会有学好它的积极态度。

3. 错误归因

归因是个体寻求导致某种结果的原因的一种心理倾向。心理学根据个体在进行归因时涉及的能力、努力、任务难度和机遇等方面的问题，把归因分为内控型和外控型两种：内控型是指把成功与否归结为自己持久的努力和能力；外控型是指把成功与否归结为任务的难度和机遇。对归因的定位在很大程度上影响着学生的学习兴趣和求知欲，决定着学生对学习的态度、学习过程中的注意力是否集中、是否勤奋刻苦以及能否激起其他与学习有关的行为。一般来说，内控型的人具有较高的成就动机、较强的自尊心和自信心，相信"勤奋出天才"。无论成功和失败，他们都能反省自己，不断进步。外控型的人缺乏自信，相信"运气"，顺其自然，跟着感觉走。如有一些人不愿刻苦学习，考试时把希望放在"压题""猜题"上；有些人认为自己笨，再努力也无济于事或因为某一突发事件而一蹶不振等。

（三）学习动机不当的应对策略

1. 强化学习动机

学习动机是直接推动学生学习的一种内在力量，是保证学习有效性的必要因素。学生的学习动机会随着年龄、个人经历、教育影响和社会条件的不同而发生变化。首先，大学生的学习动机具有多元化的特点。我国对部分大学生的抽样调查表明，大学生的学习动机分为报答型动机（报答父母、不辜负老师的苦心）、自我实现型动机（为了自己的荣誉、自尊心、求知欲等）、谋求职业型动机（谋得一份合适的工作、获得满意的生活等）和事业成就型动机（国家的命运、民族振兴的使命感、责任感、义务感），而持有谋求职业型动机和事业成就型动机的大学生占多数，说明我国大学生学习动机整体上是健康、积极向上的。其次，大学生的学习动机具有间接性的特点。大学生的学习动机逐渐由追求分数、赞赏和奖励转向求知、探索、成就和创造，注重自身能力的培养。最后，大学生学习动机具有社会化、职业化的特点。大学生在刚入校时制订的学习目标带有较大的盲目性，随着对专业课程的深入学习，逐渐培养了学科兴趣，并随着对社会人才需求、用人单位招聘标准的了解，社会化、职业化学习动机逐渐增强。通过以上对大学生学习动机的分析，我们可以发现大学生的学习动机与高中时期有明显的不同，由高中的单一化、直接化和非职业化转变为大学的多样化、间接化、社会化、职业化。只有尽快完成这种转变，大学生才能明确学习目标。

2. 培养学习兴趣

兴趣是指在积极探究某种事物或从事某种活动的过程中伴随着一定的情感体验的心理倾向。兴趣是引起和维持注意的一个重要内部因素，是学习过程中一种积极的心理倾向。大学生要想在学习过程中发挥积极性和创造性，就要对自己所学的知识保持浓厚的兴趣，坚持积极的学习态度。学习兴趣是可以在学习过程中逐步培养的，方法是多读、多听、多看、多动手、多参与。

3. 端正学习态度

学习态度是指学生对学习较为持久的肯定或否定的内在反应倾向，通常可以从学生对待学习的注意状况、情绪倾向与意志状态等方面来加以判定和说明，如喜欢还是厌倦、积极还是消极。学习态度受学习动机的制约，是影响学习效果的一个重要因素。端正学习态度的根本是要有正确的学习目标。高尔基曾经说过，一个人追求的目标越高，他的才能就发展得越快，对社会就越有益。所以在确立奋斗目标时，我们不妨看得长远一点，如此，学习才能真正展现强大的动力。

4. 改善外部条件

对学生学习动力不足的外部原因，应通过多方面的努力改善外部环境和条件。例如，营造良好的学习氛围和环境、采用多种教学方法、提高教学质量、严肃校规校纪和奖惩条例等。

小知识专栏 4-2

成就动机实验

20世纪50年代末60年代初，戴维·麦克利兰（David McClelland）在各种实验条件下对不同年龄、不同特征的被试者成就动机做了大量研究。其中一个实验结果证实了这一点：该实验是由5岁的儿童来当被试者。麦克利兰让孩子们走进一间屋子，手里拿着许多绳圈，让他们用绳圈去套房间中间的一个木桩。孩子们可以自由选择自己站立的位置，并且预测他们能够套中多少绳圈。结果发现：追求成功的孩子选择了距离木桩适中的位置；避免失败的孩子选择了距离木桩非常近，或距离木桩非常远的地方。麦克利兰这样解释道：追求成功的孩子选择了具有一定挑战性的任务，但同时保证了任务具有成功的可能性，因此他们选择了与木桩距离适中的位置。这个发现在不同年龄、不同的任务中取得了一致的结果。避免失败的孩子关注的不是成功与失败的取舍，而是尽力地避免失败以及与此有关的消极情绪。因此，他们要么距离木桩很近，可以轻易获得成功，要么距离木桩很远，几乎没有成功的可能，因为这是任何人都做不到的，因此不会产生消极情绪。

如果你是实验中拿绳圈的孩子，你会选择哪一种呢？

三、学习拖延与应对

学习拖延是一种包含认知、行为、情绪等维度的行为，即拖延者在意向行为与实际行为上的差异性延迟。学习拖延会对学生的成绩、情绪、认知，甚至身体健康产生消极影响。

（一）学习拖延的表现

学习拖延具有自发性、回避性和非理智性的特征。首先，学习拖延是学习者自行决定的，在明知拖延会带来不良结果的情况下，个体仍旧做不到"今日事，今日毕"；其次，学习行为发生与否取决于学习者的自我决定，当个体主观认为任务是自己不喜欢的、厌恶的、困难的时就会产生回避行为，最终导致拖延；最后，在个体明知最后日期快要来临的情况下，仍然会没有理由地延迟或推后。

（二）学习拖延的原因

1. 个性心理特征

具有完美主义倾向的大学生在生活或学习中对自己高标准、严要求，以最完美的方式要求自己取得进步，这就造成个体给自己设定的目标过高，对自己的要求过严，导致产生自己不确定是否能够完成既定任务的低自我效能感，因而少部分学生对任务产生排斥、拒绝、退缩等造成任务拖延的行为。拖延行为与拖延者本身追求成功的动机呈显著负相关，与拖延者本身避免失败的动机呈显著正相关。

2. 人格特质

责任感（公正、条理、尽职、成就、自律、谨慎、克制等人格特点）强的个体表现出对任务尽责的态度，较少出现拖延行为；神经质（难以平衡焦虑、敌对、压抑、自我意识、冲动、脆弱等情绪）得分高的个体，在完成任务时会出现较多的拖延行为。

3. 任务性质

个体拖延行为与易挫败任务、厌恶愤怒任务、本能回避任务密切相关，当个体面对的任务是低自主权、有反馈且重要的任务时，会增加个体拖延的可能性；相比工作量小但延迟满足的任务来说，个体更愿意选择工作量大但可以及时获得满足的任务。

4. 环境因素

环境对学习拖延的影响主要体现在家庭环境和学校环境两个方面。在良好的学习氛围中，学生会给自己制订科学的学习计划，积极主动完成学习任务，学习拖延行为较少。相反，在学习氛围差、宽松的环境中，学生的学习大多表现为被动学习，学习拖延行为会相应增多。

（三）学习拖延的应对策略

1. 制订详细计划

制订具体、可行的学习计划，包括每日、每周的任务安排和时间分配，帮助个体提高效率，减少拖延机会。

2. 分解任务

将大任务拆分成小任务，逐步完成，减轻压力，激发学习动力，避免拖延。

3. 确立学习目标

设立明确、实际可行的学习目标，有针对性地学习，有利于提高学习效率，减少拖延情绪。

4. 奖惩机制

设立奖励与惩罚机制，完成学习任务时给予自我奖励，未按计划完成时则做出相应惩罚，激励自己养成良好的学习习惯。

5. 寻求他人支持

寻找同学、老师或家人的支持和监督，在学习过程中分享经验、相互激励，共同克服学习拖延。

四、学习倦怠与应对

（一）学习倦怠的表现

学习倦怠是学生在学习过程中缺乏学习动机或学习兴趣但又不得不学习时，所产生的一种身心俱疲心理状态和消极对待学习活动的行为状态，主要表现为情绪低落、行为不当、成就感低。比如，学生可能会表现出对学习任务漠不关心，学习效率低下，经常感到疲倦和无助，甚至出现脱离学习的行为。另外，长期处于学习倦怠状态的学生还容易出现注意力不集中、自卑等情况，严重影响学习质量和学习成绩。

（二）学习倦怠的原因

与学习倦怠相关的影响因素可以分为环境与个人两个方面。例如，环境因素包括教学质量、学习环境质量、人际关系、教师支持、同伴关系等；个人因素包括成就动机、自我能效感、自主学习能力、学业成绩、性别、年级、专业等。

（三）学习倦怠的应对策略

1. 调整学习方式

大学生产生学习倦怠时，可尝试采用不同的学习方法和策略，如与他人合作学习、参加兴趣小组、利用多媒体资源等，激发学习的新鲜感和活力。

2. 注重时间调整

合理安排学习与休息时间，保证充足的睡眠，调整心态，积极乐观的心态去面对学习挑战。

3. 培养兴趣爱好

培养自己的兴趣爱好，如参加体育运动、艺术活动、社会实践等，保持身心健康，提升生活质量。

4. 定期反思调整

定期反思学习过程和效果，总结经验教训，及时调整学习计划和策略，保持学习的动态性和持续性。

课 堂 讨 论 4-2

如何面对考试失败？

活动目标： 正确认识考试失败。

活动过程： 同学们 5 人为一组，进行讨论，要求每位同学都要发言。讨论时间为 8 分钟，讨论结束时，每小组推选一位代表发言。

教师进行总结、点评，并强调树立正确考试失败观的重要性。

五、学习焦虑与应对

学习焦虑是指学生由于学习过程中不能达到预期目标或不能克服学习障碍的威胁，致使自尊心、自信心受挫，或失败感、内疚感增加而形成的一种紧张不安、带有恐惧的情绪。

（一）学习焦虑的表现

学习焦虑具体表现为学习心理压力太大，情绪压抑；怀疑自己的学习能力，总担心自己学得不好，对可能取得的考试成绩顾虑重重，信心不足，忧虑过度，以致寝食难安；夸大学习中的困难，为此惶恐不安，焦虑万分。

（二）学习焦虑的原因

学习焦虑产生的主要原因：客观上，社会就业市场竞争加剧，就业压力大，大学生学习的课程负担过重；主观上，有些学生对自己的能力缺乏正确认识，所树立的学习目标远远超过自己的实际水平。性格敏感、易焦虑的大学生往往容易因学习上的失败或挫折体验，挫伤自信心和降低自我效能感，从而产生学习焦虑。少数学生学习能力较弱，学习方法不恰当，学习效率不高，难以取得好成绩，在外在压力的影响下，他们会感到自卑自责，产生焦虑，注意力分散，学习成绩进一步下降，从而更加焦虑和自卑，形成恶性循环。

（三）学习焦虑的应对策略

现代心理学把焦虑分为三种情况：低焦虑、中焦虑、高焦虑，并且认为适当水平的焦虑可以提高学习效果，但是过度焦虑会对学习产生不良作用。美国心理学家考克斯的焦虑实验表明，中等焦虑的学生成绩显著地高于低焦虑的学生和高焦虑的学生，并且高焦虑的学生成绩最差。研究还证明，高焦虑只有同高能力相结合才能促进学习；若与一般能力或低能力相结合则会抑制学习，只有把焦虑控制在中等程度才有利于一般能力和水平者的学习。所以学生要注意把握好这个"度"。学习焦虑的调适方法如下。

1. 发挥自我调节能力，控制焦虑程度

学习成绩不理想、学习上受到挫折或遇到困难的学生要多给自己一些积极的自我暗示，要相信自己并不笨，只要通过努力就一定能成功。这样能有效地消除紧张感和焦虑情绪。学习负担过重的学生要学会放松自己，合理地宣泄自己抑郁、焦虑的心情，保持一个良好的心态。

2. 努力创造和谐的人际关系和轻松愉快的学习气氛

师生间的情感交流、同学间的互助友爱都对学生调节心理平衡、减轻焦虑情绪有着积极的作用。

3. 正确认识和评价自己的能力，制订切合自身实际的学习目标

大学生要增强自信心和意志力，经得起困难和失败的考验；保持适度的自尊心，降低对胜败的关注度；保持乐观稳定的情绪，摸索出一套适合自己的学习方法。

课堂心理行为训练 4-1

考试焦虑放松训练

活动目标：掌握简单的考试焦虑放松技巧。

活动过程：教师先做示范，然后带着学生一起做。

腹式呼吸法：全身放松，然后用鼻子均匀缓慢地吸气，与此同时，腹腔自然扩大（此时腹部慢慢鼓起），当感觉腹部吸满气后，再让胸腔自然扩大（可以感觉到胸部微微鼓起），然后缓缓呼气，呼气的时候要做到自然绵长，呼气结束的时候自然地等待几秒钟，直到感觉需要继续下一次呼吸的时候再吸气，等待不能勉强。其过程类似于闻花的香味。久而久之，在呼吸时会感到腹腔肌肉有松弛感。初步练习时可以把双手分别放在腹部和胸部，感觉胸腹部的起伏变化。

第三节　大学生学习能力提升

更新学习观念是适应当今社会快速发展和变化的需要，其中终身学习和自主学习是两个重要概念，能够帮助个体不断提升自我，适应新的挑战和机遇。

一、更新学习观念

（一）终身学习

终身学习是指一个人持续学习、不断进修、积极获取新知识和技能的过程。随着科技和社会的迅速发展，传统的知识与技能会过时，因此终身学习已经成为一种必然趋势。个体应该认识到终身学习的重要性。在这个信息爆炸的时代，知识的更新速度越来越快，只有不断学习才能跟上时代发展的步伐，保持竞争力。个体应该主动寻找学习机会，养成持续学习的习惯，不断完善自己的知识体系和技能结构，以适应身份的变化并提高自身的竞争力。

（二）自主学习

自主学习是指个体根据自身需求和兴趣主动获取知识、探索问题的过程。自主学习强调学习者的主观能动性和自我管理能力，注重培养学习者的自主思考、自主学习、自主评价能力，使其在学习过程中具备更强的独立性和创造性。自主学习需要学习者树立主动学习的意识，秉持积极的学习态度，具备自我反思和自我调节的能力。自主学习有助于激发学习者的学习兴趣，通过设立学习目标，制订学习计划，选择适合自己的学习方式和方法，有效利用学习资源，掌握自主学习的技巧，提高学习效率，实现个体的自我发展和成长。

课堂心理行为训练 4-2

探索学习

活动目标：请学生列举自己感兴趣的知识和希望开设的新课程。

活动过程：请学生在白纸上写出相关内容。

兴趣是最好的老师，你对哪些方面的知识感兴趣？请列举：

我感兴趣的科目有：_____

我希望学校能开设的新课程有：_____

（三）明确学习目标

明确学习目标对于个人成长和发展至关重要。无论是短期目标还是中长期目标，都有助于个人明确学习方向、提高学习动机和决心，更有针对性地进行学习规划和实践，从而实现自己的理想。

1. 短期目标

短期目标是指近期内需要实现的学习成果和发展目标，它可以帮助个人更专注地完成当下的学习任务，增加动力并激励自己在学习方面不断取得成效。比如，短期目标可以是提高某门课程的成绩，掌握一项新技能，或者通过考试获得某项资格证书等。每一个短期目标的实现都能够为个人的成长积累经验和信心，为中长期目标的实现打下坚实基础。

对于短期目标，个人应该根据当下的实际情况和需要，在特定的时间范围内设定可以实现的目标，同时确保这些目标与个人的中长期发展方向一致。在设定短期目标时应考虑目标的可行性，避免过于理想化或过于狭隘，选择既有挑战性又有可行性的目标。

2. 中长期目标

中长期目标是指未来较长时期内个人期望实现的学习成果和发展方向，通常包含对于个人成长、职业发展、学习深度和广度等多个方面的规划。这些目标可能包括获得某种学历，进入理想的职业领域，或者成为某个领域的专家和领军人物等。中长期目标的明确有助于个人明晰自己所追求的未来，并为此进行长期持续的学习和努力。

对于中长期目标，个人应该结合自身的兴趣、能力、价值观和社会需要等因素来设立，从长远角度考虑如何通过学习与发展实现个人的使命和价值。

（四）激发和培养学习动机

激发和培养学习动机是影响个体学习积极性与学习效果的重要因素。学习需要和学习期待是两个关键概念，对于激发和培养学习动机具有重要意义。

1. 学习需要

学习需要是指个体在学习过程中，基于生理、心理、认知等方面的需求而产生的对学习的欲望和追求。学习需要包括获取知识和技能的渴望，以及对个体成长、发展和实现自我价值的需求。例如，个体可能出于求知欲、成功的愿望、社会认同感等方面的需求而进行学习。了解学习者的内在需求和动机来源，建立积极的学习态度和信念，能够从根本上提高学习积极性。通过肯定、鼓励个体的学习需要，提供丰富多样的学习资源和机会，能够满足学习者的内在需求，激发学习的兴趣和热情。

2. 学习期待

学习期待是指学习者对于未来学习结果和学习经验的期待与愿景。这种期待既可以是明确的目标，又可以是模糊的愿望，它们潜在地影响着个体对学习的态度、动机和行为。学习期待可以包括对学习成果的预期，对学习过程的期待（如学习的愉悦感、成就感等），以及对学习环境和资源的期望。通过规划未来的学习路径、设立明确的学习目标，学习者能够找到努力的方向，增强自身对学习结果的期待。此外，营造积极的学习氛围，寻求支持和鼓励，感受到成功的可能，也能增强学习动机。

课堂心理行为训练 4-3

我的学习我做主

活动目标：了解自己学习的好习惯、坏习惯，自身学习的优势、劣势。

活动过程：

了解了自己的兴趣，就可以出发了吧？且慢，方法也很重要哦。在学习上，你有哪些好习惯和不好的习惯，有哪些优势和劣势？

好习惯：_____

坏习惯：_____

优势：_____

劣势：_____

在不想学习的时候，和自己说几句鼓励的话吧。你想对自己说：

_____

二、掌握学习策略

掌握学习策略对于提高学习效果和学习效率极为重要。认知策略和资源管理策略是两种关键的学习策略，在知识获取和应用方面具有重要意义。

（一）认知策略

认知策略是指学习者在获取、组织和使用信息时所采取的技巧。这些策略包括注意力的集中和分散、记忆的加工和编码、问题的解决与决策以及对信息的理解和应用等方面的认知处理过程。通过掌握和运用认知策略，学习者可以更有效地完成学习任务，提高对知识和技能的掌握程度，从而更好地应对学习中的挑战和难题。

掌握认知策略首先需要了解自己的认知特点和偏好，进而选择适合自己的认知策略。例如学会注意力集中和保持，通过各种方法提高记忆力和思维能力，如归纳、概括、类比等。此外，及时发现和解决认知困难，对抗学习焦虑，也是重要的认知策略。通过自我观察和反思，学习者能够进行学习方式和策略的调整，优化学习效果。

（二）资源管理策略

资源管理策略是指学习者在学习过程中合理配置和利用各种资源的方法与技巧。这些资源包括时间、信息、人力、物资、技术、环境等。资源管理策略可以帮助学习者更有效地整合和利用这些资源，使学习过程更顺畅、高效，从而更好地规划和实施学习策略。

掌握资源管理策略，学习者需要根据自身的学习目标和任务，合理规划和安排各种学习资源。这包括时间管理、信息获取与处理、人际交往、学习空间的布置以及技术设备的使用等方面，以提高学习效率和质量。

小 知 识 专 栏 4-3

世界著名大学校长对大学生学习的建议

在中外大学校长论坛上，记者就"大学生应该怎样学习"等问题采访了一些著名高校的校长。这些校长是这样回答的。

耶鲁大学校长莱温教授：参加课外活动，在课外活动中培养领导能力。

牛津大学第一副校长麦克米伦教授：英国学生与中国学生最大的不同点在于英国学生具有质疑精神，勇于挑战他人观点。而分析能力是在英国大学里最重要的学习能力要求。学生通过自学理解知识，并从不同的方面分析总结，得出自己的结论。学生的观点可大不相同，他们会找出自己的所有理由来挑战别人的说法，捍卫自己的观点。

早稻田大学校长白井克彦教授：大学生学习不能闭门造车，要努力使自己成为对社会有贡献的个体，学生要深入本地企业、行政机构和其他的社会单位，创造有利于本地的知识和智力财富。

柏林工业大学校长库茨勒教授：数理化是所有理工科的基础，在本科低年级阶段，要夯实数理化基础知识，训练缜密的推理能力。但缜密的推理并不妨碍学生大胆幻想的可能。在头脑清醒和目标明确的前提下，理工科学生要充分发挥自己的想象力，假设所有的可能性，然后进行求证推理。鉴于这种想象力的需要，理工科学生在学习本专业以外，应该多学习文化、艺术和社会学方面的知识。

哥伦比亚大学校长柏林格教授：大学教育不仅仅是简单地向学生传播知识，更要通过其广泛革新的跨学科领域认真探讨全球性难题，引导学生增加认识的深度和广度，以使其能够应对未来生活的挑战。出国留学也是观察真实世界的一种方式。此外，哥伦比亚大学特别重视学生的外语学习。这也是培养学生国际视野的一个显著特点。

莫斯科国立罗蒙诺索夫大学校长萨多夫尼奇教授：对大学本科生来说，广博地学习各个领域的知识很重要。先进科学技术的掌握需要以广泛的通识教育为基础，如果学生不了解各领域最基本原理的话，也很难专业化。

资料来源：世界著名大学校长对大学生学习的建议 [EB/OL]. (2005-09-13)[2024-12-03]. http://edu.sina.com.cn/y/news/2005-09-13/234544677.html.

本章小结

学习是大学生活中不变的主题。大学的学习虽然与中小学一样，也是掌握知识、丰富自身、完善和提升人的整体素质的认识活动，但在学习内容、学习方法等方面有许多不同之处。每位大学生都要学会自主学习，提高自己的竞争力。本章围绕大学生学习这一主题，从大学生的学习特点出发，分析了大学阶段可能出现的学习问题及相应的调节方法，并介绍了适用于大学生的有效学习策略，帮助大学生提高对自己学习的监控和管理水平。

课后思考题

1. 大学生学习心理的特点有哪些？

2. 查阅一下自己未来想从事的职业都需要哪些专业知识，自己又该如何度过大学生活？

3. 结合本章内容，请分析一下自己在学习上还存在哪些困难，应该如何克服？

第五章　大学生自我意识与培养

📖 学习目标

1. 了解自我意识的内涵与发展、大学生自我意识发展的规律和特点。
2. 理解自我意识与心理健康之间的密切关系，以及认识自我意识的重要性。
3. 掌握自我探索的方法与技巧。
4. 运用所学知识正确地认识自我、悦纳自我、完善自我。

📖 知识导图

```
                              ┌─ 自我意识的内涵
                ┌─ 自我意识概述 ─┼─ 自我意识的发展
                │              └─ 自我意识与心理健康
                │
大学生自我意识与培养 ─┼─ 大学生自我意识的发展 ─┬─ 大学生自我意识的发展过程
                │                      └─ 大学生自我意识发展中的常见问题
                │
                │                      ┌─ 认识自我
                └─ 大学生健康自我意识的培养 ─┼─ 悦纳自我
                                       └─ 完善自我
```

📖 关键词

自我意识；悦纳自我；完善自我

📖 案例导读

我们常说"人贵有自知之明"，这句话来自《道德经》，原文是："知人者智，自知者明。"其意思是，能够了解别人的人是有智慧的，而能够了解自己的人才是真正的明白人。其中，"自知者明"就被后人引申为"人贵有自知之明"，强调了自我认知的重要性。《邹忌讽齐王纳谏》这篇文章生动诠释了这一哲理。故事发生在战国时期的齐国。

贤士邹忌外貌出众，他询问妻子、妾和客人，自己与城北的徐公相比谁更美，三人皆答邹忌更美，但邹忌亲眼见到徐公后，自愧不如，反复思考后终于明白"吾妻之美我者，私我也；妾之美我者，畏我也；客之美我者，欲有求于我也"。邹忌由此联想到国家治理，劝谏齐威王"今齐地方千里，百二十城，宫妇左右莫不私王，朝廷之臣莫不畏王，四境之内莫不有求于王：由此观之，王之蔽甚矣"。齐威王接受了邹忌的劝谏，下令广开言路、采纳群言，自此齐国政治清明，国力日益强盛。

第一节　自我意识概述

"我了解自己吗""我是一个什么样的人""我对自己的外貌、性格、成绩满意吗""我今后的目标是什么"这些我们经常思考的问题都属于自我意识的范畴。

一、自我意识的内涵

自我意识不是生来就有的，而是在成长过程中通过主体与外部环境相互作用逐渐形成和发展起来的，是人类心理区别于动物心理的重要标志。

（一）自我意识的概念

自我意识是人对自我以及自己与周围世界关系的认识、体验和评价，是人类独有的能力，它使我们能够对自己的角色、性格、态度以及能力进行评价，帮助我们了解自己的内在需求、动机和欲望，了解自己在社会生活中的角色和位置，以及在与他人互动时对行为和决策的影响。此外，自我意识还能够帮助我们检查和改进自己的行为，并在生活中做出更好的选择。

课堂心理行为训练 5-1

"我是谁" 20 问

活动目标：了解自己

活动过程：

问自己同一个问题"我是谁"20次，每次回答的内容都要不同，把想到的答案写在纸上，书面回答每个问题的时间只有20秒左右。只写下自己想到的答案，不要参考周围其他人的答案。

1. 我是 ＿＿＿＿＿＿＿＿＿＿＿

2. 我是 ＿＿＿＿＿＿＿＿＿＿＿

3. 我是 ＿＿＿＿＿＿＿＿＿＿＿

4. 我是 ＿＿＿＿＿＿＿＿＿＿＿

5. 我是 _____

……

（二）自我意识的内容

课 堂 讨 论 5-1

"我是谁" 20 问活动讨论

活动目标：了解自我意识的方式和内容。

活动过程：教师引导学生深度了解自我意识。

1. 你的完成速度如何？完成速度既与你对自己的了解程度有关，也与你愿意在多大程度上表露自己有关。有些人不介意表露自己；有的人不希望表露自己，写的时候会斟酌所写的内容。

2. 你写的内容如何呢？看看你的 20 句中是表面性的句子多，如"我是在大学读一年级的人"，还是反映对自己看法的句子多。

3. 20 句的内容是否有集中的主题？如果有多个句子涉及同一主题，说明这一主题是你当下最关注的事物。

4. 从 20 问的回答内容来看，有关自我意识的内容可以分为生理自我、心理自我和社会自我三个部分。

1. 生理自我

生理自我是个体对自己身体方面的认知，主要包括对自己的身高、体重、容貌、身材、性别等的认识，以及对自己身体功能、健康状况、疾病风险等方面的了解。生理自我是与生俱来的，不会被随意改变。大学生处于对生理自我高度关注的时期，如果不能接纳生理自我，如认为自己不漂亮、身材差，就容易出现自卑、缺乏自信等心理问题。

2. 心理自我

心理自我是指个体对自己心理状况及特征的认知，主要包括对自己的能力、气质、性格、兴趣、情感、需要、意志、行为模式等方面的认识和体验。在日常生活中，人们可以通过各种方式表达和理解自己，如内省、反思、自我觉察等。

3. 社会自我

社会自我是指个体对自己社会属性的认知，主要包括对自己所属的社会群体、社会地位、社会角色、社会作用以及自己和他人关系的认识、评价和体验。社会认知是人们在社会交往中所表现的思考方式和行为方式的基础，对个体的社会适应能力和亲和力具有重要影响。

二、自我意识的发展

自我意识不是与生俱来的，而是在不断成长中，随着语言、思维等的发展在后天逐渐形成的。个体的自我意识起始于婴幼期，萌芽于童年期，形成于青春期，发展于青年期，完善于成年期。

小 知 识 专 栏 5-1

点红鼻子实验

点红鼻子实验是研究儿童自我意识发展的一项经典实验，被试者是88名3～24个月大的婴儿。实验开始时，在婴儿毫无察觉的情况下，在其鼻子上涂一个无刺激红点，然后观察婴儿照镜子时的反应。结果发现，20～24个月的婴儿能明确意识到自己鼻子上的红点，并立刻用手去摸。点红鼻子实验表明，婴儿在20～24个月时开始具有自我意识，能够区分自己的形象和加在自己形象上的东西。这是婴儿自我认识出现的重要标志。

资料来源：高峰，石瑞宝.大学生心理健康教育[M].北京：清华大学出版社，2020：45.

我国心理学家认为，自我意识从产生到成熟需要20年左右的时间，但发展会伴随终生，大致包括婴儿期、幼儿期、童年期、少年期、青年期、成年期六个时期。

（一）婴儿期自我意识的发展（出生至3岁）

婴儿期是生长发育最旺盛的时期，也是自我意识发展的第一个飞跃期。在大约2岁时，婴儿开始使用代词"我"来指代自己，这是他们自我意识发展的重要里程碑。

（二）幼儿期自我意识的发展（4～6岁）

幼儿期是人生发展的第一个逆反期。在这个时期，幼儿的认知发展、言语和行为能力等都有了明显的进步，想要实现自我意志和自我价值感的愿望逐步强烈，希望父母及亲近他的人能够接纳他、重视他，喜欢听"你真棒""很能干"等肯定、赞美的评价，开始反抗父母或他人的控制。

（三）童年期自我意识的发展（7～11岁）

童年期属于小学阶段，是为一生的学习活动奠定基础知识和培养学习能力的时期。在这一时期，儿童的自我评价开始涉及多个方面，如身体外表、行为表现、学业成绩、运动能力、社会接纳程度等。在童年早期，儿童的自我评价常常依赖于成人的评价；而到了中后期，他们开始学会独立地评价自己，这种转变标志着儿童自我意识的成熟。

（四）少年期自我意识的发展（12～17岁）

少年期即青春期阶段，人的生理、心理和社会性发展都出现显著的变化，是自我意识发展的第二个飞跃期。

（五）青年期自我意识的发展（18～35岁）

青年期一般经历大学时代、单身生活、社会工作、恋爱等阶段，既要实现自我发展，又要承担社会责任。这一时期，个体通过自我探索、别人评价、同龄人比较等不断加深对自己的认知，并形成自我概念，即对自身的连续性和同一性的认知、通过自我评价产生的自尊体验等。人在青年期具有以下几个特征。

（1）逐渐将整体的自我分化为"主体我"和"客体我"，并通过积极的自我接纳和消极的自我排斥达到自我认知的整合统一。

（2）在情绪管理方面逐渐成熟，能够更好地控制自己的情绪波动，保持稳定的心理状态。在行为决策上，个体逐渐摆脱对他人的依赖，能够独立做出选择和承担责任。这种独立性的增强是青年期自我意识发展的重要体现。

（3）青年期的思维逐渐从二元论向相对性、约定性和辩证逻辑思维转变，开始认识到问题的复杂性和多面性，能够用更加全面和深入的方式来思考问题。

（六）成年期自我意识的发展（35岁以后）

成年期的自我意识发展呈现出一些显著特点，这些特点反映了随着年龄增长和生活经验的积累，个体对自我、他人及世界的理解和感受发生的深刻变化。这个时期自我意识发展主要经历遵奉者水平、公正水平、自主水平和整合水平4个阶段。影响成年期自我意识发展水平的因素包括年龄、受教育水平、认知发展水平等。

小知识专栏 5-2

埃里克森心理社会发展阶段

埃里克·埃里克森（Erik Erikson）是美国著名的精神分析理论家。埃里克森认为，个体必须成功地通过一系列的心理社会发展阶段（psychosocial stages），每个发展阶段都会出现一个主要冲突或危机。他把人的一生分为八个发展阶段，每个阶段的危机如表所示。

阶段	年龄	发展的危机	发展顺利者的人格特征	发展障碍者的人格特征
婴儿期	0～2岁	信任感与怀疑感	与看护者之间的依恋与信任关系建立，有安全感	面对新环境会焦虑不安
幼儿前期（儿童早期）	3～4岁	自主感与羞怯感	能按社会要求表现自主控制行为	缺乏信心，行动畏首畏尾
幼儿后期（学前期）	5～7岁	主动感与内疚感	尝试完成新事情，行动有方向，开始有责任感	行为畏惧退缩，缺少自我价值感
学龄期	8～12岁	勤奋感与自卑感	具有求学、做事、待人的基本能力	缺乏生活基本能力，充满自卑感
青春期（青年期）	13～18岁	自我同一与自我混乱	有了明确的自我方向，意识与自我追寻的方向	生活无目的、无方向，时常感到彷徨、迷失

续表

阶段	年龄	发展的危机	发展顺利者的人格特征	发展障碍者的人格特征
青春后期（成年早期）	19～25岁	亲密感与孤独感	与人相处有亲密感，能建立亲密的关系，为事业发展确定方向	与社会疏离，时感寂寞孤独
成年期（成年中期）	26～65岁	创造感与停滞感	热爱家庭、关爱社会，有责任心、有义务感	不关心别人与社会，生活缺乏意义
老年期（成年晚期）	65岁以上	完美感与失落感	愉快接受自己，可以面对、接受死亡，安享晚年	悔恨旧事，消极失望

资料来源：俞国良.大学生心理健康[M].北京：北京师范大学出版社，2022：37-39.

三、自我意识与心理健康

自我意识与心理健康密切相关，积极的自我意识是心理健康的重要标志，是建立自信的基础，是保持良好情绪状态的重要因素，是建立良好人际关系的出发点，也是适应社会生活的重要保证。人的自我认识、自我评价、自我调控能力直接影响其社会适应能力、身心健康及发展成才。

（一）自我意识影响心理健康

研究表明，大学生的自我意识与心理健康密切相关。拥有积极的自我意识，对自己有客观认识，能够接纳自己，有很强的自尊心、自信心的人心理状态更健康。消极的自我意识容易诱发抑郁、强迫、人际关系敏感、精神疾病等问题。因此，心理学家在界定心理健康标准时往往把自我意识作为主要指标。

（二）自我意识具有导向作用

个体通过正确的自我认识能够确立较为合理的"理想自我"，这一"理想自我"即为个体努力追求的目标。自我意识能够影响个体的认知、情感、意志和行动，是个体活动的动力源泉，并能够促使个体在追求目标的过程中不断调动自身潜能，激发强大的动力，以实现个人价值。

（三）自我意识具有调控作用

自我意识具有调控作用，这是自我意识发挥能动作用的一个重要方面。一个人要获得发展、取得成就，光有目标是不行的，只有具备自立、自主、自信、自制意识，对自己的情绪和行为加以调节与控制，才更易实现自己的目标并获得成功。

小知识专栏 5-3

软糖实验

软糖实验是一项经典的心理学实验，由斯坦福大学的心理学家瓦特·米伽尔（Walter Mischel）在 20 世纪 60 年代进行。实验过程中，研究人员将一群 4 岁的孩子留在一个房间里，发给他们每人一颗诱人的软糖，然后告诉他们："我有事情要出去一会儿，你们可以马上吃掉糖，但如果谁能坚持到我回来的时候再吃，就能够再得到一块糖。"有的孩子迫不及待地吃掉糖；有的孩子一再犹豫，但还是忍不住塞进了嘴里；还有的孩子通过闭上眼睛、唱歌、玩游戏等各种办法让自己坚持不吃掉糖果。20 分钟后，研究人员回到房间，坚持到最后的孩子又得到了一块糖果。

实验结束后，研究人员对这些孩子进行了长达 14 年的追踪研究，直到他们高中毕业。结果发现，那些在实验中能够等待并吃到两颗软糖的孩子，在青少年时期和成年后表现出了更强的自控能力、更高的学业成就和更好的社交能力。他们通常能够为了更大的目标而暂时牺牲眼前的小利益，表现出了更多的耐心和毅力。立即吃掉糖果的冲动型孩子约有三分之一表现出一些负面特征，如容易因挫折而丧失斗志，遇到压力容易退缩或惊慌失措，难以抵御诱惑等。米伽尔为此发明了一个冗长的学术术语——目标导向的自发式延迟满足，强调自我调节情绪的意义，认为只有克制冲动才能有效达成某种目标，说明自我控制能力是个体未来发展成功的重要影响因素。

资料来源：高峰，石瑞宝. 大学生心理健康教育 [M]. 北京：清华大学出版社，2020：47.

第二节　大学生自我意识的发展

青年期，个体自我意识的发展进入了一个崭新的阶段，这一阶段也是个体的心理"断乳期"。随着身体的生理成熟、性意识的觉醒以及社会与家庭角色的变化，大学生自我意识的发展会经历"分化、冲突和统一"的过程。

一、大学生自我意识的发展过程

（一）自我意识的分化

青少年自我意识的发展是从明显的自我分化开始的。进入大学，你会发现自己越来越多地像观察其他人一样观察自己，你会花更多时间来揣摩自己是什么样的人，有何特点，并且更渴望得到理解和尊重。你还会更注重外表，喜欢在镜子面前评价自己的容貌、身材和风度，同时十分关心自己所属团体在社会中的威望与作用以及自己在团体中的威信。此外，你对未来有了更多详细的规划……在上述体验中，个体对自己的审视，就是自我意识分化出的主观我和客观我。主观我不断审视和评价客观我。在此基础上，自我可划分出"理想自我"和"现实自我"，"理想自我"是个体对自我未来的期望和愿景，是一种理想状态，不一定可以完全实现，"现实自我"则是真实生活中的自我形象。

（二）自我意识的冲突

在自我意识分化的同时，自我意识的冲突不可避免地出现，主要体现在以下几个方面。

1. 主观我和客观我的冲突

一方面，大学生作为同龄人中接受高等教育的群体，往往对自己有着较为积极的评价。但多数大学生在自身成长过程中，长期处于校园的学术与文化氛围里，对社会缺乏实际了解，社会经验欠缺。另一方面，随着高校扩招、高等教育推广，社会对大学生的价值评价趋于理性，大学生处于从校园到社会的转换阶段，容易出现没有得到认可的失落感和挫败感。

2. 理想我和现实我的冲突

理想我和现实我的冲突是大学生自我意识冲突里最突出的一种。大学生有理想、有抱负、有追求，成就动机强烈，尤其是刚刚跨入校门的大学生往往踌躇满志，为自己设定了一个美丽的"理想我"，也对大学生活进行了理想化设定。但当他们真正踏入大学时，理想与现实的落差可能会使他们感到沮丧、迷茫。在面对理想与现实之间的差距时，他们可能会通过不懈努力让客观自我向理想自我靠近；也可能会减少期待，让理想自我降低标准和要求；或纠缠在矛盾状态下无法找到自己的定位，甚至出现各种各样的心理问题。

3. 独立与依赖的冲突

大学生在离开父母之后，有了更多的自主空间，他们渴望摆脱成人世界的控制，按照自己的意志行动。他们的独立意识迅速发展，一方面渴望能够以独立的个体面对生活、学习与工作中遇到的问题，以证明自己已经长大；另一方面由于社会阅历与经验相对匮乏，他们在心理上对父母、朋友存在深深的依赖，在遇到困难和挫折时，这种依赖表现得更为明显。另外，多数大学生在生活形式上的独立与经济上的不独立形成了明显的反差。他们既希望独立，又无法摆脱依赖，常常处于独立与依附、自觉与不自觉的矛盾中，也正是在这样的矛盾中大学生逐渐发展出成熟的自我意识。

（三）自我意识的统一

大学生在自我意识的发展过程中，虽然要面对各种冲突，但他们也在不断探索寻找新的平衡点，来实现主体我与客体我的统一、自我与客观环境的统一、理想我与现实我的统一，从而达到自我认知、自我体验和自我调控的统一。如果经过自我意识的冲突和新的审视，能够全面、客观地认识自己，调整对自己的要求和期待，理想我和现实我趋于统一，那么自我意识就是积极和健康的。

课堂心理行为训练 5-2

现实自我和理想自我清单

自我清单	现实自我	理想自我	如何达成理想自我
我的外貌（身高、体重等）			
我的健康状况			
我的性格			
我的兴趣爱好			
我的成绩			
我最喜欢的职业			
我最擅长的事情			
我的执行能力			
我的人际关系状况			

填写现实自我和理想自我清单，并思考以下问题。

1. 比较理想自我和现实自我，找到其中的异同点。

2. 要成为理想自我，你已经具备了哪些素质？

3. 在还不具备的素质中，哪些可以通过努力达到？

4. 结合自己的实际情况，在成为理想自我的路上，给自己设定一个近期可以达成的目标，操作性要强。例如，"我要多读书"，应该具体表述为"我要一周读一本书"。

二、大学生自我意识发展中的常见问题

（一）自卑

自卑，是个体产生的自我轻视、自我否定的情绪体验。处于自卑心理状态的人，往往无视自己的优点，夸大自己的缺点，不喜欢自己，总觉得自己不如别人，常常处于沮丧、悲观、失望的心理状态中。在人际交往中，自卑的人会流露出"我不好，你好""我不行，你行"的想法。他们常常用否定的眼光看待自己和世界，经常闷闷不乐，其中情况较为严重的人，可能会从自我否定逐渐发展为自我厌恶。心理学家阿尔弗雷德·阿德勒（Alfred Adler）认为，每个人都有不同程度的自卑感。适度的自卑感能够成为人们前进的动力，但过度的自卑则会对人的心理健康产生负面影响，甚至引发疾病。

小知识专栏 5-4

归因理论

归因理论是社会心理学中的一个重要理论，主要研究人们如何对自己或他人的行为进行原因推断。美国心理学家伯纳德·韦纳（Bernard Weiner）提出了三个主要的归因维度：内部归因和外部归因、稳定性归因和非稳定性归因、可控性归因和非可控性归因。这里主要介绍内部归因和外部归因。

内部归因是指个体将行为或事件的原因归咎于内部因素，即与个体自身相关的因素，这些内部因素可能包括个体的性格、能力、努力、态度、动机、情绪等。外部归因是指个体将行为或事件的原因归咎于外部因素，即与个体外部环境相关的因素，这些外部因素可能包括环境因素、他人影响、机遇、运气等。

不同的人有不同的归因风格，有人倾向于内归因，有人倾向于外归因。一般而言，在成败归因中，成功时个体倾向于内归因，失败时个体倾向于外归因，成功时的内归因有利于自我价值的确定，失败时的外归因能够减少自己对失败的责任，是一种自我防卫。

那么，你是什么样的归因风格呢？这样的归因风格对你评价自己产生了什么影响？

资料来源：张洪英，王玉玲，刘欣.大学生心理健康教育 [M].北京：北京师范大学出版社，2021：98.

（二）自我中心

心理学家皮亚杰提出了自我中心现象，是指儿童在前运算思维阶段（2～7岁），把一切都看作与自己有关，是他的一部分，只会从自己的立场和观点认识事物，不能从客观的、他人的角度和立场认识事物。

在现实生活中，以自我为中心的人表现为考虑问题、处理事情都从自己的角度和利益出发，很少关心、顾及他人或集体，甚至要求人人为己。以自我为中心主要表现在以下3个方面。

（1）很少关心他人，人际关系疏远。以自我为中心的人几乎时时刻刻都从自己的利益出发，很少考虑周围人的感受和需要。

（2）固执己见，唯我独尊。以自我为中心的人在人际交往中往往颐指气使、盛气凌人，经常认为"自己对、别人错"，甚至在明知他人的看法正确时，也不愿意改变自己的态度或接受他人的观点。

（3）自尊心过强，有明显的嫉妒心。以自我为中心的人有很强的自尊心，为了维护自己的尊严，可能会通过言语来打击他人。他们不希望或不愿意他人在自己之上，对他人的成绩、成功非常妒忌，对他人的失败则会幸灾乐祸。

（三）盲目从众

从众是一种普遍的心理现象，与自我中心相反，是指个体在群体的引导或压力下，放弃个人意见，让自己的观念和行为与大多数人保持一致。我们常说的"随大流"就是一种较为普遍的从众行为。

大学生处在自我发展的关键期，希望自己能够得到周围人的接纳和认可，为了让自己显得合群，在生活方式、行为方式、消费习惯、恋爱关系、生涯目标等方面都可能出现从众现象。理性从众有助于个体学习他人的智慧经验，修正自己的思维方式，也有助于增强集体凝聚力，建立良好的集体氛围。但盲目从众会弱化大学生的自我意识，抑制个性发展，甚至失去独立思考和明辨是非的能力。

小知识专栏 5-5

从众实验

心理学家所罗门·阿希（Solomol Asch）关于线条判断的从众"标准线实验"非常著名。该实验以大学生为对象，每组 7 人，坐成一排，其中 6 人为事先安排好的实验合作者，只有 1 人为真实被试者。在这个实验中，参与者需要选择与一条标准线等长的三条直线中的一条。实验者把真实被试者安排在最后，让前 6 名实验合作者故意选择一个明显错误的答案，借此观察真实被试者的反应是否出现了从众行为。结果表明，超过三分之一的真实被试会跟随群体而选择错误答案。

（四）过分追求完美

追求完美是人类的天性，人类正是在这种追求中不断地完善自己，是一种积极的人生态度。但百分百的完美是不存在的，过分追求完美就是不顾实际情况，苛求自己，不能容忍自己"不完美"的表现，不能接受现实中真实的自我，对"不完美"的地方过分看重，在一些事情或细节上投入大量时间和精力，就会造成心理上的沉重负担，甚至引发心理问题。

第三节　大学生健康自我意识的培养

一、认识自我

正确认识自我是提升和完善自己的基础，正确认识自我的途径和方法主要包括以下几个方面。

（一）通过他人认识自我

他人是反映自我的镜子，通过他人认识自我，是个体获得自我认识的重要来源。"不识庐山真面目，只缘身在此山中。"有时候我们作为当事人，无法客观公正地看待自身的问题，家人、朋友、老师和同学对我们的态度与评价能够帮助我们更全面地认识自己、了解自己。

大学生在与人交往的过程中，一方面，可以通过他人对自己的评价和态度来认识自己，当然评价者的身份、受教育水平、对自己的态度及对自己的期望会影响评价的结果；另一方面，可以通过与他人做比较，认识自己与他人的共同点和不同点。在与他人做比较时需要注意：比较结果而非比较条件，比较学到什么而不是比较背景或家世等；比较标准的选择要合理，选择自己可以控制、能够改变的方面，而不是那些无法改变的，如身高、容貌等；选择合适的比较对象，因为高不可及或极不如己的比较对象，没有比较的意义，只有确立合理的参照体系和立足点才有助于更好地认识自己。大学生可以通过人际互动中别人对自己的看法和反应来逐渐了解并认识自己；通过与同伴相处，互相谈论对事物的看法、未来的计划与抱负，从而确立自己的观念；通过与父母、师长的沟通，汲取宝贵经验，并将此作为自己的参考。

（二）通过内省认识自我

孔子曰："吾日三省吾身。"内省是指一个人进行内心思考和自我反省，以发现自己的内在态度、情绪和动机的行为与过程。通过内省，我们可以深入反思自己，并且探索自己内心深处的真实想法，从而获得对自我的认知。

内省可以帮助我们更好地理解自己。在内省中，我们可以回想自己以往的经历，从而发现自己的优点和缺点，进一步了解自己的性格特点和行为方式；同时，内省还可以帮助我们了解自己的内心需求，如安全感、成就感、责任感等。内省能够让我们更全面、深入地了解自己的价值和目标。通过内省，我们还可以挖掘自己内心的期待，如对于自己的学业和未来职业的追求、对于人际关系和生活方式的期望等。

（三）通过实践认识自我

我们都听过小马过河的故事，小马要帮妈妈驮粮食过河，因为不知道河水的深浅，就请教了岸边的伙伴，老牛告诉它，"河水不深，刚没过小腿"；松鼠告诉它，"河水很深，你会淹死的"。小马没了主意，妈妈建议它，"河水是深是浅，你去试一试就知道了"。小马通过实践明白了"原来河水既不像老牛说的那样浅，也不像松鼠说的那样深"。

在实践中认识自己，在活动中感受自己的能力，这是认识自己最直接的方法和途径。个体可以通过回顾自己过去的经历，并将它们串联起来找到共性和规律，更好地了解自己的人格特征；个体可以通过在生活中有意识地尝试新鲜事物，拓宽自己的眼界和知识范畴，发掘自己未知的潜力和兴趣；个体还可以尝试接受挑战，如参加比赛、公开演讲等，从而提升自己的能力、锻炼自己的意志力。

小知识专栏 5-6

乔哈里窗理论

乔哈里窗理论也被称为"自我意识的发现—反馈模型"。它提出了 4 个区域的概念，分别是开放区、隐藏区、盲目区、未知区。

	对自己的已知	对自己的未知
对他人的已知	开放区	盲目区
对他人的未知	隐藏区	未知区

开放区：也称"开放我"或"公众我"，属于公开活动的区域，这部分是自己知道、别人也知道的信息。例如，你的家庭情况、姓名、部分经历和爱好等。开放区具有相对性，有些事情对于一些人来说是公开的信息，而对于另一些人是隐秘的信息。这个区域越大，自我认识就越正确、评价就越客观，越有利于健康发展。

隐藏区：这部分是自己知道、别人不知道的区域。例如，你的某些经历、希望、心愿、阴谋、秘密以及好恶等。这个区域越大，自我越孤独、封闭，觉得别人很难理解自己。虽然一个真诚的人也需要隐藏区，完全没有隐藏区的人是心智不成熟的，但适度打开隐藏区，将对个体的自我发展及良好的人际关系产生积极影响。

盲目区：属于自己不知道，别人可能知道的区域。例如，你性格上的弱点或者坏的习惯，你的某些处事方式，别人对你的一些感受等。这个区域越大，自我认识的偏差就可能越大。

未知区：自己和别人都不知道的区域，如某人自己身上隐藏的疾病。这个区域的存在使我们无法完全认识自己。未知区是尚待挖掘的部分，也许通过某些偶然或必然的机会能得到一定的了解，加强人对自我的认识。

资料来源：张洪英，王玉玲，刘欣.大学生心理健康教育 [M]. 北京：北京师范大学出版社，2021：97.

课堂心理行为训练 5-3

立体的我

活动目标：了解自己的特点。

活动材料：印好大田字格的 A4 纸、笔、便利贴。

活动形式：小组活动。

活动过程：你认为自己有哪些特点？把这些特点写在便利贴上，将写有自己特点的便利贴粘贴在 A4 纸上；在不同色彩的便利贴上写出小组成员各自的特点，并把便利贴粘贴在对应成员的 A4 纸上。整理自己 A4 纸上的便利贴，将自己与他人评价一致的部分贴在大田字格的左上方，将自己写出而他人未写出的部分贴在田字格的右上方，将别人写出而自己未写出的部分贴在田字格的左下方。

课 堂 讨 论 5-2

为什么会出现自己与他人认识自己的差别

活动目标：深入了解自己。

活动过程：结合"立体的我"活动，进行小组讨论，为什么自己对自己的认识和他人对自己的认识会有所不同？

二、悦纳自我

（一）悦纳自我的概念

悦纳自我是指个体对自我的接纳、肯定和认同的态度，是心理健康的重要标志，是发展健全自我的核心，通俗一点说就是无条件地爱自己、喜欢自己，认可自己的价值与存在。

悦纳自我就是要无条件地接纳自己，不仅能接纳自己的优点和成功，而且能接纳自己的缺点和失败，既不欺骗自己，又不回避现实，能够以发展的眼光看待自己，不苛求自己完美无缺。

悦纳自我就是要真正地喜欢自己、欣赏自己。每个人都是独特的，不必和别人比高低，也不用拿别人的标准来衡量自己，要相信天生我材必有用，找到自己的价值感、安全感、满足感和获得感。

（二）如何悦纳自我

1. 全面客观地评价自我

全面客观地评价自我既可以让个体更好地认识自己，也可以帮助个体不断优化和提升自我。

首先，个体要从不同的生活领域，如学业、人际关系、健康状况等多维度审视自己，回顾自己在这些领域中的经历、成就和挑战，通过具体的事实、数据和外部反馈，更客观地评估自己的能力和表现，更理性地看待自己的优点和不足。

其次，个体要提高情绪管理能力，在生活中能够意识到自己情绪的变化，了解在不同情境下自己常见的情绪反应，思考引起情绪变化的原因，这样在面对挑战和压力时个体就能更好地预测与管理自己的情绪，表现得更加成熟和自信。

最后，个体要有持续成长的心态，将自我评价视为一个发展的过程，而不是一次性的任务，保持开放和学习的态度，愿意不断接受新的挑战。同时，要注意根据自己的实际情况和外部环境设定合理的期望与目标，以免产生不必要的自我压力。

2. 接纳不能改变的自我

接纳不能改变的自我，是心理健康和个人成长中至关重要的一步。这并不意味着放弃改变或成长，而是认识到每个人都有其独特的、不可改变的部分，包括性格特质、身体特征、过去的经历以及某些天生的倾向。接纳这些方面，可以帮助个体减少内心的冲突和挣扎，增强自我认同感和自我价值感。

首先，个体需要意识到无论自己做什么，有些事情是无法改变的，如出生背景、遗传特征等，要学会接受这些现实，而不是与之抗争或逃避，还要认识到接受现实是向前迈进的第一步。

其次，个体要学会关注可控因素，将精力集中在可以改变的事情上，如自己的态度、行为和努力程度，通过积极的行动来提升自己的能力和幸福感。

最后，在悦纳自我的过程中，个体需要学会自我关怀。个体要学着多关心、关注自身，如保证睡眠时间充足、合理健康的饮食、养成锻炼习惯、培养高尚情操等，让身心得到全面发展。

小 知 识 专 栏 5-7

进食障碍

有时候，人们对身体的极度不接纳可能走向极端和病态，如神经性厌食症就是一种与心理因素相关的生理障碍，表现为对体重和体形的极度关注，强烈害怕体重增加和发胖，以及盲目追求苗条。

神经性厌食症主要见于13～20岁的年轻女性，其中有两个发病高峰：13～14岁和17～18岁或20岁。神经性厌食症主要特征如下。

1. 体重显著减轻：患者体重通常比标准体重低25%以上，可能伴随严重的营养不良、水电解质平衡失调等。

2. 进食习惯改变：患者会主动控制食量和拒食，有时会出现冲动进食后后悔，采用呕吐、吃泻药等方法获得满足感。

3. 错误认知：体形上已明显消瘦，但患者仍觉得自己很胖，过度估计自己的体型。

4. 内分泌功能紊乱：女性出现闭经，男性出现睾丸幼稚化等。

5. 精神状态不佳：常伴随焦虑、抑郁、失眠、注意力不集中等症状。

3. 欣赏独特的自我

每个人都是独一无二的，都拥有独特的个性、特征、习惯和生活经历等，大学生应该尝试从不同的角度欣赏自己的独特之处，从而悦纳自我。

首先，个体可以通过深入了解自己，明确自己的优势所在，例如自己在特定领域的知识储备、解决问题的能力、创新思维、人际交往能力、领导力、耐心、毅力等，基于这些优势，个体可以去实现个人价值和目标。

其次，个体可以改变自己的思维方式，将负性思维转化为更积极、更合理的解释，如把"我总是失败"改为"虽然我这次失败了，但我可以从中吸取教训，下次做得更好"。经常用积极的语言与自己对话，鼓励自己、肯定自己的努力和成就，给自己一些积极的肯定语，如"我做得很好""我值得被爱和尊重"。

最后，个体要学会尊重和欣赏他人的独特之处，保持一颗开放的心，愿意接受和理解不同的观点、文化和生活方式，这种开放的心态将帮助个体更好地欣赏他人的独特之处，从而建立更加良好的人际关系。当我们能够欣赏他人的独特之处时，我们也会变得更擅长欣赏自己。

课堂心理行为训练 5-4

优点轰炸

活动目标：学习观察和发现别人的优点，并且直接表达对他人的欣赏，增强同学之间的良性互动；同时，学习接纳他人的欣赏，体验被表扬的愉快感，增强自信心。

活动过程：每 5～10 人一组围成一个圈，请一位同学坐或站在圆圈中心，其他人轮流说出该同学的优点及值得称赞之处（如性格、相貌、处事等），然后被称赞的同学说出哪些优点是自己以前察觉到的，哪些是自己以前不知道的。

活动规则：参与者必须说出其优点，态度要真诚，不能毫无根据地吹捧。参与者要注意体验被人称赞时的感受，通过听取他人的评价和反馈更全面地认识自己，包括那些自己可能未曾察觉的优点和特质。

三、完善自我

（一）调控自我

个体为了适应环境、实现目标或维持内心平衡，可以主动调节自己的行为活动和心理活动。有效地调控自我是大学生健全自我意识、完善自我的根本途径。大学生有时会对自己抱有很高的期望，但因为没有足够的意志力和自制力，遇到一些挫折和失败就将其无限放大，认为自己一无是处；有时也会因为取得了一点成绩就认为自己很了不起，出现自负倾向。大学生可以从以下几个方面进行自我调控。

1. 设定明确目标

大学生应根据自己的兴趣、能力和未来规划，设定既具有挑战性又切实可行的目标。大学生可以按照 SMART 原则设定目标：具体（specific），即目标应具体明确，避免模糊表述；可衡量（measurable），即设定可量化的标准，以便评估进度；可实现（achievable），即目标应既具有挑战性又不失实际可行性；相关性（relevant），即目标应与个人价值观、长期愿景相关联；时限性（time-bound），即目标应设定明确的完成时间。

2. 制订合理计划

将长期目标分解为短期目标和中期目标，以便更好管理和实现。为每个子目标制订具体、详细的学习和生活计划，包括每日、每周和每月的任务。同时合理安排时间，确保有足够的时间用于学习、休息和娱乐。

3. 坚决执行计划

执行计划是培养意志力的关键。大学生需要保持自律，严格按照计划行事，不断克服困难，逐步向目标迈进。同时大学生要能够适时调整计划，根据实际情况灵活变通，以确保目标的顺利实现。

4. 有效管理时间

大学生可以通过以下方法有效管理时间：（1）善于使用工具，利用日历、待办事项列表、时间管理应用等工具来管理时间。（2）避免拖延，采用"两分钟规则"等策略，立即处理简单任务，避免拖延。（3）集中注意力，设定专注时间块，关闭干扰源，全身心投入当前任务。

5. 学会自我调节情绪

大学生应识别并接受自己的情绪，学会用积极的方式表达和处理情绪；培养乐观、坚韧的心态，将挑战视为成长的机会；在必要的时候寻求社交支持，与朋友、家人或导师分享感受和困惑。

小 知 识 专 栏 5-8

SMART 目标设定原则

SMART 的操作方法主要围绕五个核心要素展开。

1. 具体

明确目标内容：确保目标清晰、具体，避免模糊和笼统。例如，不要设定"提高英语水平"这样的目标，而应设定为"在接下来的 3 个月内，通过每天学习 30 分钟英语，掌握 500 个新单词并能在日常对话中流利使用"。

细化行动步骤：将大目标分解为小步骤，每个步骤都应有明确的任务和预期成果。

2. 可衡量

设定量化指标：使用数字或可量化的标准来衡量目标的进展和成果。例如，设定"每周完成3篇英文阅读，并记录下生词和短语"作为衡量英语学习进度的指标。

定期评估：建立定期评估机制，如每周或每月检查一次目标完成情况，确保进度符合预期。

3. 可实现

考虑现实条件：制订目标时要考虑自身的实际情况和能力水平，确保目标在付出努力后是可以实现的。

适度挑战：目标应具有一定的挑战性，以激发潜力和动力，但也要避免过于不切实际导致的挫败感。

4. 相关性

与整体目标一致：确保设定的目标与个人的长期目标、职业规划或学习需求等密切相关。

考虑资源匹配：评估实现目标所需的资源（如时间、金钱、技能等）是否可得，以确保目标的可行性。

5. 时限性

设定明确期限：为每个目标设定一个明确的完成期限，以增加紧迫感和动力。

分阶段实施：将长期目标分解为短期目标，并设定相应的完成时间节点，以便更好地跟踪和管理进度。

（二）提升自信

自信者的自我接纳是无条件的，因此自信的"我"可以有不足，可以失败，也可以不完美，这均不影响"我"的存在。自信者做事情时更可能选择自己喜欢的事情，投入较多，关注过程和体验，从过程和体验本身获得极大的满足感。通常而言，当一个人全身心投入一件事情时，即使不问结果，通常也会收获较好的结果。相应地，其心理和行为特征通常表现为追求开放的结果，通常不会有"我一定要成功""我必须要得到大家的认可"等设定，愿意尝试多种可能性，会接受失败和错误。他们知道失败和错误是正常的，是学习和成长的新起点，从而减少了因担心结果不好而分散精力的情况，这样就更可能把主要精力集中在提升自我、发展个人潜能的事情上。自卑者则会将大量的时间和精力用于无谓的担心、焦虑或紧张等情绪上，相对于真正做事情投入的精力，这些能量的消耗会使人更加疲劳，同时因为其于事无补，也会令人更加沮丧。

小知识专栏 5-9

提升自信的小技巧

1. 挑前面的位子坐。你是否注意到，无论在教室还是在各种聚会中，后排的座位总是先被坐满。大部分占据后排座的人，都希望自己不会"太显眼"，而他们害怕引人注目的原因其实就是缺乏信心。坐在前排有助于建立信心，所以要尽量往前坐。当然，坐在前面会比较显眼，但要记住，有关成功的一切都是显眼的。

2. 练习正视别人。一个人的眼神可以透露出许多有关他的信息。某人不敢正视你的时候，你会问自己："他想要隐藏什么呢？他怕什么呢？他会对我不利吗？"不正视别人通常意味着：在你旁边我感到很自卑，我感到不如你，我怕你。躲避别人的眼神意味着：我做了或想到什么我不希望你知道的事；我怕一接触你的眼神，就会被看穿。正视别人等于告诉你：我很诚实，而且光明磊落。我相信告诉你的话是真的，毫不心虚。

3. 走路的速度加快25%。许多心理学家将懒散的姿势、缓慢的步伐跟对自己、对工作以及与别人的不愉快联系在一起。心理学家还告诉我们，改变姿势与速度，可以改变心理状态。若我们仔细观察就会发现，身体的动作是心灵活动的结果。那些遭受打击、被排斥的人，走路都拖拖拉拉，完全没有自信心。自信满满的人则表现出超凡的信心，走起路来比一般人快，像在跑步。他们的步伐仿佛想要告诉整个世界："我要到一个重要的地方，去做很重要的事情，更重要的是，我会成功。"使用这种"走路速度加快25%"的方法，抬头挺胸走快一点，你就会感到自信心在增长。

4. 练习当众发言。练习当众发言是一个积极且有效提升自信的方法，它可以帮助你克服对公众场合的恐惧，增强自我表达和沟通的能力。你不需要一开始就尝试在大规模或高压力的场合发言，可以从更小、更舒适的场合开始，如家庭聚会、小组讨论或班级报告。为自己设定逐步增加难度的发言目标，每次完成后都给予自己肯定和鼓励。

5. 咧嘴大笑。大部分人都知道笑能给自己带来很实际的推动力，它是医治信心不足的良药，但是仍有许多人不相信。其实，真正的笑不但能治愈自己的不良情绪，还能化解别人的敌对情绪。

6. 做自己能做的事。在做自己做得到的事情时，我们的个性就会彰显出来。想要建立自信，就要找出现在可以做的事，然后加以实践，这些事没有必要一定是伟大的、不平凡的，只要是自己能力所及的事就足够了。

（三）实现自我

我们在观察一个人的时候可以发现，不管他是否意识到，他都在实现着自我，诠释着他对生命意义的理解，一个人的观点、态度、行为、表情、抱负、习惯及个性等都与这一意义保持一致。当然，个体要达到真正意义上的自我实现，进而成为最好的自己，往往要经历挫折、困难和失败，但这些恰恰也是个体成长的机会。

在心理学家马斯洛需要层次的金字塔上，自我实现的需要位于塔尖位置，他认为自我实现本质上是个体充分发挥自身潜能，充分把握和认可自身本性，趋向自我的和谐、统一。他从成功人士身上总结出了14条自我实现者的特征，大学生可以基于这些自我实现特征，学习如何更好地实现自我。

（1）接受现实。马斯洛发现这些人具有透视事物虚伪、表面或掩饰的能力，较少受到自己的需求、愿望、恐惧、焦虑、偏见的影响，因而能透视事情的真相。他们能够接纳模棱两可、含糊不清的情形。

（2）承认事物的两面性。他们能够坦然接受自己的优缺点，不会因其不符合传统与文化所界定的理想美、地位、声誉等就产生罪恶感和羞耻感。他们接受生理的自然变化（如衰老）和生活中的不确定性，认为每个人都有成为其"真我"的固有权利。

（3）真实性。他们的内心生活、思想、行为都比较自然、率真，敢于自我流露，不处处防卫，不惧怕他人的批评，与人交往时不矫揉造作。

（4）遇事以问题为中心，不以自我为中心。他们对事不对人，能够心平气和地处理问题。马斯洛发现他们还有一项特征是热爱一种职业，他们感觉自己的工作是重要的，他们的人生有某种使命待完成，不管它是经营家庭、养育小孩，还是经营公司。

（5）享受独处的时光。许多人觉得独处是一种不太愉快的体验，但马斯洛发现这类人能享受孤独，而且倾向于寻求独处的时刻。

（6）有较强的自主性和独立性。他们较少受环境的影响，即使面临许多挫折、打击，也能保持相对平静的心态。他们能自给自足，并依赖自己的潜能和资源来成长与发展。他们不需要他人的好评来慰藉自己。

（7）欣赏简单的事物。对自我实现的人而言，"任何一次日落都如第一次那么壮丽，任何一朵花都具有令人屏息观赏的可爱性，即使他见过一百万次花朵。他见到的第一千个婴孩，就像他初次看到的婴孩一样，是奥妙的杰作"。即便在日常生活中，常人熟视无睹的生活细节也会使他们感到愉快、惊奇、心生敬畏，甚至心醉神迷。

（8）有深入的人际关系。他们喜欢和人打成一片，但他们热爱和关怀的对象只有少数几个，他们把友谊看得很重要且精心培养它，几乎对每个人都比较友善、慈悲。

（9）民主与尊重。他们为人谦虚，尊重差异。他们能够坦然与迥然不同的人交往，甚至对任何人都存有几分敬意。

（10）强烈的道德观念和审美观。他们有强烈的道德观念、确定的行为原则和清晰的是非善恶观念，能够创造有益于社会的人际关系和社交环境。不过，他们心目中的是与非、善与恶未必和世俗观念完全相同。

（11）毫无恶意的幽默感。他们能在生活中找到幽默，对自己的缺点和独特性也会自我解嘲。

（12）具有创造性。永不衰退的欣赏力，使他们的心灵像小孩子那样纯真自然。对任何事情，他们都会因为想出一种新奇的方法而兴奋不已。

（13）超越文化与传统的束缚。他们的衣着、生活习惯、处世为人的态度虽然看起来比较传统、保守，但他们的心态开明，在必要时能超越文化与传统的束缚。

（14）高峰体验。马斯洛把人进入自我实现所感受到的那种发自心灵深处的战栗、欣快、满足、超然的情绪体验，那种犹如站在高山之巅的兴奋，那种短暂却尤其深刻的欢愉感觉，称为高峰体验。这是一个人自我肯定的时刻。在这样的时刻，人最接近真正的自我，达到了自己独一无二的人格或特点的顶点，潜能得到了最大限度的发挥。

本章小结

正确的自我意识是自我教育的基础，也是心理健康的重要保障。本章通过阐释自我意识的内涵，围绕大学生自我意识发展的规律和特点，引导大学生掌握通过他人反馈、内省反思和实践体验认识自我的方法；通过正视自身优缺点、肯定自身价值、欣赏独特之处实现悦纳自我；通过科学有效地调控自我行为与情绪，增强自信心，不断完善自我，进而提升心理健康的整体水平。

课后思考题

1. 如何才能正确地认识自我？
2. 如何达成理想自我？哪些目标可以通过努力达到？
3. 结合实际，在完善自我方面设定近期可达成的目标。

第六章　情绪变化与调节策略

📖 学习目标

1. 了解情绪和情绪调节的含义。
2. 理解情绪调节对心理健康的重要性。
3. 掌握多种具有适应性的情绪调节策略。
4. 运用策略灵活调节自我和他人的情绪。

📖 知识导图

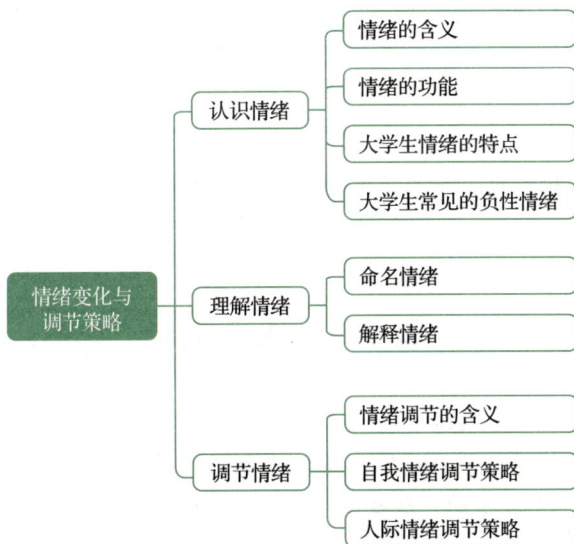

📖 关键词

情绪功能；情绪识别；情绪表达；情绪调节

📖 案例导读

电影《头脑特工队》讲述了女孩莱莉面对青春期内在压力和家庭搬迁等外部应激事件后，脑内世界中各类情绪的冒险之旅。现实中，处于青春期晚期的大学生也面对着类似的处理复杂情绪的挑战，除了快乐、恐惧、忧郁、愤怒和厌恶五种简单情绪外，焦虑、羡慕、无聊和尴尬等更为复杂的情绪经常占领大学生的大脑总部，因而无法处理好情绪的个体会产生情绪障碍。

小丽是某高校二年级学生，近期辅导员和周围同学发现其情绪低落，上课经常发呆，下课也较少与同学交流，每天无精打采，学习和日常生活都受到了影响。初入大学时的小丽并非如此，那时的小丽对大学生活充满期待，积极参加班级和社团活动，还担任了班干部，和同学关系良好，情绪也非常积极。经了解，大一下学期期末考试时，小丽的一门专业课考试不及格，这对于小丽来讲有些意外，她懊恼自己没有花更多的时间在学习上，考试不及格的事让她觉得有些丢脸，她感觉身边的同学在嘲笑她，她想表现得不在意这次考试成绩，所以没有跟任何人提及自己的难过情绪。之后，辅导员安排了一项工作给小丽，而小丽的完成度较低，辅导员批评了小丽，这让小丽觉得自己一无是处，认为辅导员和身边的同学都觉得自己不好，感到很委屈，她生辅导员的气，但也害怕辅导员知道。她开始有意无意地躲着人群，甚至有时候收到辅导员的信息都让她觉得非常紧张。时间长了，小丽变得越来越敏感，压力也越来越大，常常害怕自己做不好事情让别人失望，而这些情绪小丽并未告知身边的同学，而是不停地自我反思，可越思考她越感到难受。

本案例中，小丽在经历了一些应激事件后，对自己的情绪更多地采取抑制和反刍的方法，从而导致情绪越发积压和升级恶化。

第一节　认识情绪

情绪是个体身心状态的晴雨表，它无时不在，无处不在，它有时是人们最亲密的伙伴，有时是人们最强劲的对手，还是个体与这个世界所建立起来的最直接的联系，让每一个人真切地感受自己的存在。情绪管理是每个人一生中最重要的必修课，认识情绪是情绪管理的第一步，系统地学习和了解情绪的心理学含义，是个体深入了解自己的基础。

一、情绪的含义

生活中，人们不可避免地会遇到各种情绪，既有喜悦、兴奋等正性情绪，也有忧郁、焦虑等负性情绪。正性情绪如同阳光明媚、春风和煦，负性情绪则如同雷电雨霜，时而让人倍感压抑，时而让人心神不宁。情绪是指伴随着认知和意识过程产生的对外界事物态度的体验，是人脑对客观外界事物与主体需求之间关系的反应，是以个体需要为中介的一种心理活动。

情绪既是主观感受，又是客观生理反应，具有一定的目的性，并且是一种社会表达。情绪构成理论认为，在情绪发生时，有五个基本元素在短时间内协调、同步地进行。

（一）认知评估

当个体注意到外界发生的事件或情境时，其认知系统会自动评估情境的感情色彩，并触发接下来的情绪反应（如参加重要的比赛失败，个体的认知系统会将此评估为对自身重要但负性的事件）。

（二）身体反应

身体反应是情绪的生理构成。某种情绪产生时，身体会自动反应，使主体适应这一情境（如意识到失败已成定局，个体感到全身乏力，心跳频率变慢，神经系统对外界反应敏感）。

（三）感受

个体会体验到一些主观感受与情绪（如面对重要考试失利，个体的身体和心理会产生一系列反应，个体意识并察觉出变化，并将这些反应综合感受为"沮丧""难过""自责"等）。

（四）表达

个体通过语言或非语言（如面部表情、声音变化等）表现出情绪，向周围人传达自己对这件事的看法和行动意向（如得知某一坏消息后，个体眼角向下、眉头紧皱、声音发紧、眼圈发红、泛出泪花等）。

（五）行动倾向

情绪会产生动机，促使个体产生行动倾向（如得知重要考试失败后，个体可能会想要回避考试的话题，或者想要寻求安慰等）。

情绪是个体对客观事物灵敏反应的表现，识别觉察情绪会让个体更好地做好自我照顾，不断变化的情绪是个体身体应对不同挑战的表现，情绪变动能让个体运用各种技能适应各种角色。

二、情绪的功能

情绪是人类不断进化的产物，没有好坏之分，每一种情绪都具有各自的功能，都有其存在的道理。害怕的情绪会让人类的身体进入应激状态，随时做好逃跑或战斗的准备，从而逃离危险；伤心的情绪会让人类更容易获得其他人的同情和帮助，有助于获得支持并走出伤痛。概括地讲，情绪具有适应功能、动机功能、组织功能和信号功能。

（一）适应功能

情绪能够促使个体针对不同的刺激事件产生灵活自如的适应性反应，并调节或保持个体与环境间的关系。婴儿刚出生时，不具备独立的生存能力和言语交际能力，这时主要依赖情绪来建立和成人之间的依恋关系，以情绪为信号与成人进行交流，得到成人的抚养，进而获得生存和安全感的满足。

有些情绪或情感还可以调控群体间的互动过程，提高个体适应群体生活的能力。譬如，羞耻感可以加强个体与社会习俗的一致性；当个体对他人造成伤害时，内疚感可激发社会公平重建；同情、喜欢、友爱等可以增强群体的凝聚力，起到构建和保持社会关系的作用。

情绪的适应功能主要表现在通过各种情绪或情感，了解自身或他人的处境与状况，在此基础上调节个体行为，使个体与环境达到动态平衡，求得更好的生存与发展，进而提高个体的社会适应能力。

（二）动机功能

情绪伴随动机性行动产生，能够激活人的活动。积极的情绪对行为有促进作用，消极的情绪对行为有抑制作用。情绪会以生理性或社会性的动机方式激发和引导个体的行为，如喜悦感会刺激个体去做某件事，痛苦感会使个体回避或拖延做另一件事。

快乐、自信的情绪可以提高个体的活动能力，痛苦、自卑的情绪会降低个体的活动积极性，也有一些情绪兼具这两种动力，如悲痛会让人消沉，什么都不想做，也会促人奋发，让人化悲痛为力量。情绪的动机功能激活的行动倾向受情绪强度和个体人格特点等因素影响。

（三）组织功能

情绪的组织功能是指情绪对认知等其他心理过程的影响。积极的情绪可以提高大脑的活动效率，提高认知加工的速度和质量，而消极的情绪会导致大脑认知加工受阻，干扰或抑制大脑的认知功能。恐惧情绪对认知加工的破坏性最大，悲伤情绪会影响大脑的记忆加工速度，容易导致分心和思维阻塞，这也解释了为什么抑郁情绪易导致个体学业能力下降。

组织功能需要和动机功能进行区分：动机功能主要表现在行为的激活驱动上；组织功能主要体现在行为的建构解释上。情绪的组织功能体现了大脑边缘系统"情绪脑"的基本作用，影响个体对外界人、事、物的不同看法与态度，如当人们处在积极的情绪状态时，更容易注意到事物美好的一面，态度更和善，更容易接纳外界事物；当人们处在消极的情绪状态时，更容易注意到事物糟糕的一面，态度更具敌意，更容易产生攻击性。情绪的动机功能是激活个体产生趋近或回避的行为倾向，而情绪的组织功能是让个体的认知和行为倾向都带有某一情绪的色彩。

（四）信号功能

情绪的信号功能是指个体以体验的方式表达自己对周围事物意义的认知，并对他人施加一定的影响，也称为感染功能。人的情绪或情感一旦和有关事物结合起来，就会在个体的头脑中形成对该事物具有感情色彩的记忆印象；人一旦有了情绪、情感的记忆经验，不仅在见到某类事物时能够引起相应的情绪，而且在再度遇到某些事情时能够领会它的含义，并对它做出积极的或消极的情绪反应及行动上的趋避动作。个体对各种信息的意义性鉴别经常是通过共鸣和移情作用进行的。

表情是情绪的外部表现之一，具有信号传递作用，属于一种非言语社会交际。情绪的信号功能可以让人们相互传递情绪情感信息，满足共情支持等社会交往需求。

三、大学生情绪的特点

青春期是由生命的第二个十年（10～20岁）组成的发展阶段，这个时期伴随着一系列的发育转变。相较于儿童期和成年期，青春期个体的杏仁核反应更敏感，大多数成年期精神疾病的发病都起源于这一阶段。青春期个体的大脑发育不均衡，加上内分泌系统的剧烈变化与性成熟，青少年在向成年人转变的过程中情绪变得更加不稳定和脆弱，青少年会产生更多的消极情绪以及更频繁的情绪状态变化。

大学生处于青春期晚期阶段，并逐步向青年期发展，这个阶段的个体情绪普遍呈现出稳定性与波动性并存、外显性和内隐性同在的特点。

（一）稳定性与波动性并存

青春期个体的情绪调节能力逐渐增强，看待外界事物的角度趋于成熟。处于青春期晚期阶段的大学生相较于青春期早期具有一定的稳定性，但还在逐步成熟的过程中，其情绪调节策略使用的灵活性并没有达到成年人水平，加上此阶段外界压力和人际的复杂性相较于中学时期难度加大，其情绪易出现波动，如果持续采取单一的方式应对，会导致问题得不到解决，情绪得不到处理，进而出现负性情绪累积，造成严重的心理问题。

（二）外显性和内隐性同在

大学生兼具青少年晚期和青年初期的特点，充满活力，反应敏锐，情绪表达相对直接，但随着社会化程度的提高、自尊心的增强以及外界对其成熟度的期待，大学生情绪的内隐性表现逐渐增加，这导致某些学生负性情绪在突然爆发之前已经存在很长一段时间了，但周围的同学却没有觉察到。

四、大学生常见的负性情绪

（一）焦虑

焦虑是人们日常生活中常见的一种情绪。大学生在面对繁重的学业、复杂的人际交往、挫败的情感关系等现实压力时会产生焦虑情绪，在心理上主要表现为过分担忧、紧张不安、对某类环境产生警惕和害怕的感受，难以集中注意力，感到烦躁等，并且伴随着生理上的心跳加快、出汗增多、手脚不自主颤抖等，有时还会出现肠胃等消化系统不适和头痛疲惫等现象。焦虑情绪不等同于焦虑症，但长时间无法调节的焦虑情绪会泛化、加重，导致焦虑症。

焦虑情绪的本质是一种对于潜在失控的恐惧。当大学生面对未知、不确定的情形时，会产生一种无法掌控的感觉，会让其觉得不安，进而感到焦虑，这其实是人潜意识中的恐惧，甚至是危及生存的恐惧。不确定性越大，个体的焦虑程度就越高。焦虑情绪并不一定都是糟糕的，耶基斯—多德森定律指出，当个体保持在中等强度的焦虑时，会让个体保持适度的兴奋感，产生一定的积极性去调动相应的身体机能去完成某项任务，这时的工作效率和学习效率最高，而过度的焦虑会导致个体的活动效率下降。

小 知 识 专 栏 6-1

你的焦虑情绪过度了吗？

如何知道你的焦虑情绪有没有过度呢？用 GAD-7 量表来自测一下吧！根据过去两周的状况，请你回答下列描述的状况及频率，在符合自己选项的数字上打"√"。0 代表"完全不会"；1 代表"好几天（1～7 天）"；2 代表"超过一周"；3 代表"几乎每天"。

题项	完全不会	好几天	超过一周	几乎每天
1. 感觉紧张，焦虑或急切	0	1	2	3
2. 不能够停止或控制担忧	0	1	2	3
3. 对各种各样的事情担忧过多	0	1	2	3
4. 很难放松下来	0	1	2	3
5. 由于不安而无法静坐	0	1	2	3
6. 变得容易烦恼或急躁	0	1	2	3
7. 感到似乎将有可怕的事情发生而害怕	0	1	2	3

计分方法：将 7 个题项中你的得分相加，计算出总分（范围 0～21 分）。

结果解释：总分在 0～4 分，说明没有焦虑；5～9 分，说明有轻度焦虑，一般通过自行调节即可缓解；10～17 分，说明有中度焦虑，建议找朋友倾诉或者求助心理咨询师；18～21 分，说明有重度焦虑，强烈建议求助专业人士（如心理咨询师、心理治疗师、精神科医生）进行进一步的评估。

（二）抑郁

抑郁作为一个当下耳熟能详的词语，其概念的表达是一个难点。这个术语泛指一种特定的情绪或症状，或一种综合征，抑或一个定义明确的疾病实体。在这里，我们使用抑郁表述健康个体自然状态下出现的或诱发的即时抑郁情绪状态，而不是一种疾病状态。

日常生活中，当个体觉察到自己的情绪状态低于基础水平时，就会觉得自己"抑郁"了。个体感到抑郁低落和临床上的抑郁症在主观体验的描述上、表情和行为状态上有很多的相似之处，研究者普遍支持抑郁症和抑郁情绪是有关联性的，认为抑郁情绪和抑郁症是处于同一连续体的不同位置，但两者存在明显的区别。

抑郁情绪往往是由某些生活事件、压力或者挫折引发，是人们在生活中体验到的暂时的情绪低落、兴趣减少、感到无力或疲倦等状态。抑郁情绪会伴随着外在事件的改变、个体生活方式的调整或者寻求支持后，自行恢复到原有情绪基础水平。如果抑郁情绪持续存在较长时间（超过2～3周），个体自我难以调节，并伴随出现睡眠障碍、饮食障碍等躯体化反应，则有可能发展为抑郁症。综合来讲，抑郁是以持久而显著的心境低落为主要表现，存在对世界、自我和未来的负性认知，严重时会伴随一定的躯体症状。

小知识专栏 6-2

你抑郁了吗？

如何知道你是抑郁情绪还是有可能罹患抑郁症了呢？可以使用PHQ-9量表自测一下。根据过去两周的状况，请你回答下列描述的状况及频率，在符合自己选项的数字上打"√"。0代表"完全不会"；1代表"好几天（1～7天）"；2代表"超过一周"；3代表"几乎每天"。

题项	完全不会	好几天	超过一周	几乎每天
1. 做事提不起劲儿或没有兴趣	0	1	2	3
2. 感到心情低落、沮丧或绝望	0	1	2	3
3. 入睡困难、睡不安稳或睡眠过多	0	1	2	3
4. 感到疲倦或没有活力	0	1	2	3
5. 食欲不振或吃太多	0	1	2	3
6. 觉得自己很糟，觉得自己很失败或让人失望	0	1	2	3
7. 对事物专注有困难，难以集中注意力	0	1	2	3
8. 动作或说话速度异常缓慢	0	1	2	3
9. 有不如死掉或用某种方式伤害自己的念头	0	1	2	3

计分方法：将9个题项中你的得分相加，计算出总分（范围0～27分）。

结果解释：总分在0～4分，说明没有抑郁；5～9分，说明有轻度抑郁，一般可以通过观察或自行调节来缓解；10～19分，说明有中度抑郁，建议求助心理咨询师或者找朋友倾诉；20～27分，说明有重度抑郁，强烈建议求助专业人士（如心理咨询师、心理治疗师、精神科医生）进行进一步评估。同时重点关注题项1、4、9的得分情况，任何一题得分大于1分，都需要求助专业人士进行进一步评估。

（三）愤怒

愤怒情绪具有较高的能量，很容易被识别出来。愤怒总是指向外界的人或者事情，有时候是因为对方的行为严重偏离了自己的预期所致。

愤怒具有一定的失控感，这种失控感是无助感和失联感的表达，人们试图通过表达愤怒让外界达到自己希望或者想象的样子。愤怒常被比喻为着火，具有附着蔓延的特点，如果处理不当就会祸及周围的其他个体。

愤怒有时具有一定的积极意义。一般来讲，一个人表达愤怒是在寻求自己和对方的连接感，如果表达适度或者方式合理，就具有建设意义，但如果不加节制或者不注重方式方法，不仅无法解决问题，反而会造成无法预料的冲动后果。

（四）恐惧

恐惧和焦虑有时候具有一定的相似性。两者的区别在于恐惧有具体对象，而焦虑往往没有对象。恐惧还具有弥散性，如成语"风声鹤唳""草木皆兵"等描述的就是弥散性恐惧，往往是创伤后的情绪警觉反应。恐惧会让人注意力高度集中和紧张，会消耗很多能量。

恐惧是当我们面对某种危险或者威胁时，产生担惊受怕等具有一定压抑性的情绪体验。从进化论的观点来看，恐惧具有预警功能，但恐惧会损伤人的认知功能，会让个体的知觉、记忆和思维过程发生障碍，失去对当前情境的分析和判断能力，甚至导致行为失调。《直面恐惧》这本书中提到，恐惧有三个层次，第一个层次是恐惧事情本身，第二个层次是恐惧失去背后的价值，第三个层次是个人觉得自己没有能力去应对这个失去。恐惧会触发个体产生三种行为，即面对战斗、回避逃跑、木僵呆滞。

有人认为恐惧是所有负性情绪的原发情绪，是一切情绪的根源。忧虑和担忧是强度较弱的恐惧，惊吓和惊骇是非常强烈的恐惧。恐惧会激发个体使用回避的方式来自我保护，但如果回避的场景也是自己需要的，则会让自己失去社会功能，甚至出现越回避越恐惧的循环。

（五）厌恶

厌恶情绪是人们身体的自然反应，通常与不愉快的事物或者经历有关。当个体感觉到厌恶时，会出现强烈的拒绝感，身体也会出现一系列变化，如心跳加快、呼吸急促、肌肉绷紧等。厌恶可以帮助个体更快速地识别出对自己身心带来威胁的潜在事物，在人类的生存和繁衍中发挥关键作用。厌恶情绪受文化和社会因素的影响较大，存在明显的个体差异和文化差异。对于来自不同地区、拥有不同性格的大学生来说，理解厌恶情绪对有效处理人际来说至关重要。

厌恶是对某事物或某人感到极度不满、反感和讨厌的心理状态，经常伴随着情绪上的不安与愤怒，厌恶的情绪通过对目标的躲避、抵制和孤立，或者表达出对目标的批评、指责和攻击来进行情绪表达。

厌恶是一种道德准则，它使我们对讨厌的人或事物不妥协。厌恶情绪是人体免疫系统的一部分，通过心理机制驱动人们远离厌恶的事物，达到避免受到侵害的作用。厌恶提醒着我们与自我高度相关的情绪和特质。厌恶情绪在社会互动中具有社交功能，个体对某些行为或者物质的厌恶情绪可以作为社会规范的一部分，有助于维护社交秩序和文化价值观。厌恶有助于情绪调节，能够促使个体在面对不愉快的刺激时产生适当的生理和心理反应，提高对潜在威胁的防御能力。

以上五种情绪是大学生群体中常见的负性情绪。负性情绪的命名只是说明其有潜在的负性功能，但并不是说这些情绪都要祛除，特定情形下这些情绪也具有积极意义。只有理解每一种负性情绪背后的需要，才能从这些情绪中走出来，避免其进一步伤害个体的社会功能。

第二节 理解情绪

情绪是内在世界的一部分，也是一种复杂的心理现象。有些人对自己的内在情绪予以忽视，直到其强烈地影响个体的身心健康和社会功能才开始关注它，但这个时候许多情绪已经混到一起，个体无法看清这些情绪，更无从下手来管理这些情绪。

识别并命名情绪是一项认识自我的基本技能，也是情绪管理的基础，它包括以下几个方面：一是情绪标识，个体能够识别和命名自己的情绪，知道自己是愤怒、快乐还是其他情绪状态；二是情绪强度，个体了解情绪的强度，从轻微的不安到强烈的激动；三是情绪来源，追溯情绪的来源，即什么触发了这些感受；四是情绪体验，即感知情绪的身体和心理体验，如紧张的肌肉、快速的呼吸或负性的认知。

一、命名情绪

婴幼儿时期，个体通过与外界互动，尤其是在亲子互动的过程中逐渐发展起对情绪的识别和命名能力，但每个人在此阶段的发展存在个体差异，有些个体在成长过程中缺乏外界对自身情绪的"镜映"，常常忽视或回避自我的情绪，进而产生对自我的情绪无法命名和难以识别的现象，这会导致个体情绪模糊，难以有效调节情绪，严重的还会出现述情障碍。

（一）寻找情绪线索

个体可以从生理状态、感受体验和思维内容来识别并命名自己的情绪，这是因为情绪本身的特点包括生理、体验和认知三个维度。个体可以增强对自己身体变化、情绪感受和思维波动的敏感性，当感觉自身肌肉紧张、心跳加快、体温升高等生理变化和思维加快、语速增加、语调升高时，你可能处于紧张、焦虑、恐惧的情绪状态；当感觉肌肉松散无力、内脏运作过缓，思维变慢、语速变慢、语调变低时，你可能处于悲伤、抑郁和无聊的状态。

个体也可以试着从镜子里观察自己的面部表情，观察额头是否紧皱，眉毛是上扬还是耷拉，眼睛瞳孔是否有神，鼻孔是否张大，嘴巴的自然状态怎样，通过面部表情照出自己的情绪。

在人际交往中，个体可以通过自己和对方之间的空间距离与姿态反应来识别自己的情绪，空间距离愿意靠近某人代表对此人信赖，关系亲密；刻意拉大空间距离或者有意避开，代表对对方有抵触情绪。

（二）形成情绪字典

情绪的种类繁多，在不同的文化环境和时代背景下，情绪的内涵也有所不同，而且有时候个体之间存在差异，对情绪进行分类和命名，形成属于自己的情绪字典，对于理解自己的情绪具有重要意义。网络时代背景下，一些网络用语不断影响着大学生对自我情绪的感受和理解。

形成自己的情绪字典不仅可以使用理智的描述，还可以使用一些象征、比喻来描述自己的情绪，如有的人会使用红色的火焰来象征自己内在愤怒、焦虑等具有外在攻击性的情绪，而使用蓝色的湖水来象征自己内在平静或者低落的情绪。情绪的命名规则可以不同，但要有自己的一套方式，而且可以和周围人交流，让情绪处于能够被观察的状态。情绪的命名可参考萨提亚家庭研究院提出的500个描述情绪的词汇。

课堂心理行为训练 6-1

艺术情绪轮盘

活动目标：情绪有时候难以被直接表达，使用非语言方式可以帮助学生实现对情绪的觉知和命名。艺术情绪轮盘是表达性艺术治疗中使用的方法之一，有助于促进个体对情绪的理解。

活动过程：

第一步，对情绪进行颜色编码，编码的过程就像是自己为情绪起名字，编码没有对错，自己能识别理解就好。一般情况下，每一种情绪都使用一种颜色，如果你强烈认为某种情绪需要用多个颜色来编码也没有问题。你可以感受一下，你认为的快乐是什么颜色？难过是什么颜色？愤怒是什么颜色？然后像制作调色板一样制作一个属于你自己的情绪颜色编码。

情绪编码

快乐 ◯	生气 ◯
难过 ◯	平静 ◯
害怕 ◯	焦虑 ◯
___？ ◯	___？ ◯

第二步，创造艺术情绪轮盘。编码完成后，你就可以来创造属于自己的艺术情绪轮盘了。如果你想了解你对正在经历的一件事情的情绪，可以在一张纸上画一个大圆，然后可以根据空间比例放进你感受到的情绪颜色，也可以根据时间顺序叠加上你感受到的情绪变化。当然，你也可以参考下图制作一个一周的艺术情绪轮盘，还可以根据需要发挥自己的创造力创造一个属于自己的模板。

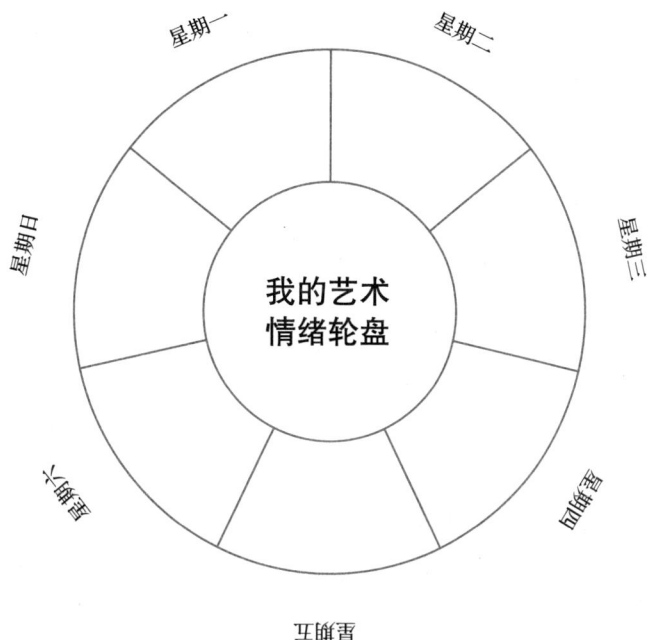

思考与分享：艺术情绪轮盘完成后，你可以结合自己的作品感受自己各种各样的情绪，也可以和同伴交流自己的艺术情绪轮盘作品。

可参考以下问题进行思考：这周有哪些颜色或情绪比较主导我？是什么事件令我产生了这样的情绪？这些事件之间是否有关联？是什么导致了颜色或情绪的变化？创作情绪轮盘之前，我是什么感受？情绪轮盘完成之后，我又是什么感受？

活动意义：艺术情绪轮盘能够帮助人们更好地觉察和表达自己的情绪。当看到轮盘上的颜色时，你就可以直观地了解自己的情绪，并对自己的情绪产生掌控感。

二、解释情绪

在对情绪命名和识别之后，需要进一步追溯情绪的来源，即什么触发了这些感受，什么影响着我们情绪的发生。影响情绪发生的因素包括情境、需要、认知，这三方面可以帮助我们更好地解释自己的情绪来源，以获得对自我的理解和对情绪的干预。

（一）情境

人的情绪都有其发生的情境，它可能是客观发生的事件，如和朋友吵架后，情绪低落；也可能是自然环境的变化，如天气闷热气压低，感觉情绪烦躁；还可能是生理上的不适，如感冒两周一直不好，感到焦虑等。情绪有时候是叠加出现的，了解情绪最初出现的情境有助于个体理解自我的情绪，我们可以回想一下近期第一次出现这种情绪（哪怕很微弱）时发生了什么事，自己处于什么状态，外界环境如何？了解自身情绪出现的情境，有助于个体通过改变情境进而改善情绪，也可以帮助个体了解自己情绪出现的规律进而获得对情绪的掌控感。

（二）需要

每种情绪都有自己的需要，需要未被满足，情绪很难直接消除。表面的情绪之下隐藏着我们内心的真实渴望。当我们感受到不同的情绪时，内心实际上在发送信号，告诉我们有什么需要被满足了。

例如，当感到愤怒时，可能是因为我们对某种不公平的待遇感到愤怒，我们的需求是公正和尊重；当感到悲伤时，可能是因为我们失去了某种重要的东西，我们的需求是安慰和安抚；当感到恐惧和焦虑时，可能是对已知的或者未知的挑战带来的不安全感的反应，我们需要的是确定感和掌控感；当感到无聊时，可能是我们缺乏对意义感、价值感和成就感的满足，我们需要发现自我价值和人生意义；当感到孤单时，可能是我们未能感受到被接纳和关注，我们需要陪伴和看见；当感到快乐时，可能是我们需要感受和强化美好与幸福。

当情绪涌现时，真正成熟的人往往会透过情绪表象去解决引发情绪的内在需求。在处理情绪时，我们要意识到情绪只是表象，其背后隐藏着未被满足的心理需求。只有理解这些需求，才能从根本上化解情绪问题。

对于大学生而言，学习、生活过程也是个体追求自我实现需要的过程，其生活的复杂性使大学生的需求多样，有时候需求之间还会存在互相矛盾的状态，这也解释了为什么大学生的情绪是复杂甚至矛盾的。了解情绪背后的需求，对于处理情绪具有重要价值。

（三）认知

生活中我们会看到经历同样情境、有着同样需要的两个人产生的情绪却存在很大差异，这是个体的认知差异所致。认知不同导致行为的呈现方式不同，造就了个体独特的情绪差异和自我差异。

生活中人们常出现的不合理的认知方式包括非黑即白（以完全肯定或完全否定的方式下结论）、灾难化（将糟糕的可能性无限放大）、过度内归因（将消极事件或结果都归咎于自身的责任）等。这些不合理的认知方式往往会导致个体产生并陷入负性情绪难以摆脱。一个更愿意审视、澄清并改变自己认知的个体，在面对挫折和压力时往往能够更好地调节自己的情绪。

第三节 调节情绪

情绪是一种基于生物学的反应，有时候它的力量强大到似乎无法控制，但仍有许多心理和环境因素可以干预形成最终的情绪反应，这构成了情绪调节的可能性。当一个人通过内隐或外显的方式激活一个目标来影响情绪产生的过程时，情绪调节便发生了。

一、情绪调节的含义

情绪调节是个体对心理和环境刺激进行反应的方式，它是一个复杂的过程，是个体为了实现目标，采取策略改变认知或行为方式，以影响情绪的产生、体验以及表达的过程。

情绪调节是心理健康的核心，对于个体的工作能力、人际关系和自我体验都发挥着重要作用。情绪调节能力强的个体往往能够更好地控制自己的情绪，避免情绪波动过大或持续时间过长，这有助于提高其心理健康水平。情绪调节困难被认为是青春期各种病理性疾病症状的跨诊断因子，容易导致抑郁症、焦虑症等情绪障碍的出现。

情绪调节的概念广泛，从调节对象上分为积极情绪调节和消极情绪调节，从意识参与程度上分为外显情绪调节和内隐情绪调节，从调节主体上分为自我调节和社会调节。自我调节是指个体致力于改变自身的情绪，社会调节是指一个人试图改变其他人的情绪反应。在心理健康领域中，自我调节虽然是研究的热点，但对于大学生而言，学会在自我调节的基础上习得更多，并帮助他人调节情绪，有助于人际关系的建立，提高在同辈情绪调节方面的影响力。

二、自我情绪调节策略

（一）认知重评策略

认知重评是最具适应性的情绪调节策略，也是认知行为疗法（CBT）的关键靶点。认知重评策略包括一些具体的子策略，如距离重评策略、积极重评策略、社会公益重评策略等。

距离重评策略可以通过改变与引起情绪的刺激之间的个人联系或心理距离来达到调节情绪的目的，个体可以通过从客观的、第三人称观察者的超然视角来看待发生的事件，或想象事件发生在很久以前或遥远的地方来减少负性情绪，也被称为分离重评策略。生活中，很多大学生陷入某种负性情绪中难以自拔的原因就是无法与引发情绪的事件保持距离。使用距离重评策略来调节情绪的步骤首先是让自己从事件中适度脱离出来，想象如果是其他人会如何看待这件事，或者想象十年后的自己如何看待这件事，与引发情绪的事件在心理上保持距离，可以有效地调节情绪。

积极重评策略是通过对引起情绪的情境或刺激要素进行重新解释或积极赋意来调节

情绪。个体在面对负性场景时可以关注场景中的积极资源来重新解释场景的意义进而减少负性情绪。生活中，可以通过资源取向问话的方式与自己原有的负性认知进行辩论，如遇到考试失利时，可以询问自己："这件事可以给我带来什么启发或者好处？"也许你会发现"考试失利对自己是一次提醒，考试失利让自己有机会把该部分知识掌握得更牢固，考试失利让自己有机会学习应对挫折的能力"等。实施积极重评时可以想象自己是站在原有认知的反方辩论队员，从另一视角找到不同的观点。经过不断练习，积极重评会成为内隐自动化的情绪调节方式在日常生活中发挥作用。

社会公益重评策略适用于个体必须参与痛苦事件以帮助他人的社交环境中，它是通过积极思考个人为社会公益所做的努力，意识到当下自己所面对的负性情绪具有帮助他人的意义。这种策略是让个体从更高的视角来看待自己当下经历的负性情绪，如有些担任班干部的同学会在活动过程中感到疲惫和压力，通过思考这项活动可以为班级带来荣誉以及帮助同学的方式能够缓解因压力带来的烦躁情绪。

虽然各种重评子策略的侧重点不同，但它们都通过改变一个人对事件的看法和态度来调节情绪。当面对自己的情绪时，认知重评可以让人们更容易地找到触发个体情绪反应的原因，从而避免做出自动化的情绪反应。试想这样一个场景，你刚刚收到面试失败的消息，可能会感到沮丧、自责。你完全可以做出这些消极反应，这也是面对事件的正常反应。但是，如果你试着使用认知重评策略重新审视自己的情绪，可能会让自己理解这个经历，避免深陷负性情绪不能自拔。你可以试着询问自己：发生了什么事，自己的感受是什么，为什么会出现这种感受？然后追问自己：这件事有什么积极意义，通过这件事我在哪些方面可以变好，对于这件事有什么值得感激或者警醒的吗？当你发现这件事有了新的解释和视角，情绪也就随之发生变化了。

（二）分心策略

分心策略就是我们常说的转移注意力。当个体面对外界或内在刺激带来的强烈情绪时，适当分心可以改变情绪反应。例如，当你和室友在为一些小事争执时，及时"打岔"转移话题可以让你从强烈的愤怒情绪中暂时抽离。处理愤怒情绪的"叫停"技术也和此有关。

分心策略能够有效调控愤怒等情绪，当你感到愤怒时，有意识地转移话题或者做点别的事情来分散注意力，可以有效地预防愤怒情绪蔓延。分心策略在调节高强度的负性情绪时更有效，但对于中等或者低强度的负性情绪则会损伤其处理刺激的功能。过度使用分心策略可能导致个体产生习惯性情绪回避，反而对个体具有不利影响。

（三）接纳策略

按照情绪调节过程理论，接纳策略是发生在反应调整阶段的一种具有适应性的情绪调节策略，其强调人们对自己的情绪和感受保持一种开放与接受的态度，而不是试图去改变它们。

接纳策略在接纳承诺疗法（ACT）中起着核心作用。接纳策略的关键词是承认和允许，承认现状和环境的出现，允许负性情绪的出现。许多负性情绪的背后是冲突，接纳是不额外给情绪之火添柴，而是尊重其出现，并让其顺其自然地下降。接纳策略的使用广泛体现在正念接纳上，我们可以想象自己的情绪在身体里流动，并以一个观察者的角度来感受它的流动。

接纳不是认同或者不改变，而是尊重和看见情绪，不评判情绪，情绪无好坏之分，当你带着耐心、好奇和不评判的态度观察情绪、体验情绪、命名情绪时，你就已经掌控了情绪，而不会让自己处于失控状态。

小知识专栏 6-3

情绪日记：觉察并接纳情绪

情绪日记是让个体有意识地观察自己的感受，帮助个体识别和理解自己的情绪，清晰地看到情绪的模式和触发点。

情绪日记的记录模式多样，但至少包括两个步骤：观察情绪和记录情绪。观察情绪可以从情绪发生前的事件出发，理解事件给自己内心带来的影响，什么事件，产生了什么想法，有什么感觉，以致做出什么决定或行为，这是事件—想法—情绪—行为路径。观察情绪也可以由情绪感受出发，询问自己为什么会有这种情绪，发生了什么事情，脑中浮现哪些想法，自己做了什么事情去回应自己的情绪感受，这是情绪—想法—事件—行为路径。观察情绪还可以从行为角度回推，自己做了这样的决定和行为是因为自己内心发生了什么情绪波澜，背后有着什么样的想法和事件促使自己发生了这样的行为，这是行为—情绪—想法—事件路径。不管使用哪种模式，都需要对这四个部分进行梳理，之后进行记录，这个书写的过程就是疗愈，如果只观察不记录，就容易陷入主观感受的漩涡。记录是一个表达过程，能够让自己清晰看见与管理情绪。

情绪日记可以在固定时间、固定地点进行，如睡前 10～15 分钟进行，有助于形成习惯，也可以基于情绪发生的需求随时进行，这样具有即时性。

（四）表达抑制策略

表达抑制策略是指抑制将要发生或正在发生的情绪，调动自我控制能力，启动自我控制过程以抑制自己的情绪行为。我们常说的"忍"就是表达抑制的情绪调节策略。长期使用表达抑制策略会对心理适应性产生不良影响，进而影响心理健康水平。在调节情绪时，个体除了表达抑制，还应该多运用其他积极的调节策略。

小 知 识 专 栏 6-4

情绪调节小贴士

1. 深呼吸与倒数

当个体情绪强烈、难以自控时，尝试闭上眼睛，深深地呼吸几次，并在心中默默倒数 10 个数。这有助于我们暂时摆脱情绪的控制，给情绪点"刹车"，回归理性。

2. 运动

运动能够刺激大脑分泌多巴胺和内啡肽，当个体情绪不佳时，不妨去跑步、游泳、打羽毛球等，让自己感到愉悦和满足。但情绪不佳时的运动要适度，避免受伤。

3. 写日记

写日记是一种与自己对话的方式。当个体情绪不佳时，不妨拿起笔和纸，将自己的情绪写下来。通过文字，我们可以更清晰地看到自己的内心世界，找到问题的根源，从而找到解决的办法。

4. 尝试机械性工作

当情绪烦躁时，做家务、抄书、练毛笔字等机械性工作能够让大脑得到放松，情绪逐渐平复。需要注意的是，这些机械性工作必须是个人相对熟练的，对个体而言较为简单的。通过重复进行简单的机械性工作，能够让自己在忙碌中找回内心的平静。

课堂心理行为训练 6-2

情绪冲浪：使用正念方式与你的情绪相处

活动目标：带领学生进行正念觉察练习，学会观察情绪并与情绪相处。

活动过程：教师使用语言引领，学生跟随教师的引领进行想象体验与练习。

活动步骤：

1. 请学生闭上眼睛，身体放松，回忆近两天发生的让自己印象深刻的事情，并感受这件事情带给自己的情绪和感受。（1～2分钟）

2. 尝试将自己的情绪体验想象成一阵阵海浪，来来去去。想象自己在沙滩上，情绪就像海浪，不断拍上岸又退回去，稳稳地把脚趾伸入沙子里，让海浪来来去去。（2～3分钟）

3. 想象自己在情绪的浪潮上冲浪。现在想象自己站在冲浪板上，顺着情绪的波浪滑行。试着维持平衡，顺着波浪滑行就好。（2～3分钟）

注意事项：

1. 提醒学生照顾好自己，关注那些在回忆起近期事件时引发强烈情绪的学生。

2. 团体中的课堂练习效果因人而异，允许有些学生产生体验感一般的情况。

3. 提醒学生如果使用这种方法无法让自己的情绪缓和下来，可以尝试其他方法或者求助专业人士。

4. 练习中的情绪海浪可以根据需要想象成天空中的浮云或者其他让学生感到平静的场景。

教师点评： 该课堂活动是使用正念的方式练习对自己当下的情绪保持觉察，学生可以将情绪想象成一个脱离自己身体的事物，想象自己从"外面"观察情绪，承认情绪的存在，然后感受情绪的"来来去去"，容许其存在和波动而不立即做出反应，不试图控制或逃避它们；顺着情绪波浪滑行的方法鼓励自己在面对强烈情绪时学会等待情绪自然消退。这种方法可以使学生敞开自己，接纳情绪，让学生明白尽量不要阻止或压抑情绪，也不要一直抓着它不放，更不要把情绪放大，而是观察情绪以及情绪对自己身体产生的影响。记住情绪并不等同于自我，要将自我和海浪分开，这有助于我们不被情绪完全控制，从而保持清晰的思考和理性的行动。

小知识专栏 6-5

白熊效应：远离内耗

你是否有过这样的经历：明明告诉自己不要去想某件事情，可它却在脑海中挥之不去？美国社会心理学家丹尼尔·魏格纳（Daniel Wegner）提出的"白熊效应"可以解释这种现象。

白熊效应又称反弹效应。在一次实验中，实验者将被试者随机分为 A、B、C 三组，所有被试者都被邀请看了一段时长约 50 分钟的关于白熊的影片，看完后，实验者对 A 组被试者说："你们要记得那只白熊。"对 B 组被试者说："你们可能会喜欢那只白熊。"对 C 组被试者说："你们千万别去想那只白熊。"一年之后，实验者邀请被试者回到实验室，发现 C 组被试者（被要求千万不要想那只白熊的被试者）对白熊的印象最深刻。

白熊效应启示我们，不用刻意地去控制或者抑制负性情绪，把注意力放在美好的事物上，反而更容易减少负性情绪。

（五）自我同情

自我同情的核心是对自己的善意和关怀，在实践中包括三个部分：（1）自我善意，在面对个人失败或困境时，对自己展现出理解和关爱，要意识到每个人都会失败，这些失败和错误是人类共同经历的一部分，避免严厉的自我批评，转而用一种更加温和和支持性的态度对待自己的不足与失败。（2）普遍人性，认识到痛苦和失败是所有人共有的经历，而不是个体独有的，感受到与他人的连接，减少自我隔离和孤独感。（3）正念，保持对当前情境的觉知和接纳，而不是忽视或过度反应，以非批判性的方式观察自己的感受和思维，更好地理解和处理内心的痛苦。自我同情可以有效地缓解大学生的负性情绪。

当你遇到负性情绪时，不妨想象一下如果你的朋友遇到和你一样的事情与情绪，你会如何和他交谈，把你会安慰他的话说给自己听，在语言上将原来批评、指责的语言换成理解、鼓励的语言，可以试着把自己当成自己最好的朋友，给处于困境中的自己写一封信，带自己吃一顿好吃的、抱抱自己等。自我同情可以促使个体更好地爱自己，进而有效调节自己的负性情绪。

三、人际情绪调节策略

通过与他人的互动实现情绪调节目标的过程会涉及人际情绪调节范畴。人际情绪调节是发生在人际间且具有社会属性。在指导大学生获得自我情绪调节策略的同时，帮助其了解人际情绪调节策略是有效的补充。自我情绪调节的情绪体验者和调节者是同一个人，但是人际情绪调节的情绪体验者和调节者是不同的个体。内在人际情绪调节的情绪体验者是自己，而情绪调节者是他人；外在人际情绪调节的情绪体验者是他人，而情绪调节者是自己。在以下策略描述中，我们倾向于描述使用策略的调节者是自己，情绪体验者是他人，倾向于个体如何调节他人的情绪的策略说明，但需要指出的是这些策略同样适用于他人使用，而情绪体验者是自己的情况。

（一）共同反刍策略

共同反刍始于对青春期女性的人际交往模式的研究。研究者发现，当女孩们互诉心中烦恼时，她们可能会因为得到支持和肯定而缓解负性情绪，但由于她们不是在就事论事，也可能会聊得越多心情越糟。共同反刍用于形容个体与个体之间过分沉迷和讨论同一个问题的行为。和自我情绪调节策略中的反刍策略一样，若共同反刍专注的不是问题的解决，而是问题本身，则可能导致负性情绪的传染和负性结果。

建议大学生，尤其是大学女生在倾听朋友的烦恼时除了共情和理解，也要聚焦朋友解决问题的资源和方法，提供多维视角，而不是仅仅沉浸在反刍的讨论痛苦中。

（二）共同重评策略

共同重评和自我重评有相同的内容，只是共同重评发生在人与人之间。有研究者比较了人与人之间共同重评和自我重评两种策略对于重大压力后个体情绪的适应性行为的影响，发现共同重评的效果超过自我重评的效果，尤其是当共同重评中的双方关系良好时。生活中遇到负性事件和情绪时，找一个朋友进行讨论，并请其提供重新认识这件事和情绪的其他视角，将有助于缓解自我的情绪，同样地，当你为你的朋友提供共同重评时也有利于其负性情绪的缓解。

（三）社会分享策略

分享是有效的人际情绪调节策略，也是一种高投入度的人际情绪调节策略，主要指的是情绪调节者使用社交共享的语言表达他们的感受。分享者要聚焦调节对象的需要，以共情的方式和语言分享自身的感受，并以此安慰当事人。分享对于积极情绪的增强具有很好的效果。

无论是自我情绪调节策略还是人际情绪调节策略，没有哪一种策略可以适用于所有的情境和时刻，灵活地根据需要采取多种策略有助于我们更好地保持心理健康。相信情绪是可以调节的，提升自我情绪调节的效能感，积累多种情绪调节策略，熟悉各种策略适用的场景，不仅能够帮助我们提升情绪调节的能力，还有助于调节他人的情绪，创造和谐的人际关系。

本章小结

情绪是人类不断进化的产物，每一种情绪都在表达个人内心的需要，读懂情绪有助于更好地理解自己和他人。本章从认识情绪、理解情绪、调节情绪三方面帮助大学生学会调适情绪。在生活中，大学生要学会看见情绪并制订调节目标，理解情绪并选择合适的调节策略，充分考虑情境的特点，灵活地运用情绪调节策略，实现情绪动力方向和外在目标的一致性，从消极情绪的被动承受者转变为积极情绪的主动创造者。

课后思考题

1. 生活中你经常使用的情绪调节策略有哪些？
2. 如何理解同一种情绪调节方法在不同情境和状态下效果不同的现象？
3. 你会采取哪些方法来调节别人（如朋友、家人或爱人）的负性情绪？

📖 学习目标

1. 了解人际关系的定义和重要性。
2. 理解、认识阻碍人际关系健康发展的因素。
3. 掌握建立健康人际关系的基本原则、有效沟通和解决冲突的技巧。
4. 运用所学知识优化自身人际关系。

📖 知识导图

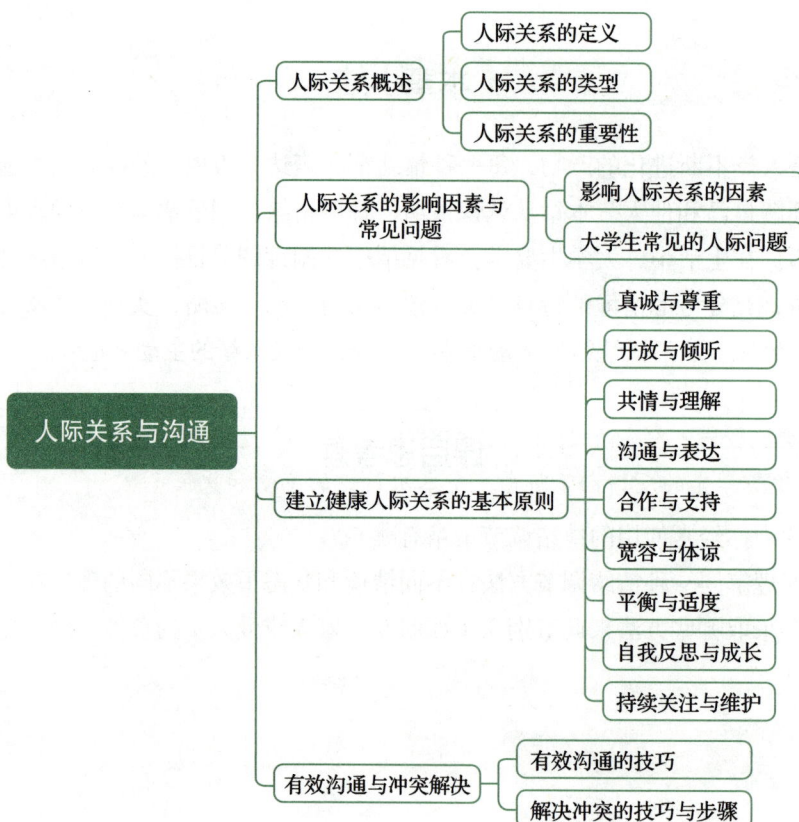

📖 关键词

人际关系；沟通；尊重；倾听；合作

📖案例导读

　　小斌是一名大学生，住在一间四人宿舍里。起初，宿舍里的氛围很和谐，大家互相帮助，共同学习。但随着时间的推移，小斌发现室友小华经常在宿舍里大声打电话，影响了他的休息。小斌害怕影响与小华的关系，不敢直接表达自己的感受，而是逃避和压抑自己的情绪。小华并没有觉察到小斌的不满，依旧我行我素，对此，小斌很是苦恼。苦恼的小斌来到心理咨询中心向心理老师倾诉，希望能得到帮助。在心理老师的帮助下，小斌认识到有解决和小华之间矛盾的需要，决定与小华坦诚交流，表达自己真实的感受。通过沟通，小华意识到了自己的问题，并承诺会注意自己的行为。从此，宿舍的氛围变得更加和谐了。

课 堂 讨 论 7-1

成功沟通或解决冲突的经历

　　在你的人生历程中，有没有一次成功的沟通或解决冲突的经历，让你印象深刻，请分享给大家。

活动目标：

1. 分析当前大学生在人际关系中面临的困扰。

2. 探讨有效的沟通策略与冲突解决技巧。

3. 分享个人经验，促进相互理解和支持。

活动过程： 根据学生兴趣或随机分组，每组 4～6 人，确保组内成员具有多样性。

讨论后反思：

1. 收集学生的反馈，了解学生对本次讨论的感受和收获。

2. 鼓励学生在课后继续交流和分享，形成积极向上的交流氛围。

第一节　人际关系概述

　　人际关系是人类社会中不可或缺的一部分，影响着大学生的日常生活、学习、工作以及心理健康。良好的人际关系能够带来心理上的满足感和幸福感，也是大学生获取社会支持的重要渠道。本节将从人际关系的概念、类型、重要性以及影响因素等方面进行概述，以帮助大学生更好地理解和处理人际关系。

一、人际关系的定义

人际关系是指人与人之间通过直接交往形成的较为稳定的倾向性情感联系。这种联系是交往所产生的情感积淀，是人与人之间相对稳定的情感纽带。关系一经形成，就会作为进一步相互作用的背景和导向系统，对后续的交往产生深远影响。

二、人际关系的类型

人际关系可以根据不同的标准进行分类，以下是一些常见的人际关系种类。

（一）家庭关系

家庭关系是最基本的人际关系类型，包括夫妻关系、亲子与子亲关系、兄弟姐妹关系以及其他家庭关系（如婆媳关系、妯娌关系）。家庭关系通常基于血缘关系，是人们最早接触和建立的人际关系。

家庭关系，作为社会结构中最为核心且基础的人际网络形态，深刻地塑造着每个人的思维、情感、人格与行为方式。它不仅涵盖了夫妻之间那份基于爱情与承诺的紧密联结，即夫妻关系，这种关系通过相互扶持、共同成长，构建起家庭的基石；还包含了亲子关系，即父母与子女之间那份天然的血脉相连和无私的养育之恩，它既是爱的传递，又是责任与期望的承载。此外，兄弟姐妹关系在家庭关系中同样占据重要地位。这种关系拥有着共同的童年记忆，是成长路上的陪伴，更是成年后依然能够相互依靠的坚强后盾。

家庭关系之所以被视为最基本的人际关系类型，是因为它往往是个体最早接触并深入体验的社会关系。从牙牙学语到蹒跚学步，家庭是个体情感与认知的摇篮。它教会个体如何去爱、如何去被爱以及如何在社会中立足。这些早期的经历与情感烙印，深刻影响着大学生价值观建立、性格形成，以及未来的人际交往模式。

小知识专栏 7-1

亲子关系与子亲关系有什么区别？

亲子关系是指父母与子女之间的关系。这是儿童最早建立起来的人际关系，包括父母对子女的抚养、管教、培育等多个方面，这些行为在子女的身心发展中起着至关重要的作用。亲子关系不仅是长辈与晚辈之间的情感联系，更是父母通过自身行为对子女进行教育和引导的重要途径。

子亲关系则更多强调子女与父母之间的情感联系和互动。随着子女的成长和独立，他们开始逐渐承担起对父母的关心和照顾责任，使得这种关系逐渐从亲子关系的"纵向关系"转变为更加平等的"横向关系"。它标志着子女开始承担起对家庭的责任和义务，与父母的关系也变得更加紧密和谐。

（二）恋爱关系

恋爱关系是一种深刻而复杂的情感关系。它植根于两个人之间的相互吸引、爱慕以及深厚的情感联系之中。这种特殊的关系不仅是简单的喜欢或者好感，还涵盖了更为广泛和深刻的情感投入。

亲密的互动是恋爱关系的核心要素之一。这种亲密不仅体现为物理距离上的接近，更包括精神上的契合和情感上的共鸣。恋人之间通过分享生活的点滴、倾诉内心的感受，从而加深彼此之间的了解和依赖。

信任、支持和理解是恋爱关系得以维系与发展的重要保障。在恋爱中，双方需要建立起坚实的信任基础，相信对方的承诺和忠诚。同时，在一方遇到困难或挫折时，另一方能够提供无私的支持和鼓励，让对方感受到温暖和力量。更重要的是，彼此之间要有深入的理解，能够换位思考，感受对方的情感和需求，化解矛盾，增进共识。

（三）朋友关系

朋友关系是一种基于共同兴趣、价值观、经历或情感联系而建立的非血缘关系。它不仅丰富了我们的社交生活，还在很大程度上影响着我们的心理健康。朋友可以分为亲密朋友和普通朋友。这两种类型不仅在关系的深度和广度上有所不同，而且它们之间并非固定不变的，而是可以相互转化的。

亲密朋友通常关系更加紧密，往往有着更深的情感纽带，相互信任和依赖的程度也较高。这种类型的朋友关系能够为我们提供更强的情感支持和归属感，使我们在面对生活中的挑战和困难时，拥有一个坚实的后盾。但亲密朋友的关系并非一成不变的。随着时间的推移和生活的变迁，原本亲密无间的关系可能会因为各种原因而逐渐疏远，转变为普通朋友。相比之下，普通朋友虽然关系相对较为疏远，但同样是社交生活的重要组成部分。他们可能与我们有着共同的兴趣或经历，能够在特定的场合和活动中为我们带来欢乐与陪伴。在某些情况下，通过更多的交流和共同的经历，普通朋友之间的关系可能会逐渐加深，进而转化为亲密朋友。

（四）其他社会关系

其他社会关系涵盖了个人在社会生活中与他人建立的各种联系。这些联系不一定具有亲密的特性，也不一定出于任何特定的目的。其他社会关系包括同学关系、师生关系、工作关系、邻里关系、社区关系、商业关系、社交网络关系等。这些关系是基于日常生活中的互动和交流形成的，对大学生的社会支持和社会归属感有重要影响。

三、人际关系的重要性

人际关系对个人和社会都具有极其重要的意义。人际关系的重要性主要体现在以下几个方面。

（一）促进社会支持与心理健康

人是社会性动物，需要与他人建立联系，以满足归属感、尊重、爱和被爱的需求。

良好的人际关系网络可以为大学生提供必要的社会资源，如信息、机会、帮助和支持等。在面对挑战和困难时，人际关系可以成为重要的支持系统，提供情感支持，帮助大学生感受到社会的温暖。通过建立和维护良好的人际关系，有助于促进社会成员之间的相互理解和尊重，减少社会矛盾和冲突，增强社会凝聚力。另外，良好的人际关系有助于缓解压力、减少孤独感、提高自尊和自信、增强心理韧性，从而预防和减轻心理疾病。与家人、朋友的良好关系则能够为大学生带来积极的情感体验，提高生活的幸福感和满足感。

（二）促进个人成长与职业发展

人际关系为大学生提供了学习和成长的机会。通过与不同背景和经验的人交往，大学生可以拓宽视野、学习新知识、发展社交技能、提升自我认知。通过沟通交流得到的反馈与建议有助于大学生认识自己的优点和缺点，进而调整行为，实现个人成长。在职场上，良好的人际关系是成功的关键因素之一。它可以帮助大学生建立信任、获得资源和信息，甚至带来职业机会。与同事、领导保持良好的关系，有助于大学生提升工作效率，促进团队合作，进而推动职业发展。另外，良好的人际关系能够促进团队成员之间的相互信任和合作，提高沟通效率，减少误解和冲突，从而提升工作效率和团队绩效。

第二节　人际关系的影响因素与常见问题

在探讨人际关系这一复杂而细腻的关系时，我们不可避免地要触及影响其和谐发展的众多因素与常见的人际问题。本节将深入剖析影响人际关系的个体因素、文化因素和社会因素，列举阻碍人际关系良性发展的认知难题和情感冲突。这些挑战如同路上的绊脚石，考验着我们在处理人际关系时的韧性与智慧。

一、影响人际关系的因素

影响人际关系的因素错综复杂，既有个体内在的心理特质与行为模式，也受所处文化环境的熏陶塑造，更与社会结构、群体规范等外部条件息息相关。深入剖析这些因素，有助于大学生更好地理解人际关系本质，构建和谐健康的社交生态。

（一）个体因素

个性特征包括气质、性格、兴趣、价值观、品行及能力等，这些因素都会影响大学生建立人际关系。例如，性格开朗、乐于助人的人更容易与他人建立良好的人际关系，而价值观和兴趣爱好的相似性有助于增进彼此的认同感与亲近感。另外，双方在个性特征和态度等方面的相似性，以及在需要和期望等方面的互补性，能够增进彼此的吸引力，促进人际关系的建立。

目标和期望也会影响人际关系的建立与发展。如果一个人寻求的是短期利益，那么他更倾向于建立表面化的关系，想要尽快得到好处；而如果一个人追求的是长期的合作和友谊，那么他会更用心地去维系这段关系，更加注重关系的深度和质量。

（二）文化因素

不同文化背景的人们使用着各自独特的语言或方言，这无疑成为沟通中一道潜在的难题。即便我们置身于同一种语言环境之中，文化的差异依然会在表达方式与沟通习惯上留下深刻的烙印。肢体语言、面部表情、语气语调，这些看似微不足道的细节，实则蕴含着丰富的文化信息。若未能准确捕捉这些信号，信息的误解与偏差便会悄然产生。更为微妙的是，文化差异还会在语义层面制造隔阂。以称呼为例，在西方某些文化中，过度的正式称呼可能被视为情感的疏离；而在中国，对长辈或领导的敬语则彰显着尊重与礼貌，而直呼其名往往被视为无礼之举。这种称呼上的差异，正是中西方文化在尊重与亲近之间寻求平衡的不同体现。再来看取名这一习俗，在中国文化中，避免与长辈重字、重音不仅是尊重传统，更是对家族辈分的维护，有助于家族的和谐与秩序，减少混淆与冲突。但在一些外国文化中，家庭成员重名或使用相同的名字则作为纪念或表达爱意的方式屡见不鲜，被视为一种传承与亲密的象征，这与中国的传统观念形成了鲜明的对比。

价值观和信仰会影响人们的行为准则、道德判断和人际交往方式。例如，一些文化强调集体主义，而另一些文化更加注重个人主义。此外，在道德、家庭观念等方面的分歧也会影响人际关系的建立和维护。当双方的价值观存在冲突时，可能会产生误解、争执甚至关系的破裂。不同文化有不同的社交习惯和规范，包括礼仪、社交距离、交往方式等，如果双方对彼此的社交习惯和规范不了解或存在误解，那么交往中必然会产生不适应和冲突。例如，中国人在交往中喜欢谈论个人生活、家庭、工作等话题，以表达对对方的关心和亲近。但在谈论这些话题时，需要注意分寸和尊重对方的隐私。在西方国家，人们通常更倾向于谈论天气、兴趣爱好、旅行经历等中性话题，以避免涉及个人隐私或敏感话题。

（三）社会因素

社会地位的不同导致人们在交往中容易产生不平等感。地位高的人更容易获得他人的尊重和信任，而地位低的人容易感到被忽视或排斥。另外，社会角色也会影响人际交往。不同的社会角色有不同的职责和期望，这导致人们在交往中往往采取不同的行为和态度。例如，职业角色要求人们保持专业、客观和冷静，而家庭角色更加注重情感、亲密和支持。

随着社会的发展和变迁，人们的交往方式和人际关系也在不断发生变化。例如，互联网的普及打破了地域的限制，让人们的交往不再受空间束缚，却也在无形中稀释了情感的温度，使人与人之间的联结变得疏离而浅淡。再如，频繁的人口流动和迁移导致人们之间的交往变得短暂与不稳定，从而影响人际关系的建立和维护。

二、大学生常见的人际问题

人际交往是大学生开展各种社会活动必不可少的环节。正常的人际交往不仅可以与他人建立良好的人际关系，而且为开展合作、促进个体健康发展提供了基本保证。但受各种因素的影响，大学生容易在人际交往中出现不同程度的问题。

（一）认知方面

（1）自我中心化。大学生在人际交往中过分关注自我，忽视他人的需要和感受，这种以自我为中心的认知方式，使其在交流时难以产生共鸣和理解，导致沟通不畅和产生误解。在人际交往中，大学生如果表现出自吹自擂、装腔作势，忽视对方的感受和需求，那么最终会导致交往失败。例如，在小组讨论或日常交谈中，某些学生可能会不停地讲述自己的观点、经历或成就，几乎不给其他人插话的机会。他们可能从未意识到这样的行为会让其他人感到被忽视，从而失去参与讨论的兴趣，最终导致交流变得单向且无效。

（2）理想化。大学生的自我意识强烈，通常会以理想化的交往模型寻找伙伴。但当理想与现实不符时，大学生就容易产生挫败感和失落感，进而影响人际交往的建立与维护。例如，小张在大学期间对恋爱关系抱有极高的期望，希望找到一个完全符合自己理想标准的伴侣。但在多次恋爱尝试中，小张总是因为对方的一些小缺点或与自己期望不符的某些行为而感到失望和不满，最终导致恋爱关系破裂。小张对爱情关系的理想化追求过于苛刻，没有意识到每个人都是独一无二的个体，都有自己的优点和缺点。这种完美主义倾向使小张难以在现实中找到满意的伴侣，进而在人际交往中感到挫败和沮丧。

（3）认知偏差。过度概括化的倾向，让个体容易将一次偶然的负面经历泛化为对他人整体性格或能力的否定，忽视了人性的复杂性与多面性；而选择性注意，则使得个体不自觉地屏蔽掉与自身预设不符的信息，仅聚焦于支持个人观点的片段，这无疑加剧了对他人真实意图与情感的误解。例如，某次考试后，小王成绩不理想，他认为同桌在考试期间频繁翻找东西分散了他的注意力。尽管没有确凿的证据表明同桌的行为确实对小王造成了干扰，但小王仍然坚持这一观点，并对同桌产生了怨恨情绪。这种将负面结果归咎于他人的归因偏差，使小王无法正视自己的不足，也破坏了与同桌的友谊。再如，小刘对来自特定地区或具有某种特征的同学持有刻板印象，认为他们具有某些固定的性格或行为特点。这种偏见使小刘在与这些同学交往时缺乏耐心和尊重，容易产生误解和冲突。长此以往，小刘与这些同学之间的关系日益紧张，甚至影响了整个班级或学院的氛围。

小知识专栏 7-2

首因效应、近因效应和晕轮效应

首因效应，也称"首次效应"或"第一印象效应"，是由美国心理学家亚伯拉罕·洛钦斯（Abraham Luckins）首先提出的。它是指个体在社会认知过程中，通过"第一印象"最先输入的信息对客体以后的认知产生的影响作用。简单来说，就是人们往往根据最初接触到的信息来形成对他人的整体印象，这种印象虽然可能并非正确，但却是最鲜明、最牢固的，并会深刻影响后续的交往和判断。例如，在大学学生会面试中，应聘者的第一次亮相和自我介绍往往会给面试官留下深刻印象，从而影响面试结果。

近因效应，是指人们在做决策或评估事件时，更倾向于受到最近或最容易回忆起的信息的影响，而忽视更长时间范围内的信息或整体情境。在长期的朋友关系中，最近一次的交往经历往往会对朋友之间的整体印象产生重要影响。如果最近发生了一次不愉快的冲突或误会，那么这种负面印象会掩盖之前积累的正面印象，导致朋友关系出现裂痕。在恋爱关系中，近因效应可能导致情侣之间因为最近的一次争吵或误会而陷入冷战或分手的境地。如果双方不能妥善处理这些负面事件，它们最终会成为破坏感情的导火索。

晕轮效应，又称"光环效应"，是指在人际关系中，人们通常会对一个人的某种特征或品质形成一种强烈、清晰的印象，并由此产生一种积极的或消极的评价，而这种印象和评价会扩散到对这个人的其他特征与品质的评价上。简单来说，就是当人们对某人某一方面形成好或坏的印象后，这种印象会像月晕一样，逐渐扩散并影响到对其他方面的评价。例如，一个外表出众的人可能更容易被认为在其他方面同样优秀，即使他们在某些方面表现平平。晕轮效应会导致人们在评价他人时产生偏见和误解。

（二）情感方面

（1）嫉妒源自个体对他人拥有而自己缺乏的某种优势（如成就、财富、美貌等）所产生的羡慕与不满。嫉妒的表现包括频繁比较与暗自较劲、对他人的成就进行挑剔与贬低，甚至在背后散布谣言以损害他人形象。嫉妒心理削弱了个体的自尊与自信，让人在无尽的比较中迷失自我。它也破坏了人际关系中的信任与友谊，导致与周围人的关系变得疏远甚至敌对。更严重的是，长期的嫉妒心理容易引发攻击性行为，对个人和社会造成不可估量的损失。

（2）猜疑是指个体在无充分根据的情况下，对他人的言行或动机持有不信任、怀疑的态度，甚至过度解读或虚构不利于对方的信息。其表现包括频繁询问他人行踪、无端猜测他人意图、对他人正常行为做负面解读等。这种心理状态不仅导致人际关系紧张，破坏了彼此间的信任基础，还会引发误会和冲突。长期沉浸于猜疑之中，人容易变得多疑敏感，情绪波动大，甚至影响自身的心理健康。同时，它容易激发对方的反感和抵触情绪，形成恶性循环，最终导致关系破裂。

（3）自卑是一种深层次的自我否定情绪，表现为对自身能力、价值或外貌等方面的不合理低估，常伴随有自我怀疑、胆怯、避免社交、消极比较等心理状态。它限制了个人潜能的发挥，使人在面对挑战时容易退缩，错失成长机会。自卑心理若长期存在，会侵蚀个体的自信心，影响人际关系，危害身心健康和社会功能。

（4）自负是指个体过度高估自身能力、成就或价值，持有不切实际的自我优越感，并忽视或轻视他人的贡献与成就。其通常表现为傲慢、自以为是、拒绝接受他人意见或批评。例如，小李在团队项目中担任组长，他总是坚信自己的观点是最优的，对于团队成员提出的合理建议或改进意见一概拒绝。在项目进行过程中，由于小李的固执己见，团队无法及时纠正错误，最终项目未能按时完成且质量不佳。在人际交往中，自负者往往难以倾听他人的想法，缺乏同理心，从而疏远朋友、同事甚至家人。这种态度会阻碍个人成长，因为忽视他人意见意味着错失学习和改进的机会。

（5）害羞是一种在社交场合中因担心他人评价而产生的紧张、不安和回避行为的心理状态。它表现为在公众场合或面对陌生人时，个体容易感到不自在，出现脸红、心跳加速、言语结巴、避免目光接触等生理和心理反应。在人际交往中，害羞心理会阻碍有效的沟通，限制个人表达自我和建立深厚关系的能力。害羞心理若长期存在，容易导致社交孤立，社交机会减少，阻碍个人社交技能的发展，甚至对职业发展和心理健康造成不利影响。

第三节　建立健康人际关系的基本原则

在人际交往的广阔天地里，建立并维系健康、积极的人际关系无疑是大学生成长和增加幸福感的基石。这种关系不仅能够为我们提供情感上的支持与安慰，还能够促进个人发展、拓宽视野以及实现共同目标。因此，深入理解和实施培养健康人际关系的基本原则，对于每个大学生而言都至关重要。

一、真诚与尊重

真诚与尊重是人际关系保持稳固的最基本原则。这一原则强调在互动过程中大学生需秉持坦诚之心，如实传达个人的思想、情感与需求，以此提升透明度，为信任的建立奠定坚实基础。同时，尊重他人观点与感受的态度，不仅体现了对他者主体性的认可，更拓宽了开放对话的空间，有益于加深相互间的理解深度与广度，进而增强关系的和谐度与持久性。真诚与尊重的双重作用，共同推动了健康、积极的人际关系的形成与发展。心理学中有一条人际法则，也称为"黄金法则"：像你希望别人如何对待你那样去对待别人。这条法则是不可逆的。但在现实生活中很多人是反黄金法则的，认为"我对别人怎样，别人就必须对我怎样"，这在大学生的人际交往中是万万不可取的。

二、开放与倾听

开放与倾听是建立健康人际关系的关键。大学生需秉持开放心态，勇于跨越认知边界，拥抱多元视角与新颖观念。这不仅促进了知识的流通与融合，还为人际关系的深化开辟了路径。同时，积极倾听也被视为一种深层次的沟通艺术，要求我们在交流中全神贯注，细腻捕捉对方的言外之意与情感需求，从而增进相互间的理解与共情，为建立更加稳固且富有内涵的人际关系奠定坚实的基础。

三、共情与理解

共情，作为一种深层次的情感共鸣能力，使我们能够跨越自我框架，设身处地地感受他人的情绪与境遇，为情感的交流铺设坚实的桥梁。理解是基于共情之上的理性洞察，促使我们超越表面的言语，深入探究他人的动机、需求与期望，从而构建出更为精准的人际认知图谱。"金无足赤，人无完人"，通过共情，双方可以拉近彼此的心理距离。理解则在此基础上，为我们提供了调整自身行为、满足对方需求的指导原则。因此，共情与理解不仅是人际交往中的润滑剂，更是推动关系向更高层次发展的强大动力。

小知识专栏 7-3

交往中的反应能力评估

这是一项有趣且实用的心理测试，让我们来评估一下自己在人际交往中的反应能力吧！下面共有22道题目，每道题目用来描述你是否恰当，或者说每道题目内容符合你的程度如何。0代表"不恰当"，4代表"很恰当"。在每一个题目当中，从0、1、2、3、4这5个数字中选择一个适合你的数字打分。

题目	计分
1. 在做决定前，我试着从争论中去看每个人的立场	
2. 有时候我想象用我的朋友的观点来看事情的样子，以便更了解他们	
3. 我相信每个问题都有多种观点，所以我经常试着从不同的观点来看问题	
4. 当我对一个人生气时，我通常会试着去想一下他的立场	
5. 在批评别人前，我会试着想象：假如我处在他的情况下，我的感受如何？	
6. 我的确会投入小说人物中的感情世界	
7. 看电影或看戏时，我通常是旁观的，而且不经常全身心投入	

续表

题目	计分
8. 对我来说，全身心地投入一本好书或一部好电影中，是很少有的事	
9. 看完戏或电影之后，我会觉得自己好像是剧中的某一个角色	
10. 当我观赏一部好电影时，我很容易站在某个主角的立场去感受他的心情	
11. 当我阅读一篇吸引人的故事或小说时，我会想象：如果故事中的事件发生在我身上，我是什么样的感觉？	
12. 对那些比我不幸的人，我经常有心软和想给予关怀的感觉	
13. 有时候当其他人有困难或问题时，我并不为他们感到很难过	
14. 当我看到有人被别人利用时，我有点想要保护他们	
15. 其他人的不幸通常不会带给我很大的烦忧	
16. 当我看到有人受到不公平的对待时，我有时并不感到非常同情他们	
17. 我认为自己是一个心肠相当软的人	
18. 在紧急状况中，我感到担忧、害怕而难以平静	
19. 当我处在一个情绪非常激动的情况中时，我往往会感到无依无靠，不知如何是好	
20. 处在紧张情绪的状况中，我会惊慌害怕	
21. 在紧急状况中，我紧张得几乎无法控制自己	
22. 当我看到有人发生意外而急需帮助的时候，我紧张得几乎精神崩溃	

评分方法："不恰当"记0分，"有一点恰当"记1分，"还算恰当"记2分，"恰当"记3分，"很恰当"记4分。注意，其中2、5、10、11、14题为反向计分题，用4分减去题目的计分，获得新的得分。得分越高，说明在以下方面的能力越强。

观点采择（包含题目6、9、15、19、22），得分越高，说明你自发采纳他人观点的倾向越强。

想象维度（包含题目3、5、10、12、17、20），得分越高，说明你对虚构人物的情感共鸣越强烈。

共情关注（包含题目1、2、7、11、14、16），得分越高，说明你对处于不幸中的他人的同情和关注的反应倾向越强。

个人忧伤（包含题目4、8、13、18、21），得分越高，说明在紧张的人际场景中，你自己所感受到的焦虑与不适更多。

观点采择和想象维度属于认知共情，共情关注和个人忧伤属于情绪共情。（本测验结果仅供参考，如有疑问建议当面咨询专业人员）

四、沟通与表达

沟通与表达是情感交流的桥梁、思想的载体。有效的沟通能够打破隔阂，促进双方信息的准确传递与理解，避免误解与冲突的产生。而恰当的表达，则能精准传达个体的情感、需求与期望，增强彼此的信任与亲近感。通过沟通，个体能够共同探索问题的解决方案，增进共识与协作；而表达的艺术，则让关系中的每一份情感与需求都得以细腻呈现，加深了心灵的契合与共鸣。因此，提升沟通与表达能力，对于维护并优化人际关系具有不可估量的价值。例如，在日常交往中，大学生不要吝惜自己的赞美之言。"良言一句三冬暖，恶语伤人六月寒。"每个人都有值得我们肯定的地方，如果我们能看到别人的闪光点，并对其予以肯定，那么我们将收获好的人缘，因为每个人都希望自己是被认可的。

五、合作与支持

合作与支持是建立健康人际关系的重要手段。合作促进了成员间的相互理解和信任，通过共同目标将个体力量汇聚成强大的合力，解决了单个个体难以克服的难题。支持则如同心灵的慰藉，在挫折与困难时给予个体力量，提高个体的抗挫能力和自信心。良好的合作与支持关系能够激发人的潜能，促进创新思维的形成，同时还能减轻压力，提升整体幸福感。因此，无论是团队协作还是日常交往，积极构建合作与支持的关系网络，都是促进个人与集体和谐发展的重要途径。

六、宽容与体谅

宽容意味着能够接纳他人的不同观点、错误或过失，避免过度批评与指责，为双方留下沟通与修复的空间。这种态度有助于减少冲突，增强彼此间的信任与尊重。而体谅是深入对方内心，理解其感受与处境，展现出一种深切的人文关怀。它使我们在交往中更加细腻，富有洞察力，能够适时地给予对方支持与安慰，从而加深情感的联结。

七、平衡与适度

平衡与适度作为构建健康人际关系的核心原则，深刻影响着大学生之间的交往质量。它要求我们在互动中精妙地把握分寸，一方面，展现独立自主的姿态，不将全部希望寄托于他人，以免形成过度依赖的不健康模式，损害个人成长与关系的对等性；另一方面，敏锐察觉并适时响应他人的需求与情感，确保彼此间情感的流通与共鸣。另外，适度表达自我是维系关系活力的关键。大学生应勇于且恰当地分享观点与感受，但要谨慎行事，避免跨越界限，过度干涉对方的生活，从而保持相互尊重与个人空间的和谐共存。

小知识专栏 7-4

什么是社交距离与边界感？

社交距离是指社会交往中的距离，包含了心理距离。这一距离因不同环境、文化、个性等因素而有所不同。根据霍尔博士的研究，社交距离由近及远分为四种类型：亲密距离（0～45厘米），通常存在于最亲密的关系中，如夫妻、情侣或亲密的朋友之间；个人距离（45～120厘米），也叫私人距离，适用于较为熟悉的朋友、家人或同事之间，并且允许一定程度的个人空间和隐私；社交距离（120～360厘米），又叫礼貌距离，在正式场合或与不太熟悉的人交往时使用的距离，体现了对他人的尊重和礼貌；公共距离（360厘米以上），也叫一般距离，在公共场合或与陌生人交往时保持的距离，确保了个人的安全和隐私。边界感，又叫自我边界，是人与人之间内心的自我界限，是对界限的判定或重视程度。边界感是个人内心的一种自我保护机制，帮助人们守护自己的个人空间、情绪、欲望、期待、恐惧、价值观、人际关系等。拥有边界感意味着尊重他人的个人空间和隐私。在人际交往中，不越界、不侵犯他人的领域是建立健康关系的重要基础。健康的个人边界应该是清晰的、保护性的、坚固但灵活的。它能够让人们明确自己的底线和原则，同时能够适应不同情境下的变化。

八、自我反思与成长

在人际关系交往中，自我反思与成长是不可或缺的。一方面，自我反思促使个体审视自己在交往中的言行举止，"吾日三省吾身"，回顾、发现并承认自身的不足与错误。这种诚实的自我评估是改进与成长的第一步，能够让个体学会从失败中吸取教训，避免重犯同样的错误。另一方面，自我反思能够促使个体深入理解他人的感受与需求，培养同理心与共情能力。通过反思，个体能更准确地把握交往中的情感动态，学会站在对方的角度思考问题，从而建立更加和谐的人际关系。人际关系是复杂多变的，大学生需要不断调整自己的交往策略与方式，以适应不同情境与人群。通过反思，大学生能发现自己在交往中的盲点，积极寻求新的知识与技能，提升自己的交往能力。

九、持续关注与维护

在人际关系交往中，持续的关注与维护是至关重要的。一方面，人际关系如同花园里的植物，只有不断地浇灌与呵护才能茁壮成长。每一个个体、每一分关系都在不断变化与发展，兴趣、需求、情感都会随着时间而有所变动。因此，只有持续的关注，个体才能及时察觉到这些变化，并相应地调整自己的交往方式与策略，保持关系的活力与亲密度。另一方面，人际关系是相互的，维护意味着付出与回应的平衡。当个体持续关注对方，并在关键时刻给予支持与关怀时，对方也会感受到这份温暖与重视，从而更加愿意投入并珍惜这段关系。这种积极的互动循环，能够增强关系的稳定性与深度。持续的关注与维护，有助于大学生建立良好的社交网络，获得情感支持与社会资源，提升生活质量与幸福感。

总的来说，通过遵循这九项基本原则，大学生可以更好地建立和维护健康的人际关系。这些原则不仅适用于个人交往，还适用于家庭、工作和社会交往。通过遵循这些原则，个体可以在不断的实践中建立更加积极、和谐的人际关系。

第四节 有效沟通与冲突解决

要想在人际交往中打造并维护好健康的关系，学会有效沟通和巧妙解决冲突是必不可少的。本节将分享一系列实用技巧，旨在帮助大学生提升沟通效率，使其在遇到冲突时能够妥善应对，从而增进人际关系的和谐与稳固。

一、有效沟通的技巧

在人际交往中，沟通是必要活动，有效的沟通不仅可以使人际交往顺畅进行，还为建立良好的人际关系打下坚实的基础。要想开展有效的沟通，掌握有效沟通的技巧非常重要。

（一）积极倾听

积极倾听作为有效沟通的坚实基础，要求个体在交流过程中保持高度的专注与敏锐度。它不仅是耳朵的参与，更是心灵的全面参与。比如，当朋友有苦闷来找我们倾诉时，我们不仅要仔细聆听其话语内容，还要留意对方语气中的微妙变化、面部表情的细微波动，以及身体姿态的微妙调整等非言语信息。通过综合这些信息，我们能够深入对方的内心世界，把握其真实意图与潜在担忧。这样的积极倾听，不仅能够避免误解，还能在关系中构建起坚不可摧的信任桥梁。

（二）同理心

同理心是站在他人的角度理解其感受和需求的能力。具备同理心有助于个体更好地理解他人，增进彼此的感情。在沟通中，大学生应该尽量站在对方的角度思考问题，以达到更好的沟通效果。在团队协作中，面对伙伴因项目压力而情绪低落时，拥有同理心的我们不会一味地指责或忽视，而是会主动询问、倾听，并设身处地地想象那份重压之下的不易，从而给予适时的鼓励与帮助。这样的行为不仅能够有效缓解对方的压力，还能加深团队间的信任与默契，促进更加和谐高效的沟通与合作。

（三）清晰表达

清晰表达是有效沟通的关键。在表达自己的想法和感受时，大学生应该使用明确、简洁的语言，避免含糊其词。清晰的表达有助于减少误解，使对方更容易理解我们的观点。设想一下，当你与室友讨论宿舍的卫生值日安排时，如果表达模糊，如"我觉得我们应该轮流打扫"，可能会让室友对具体的打扫时间和范围产生疑惑，甚至引发误会。相反，如果你能够清晰地说出："我建议我们每周一、三、五晚上轮流打扫宿舍，包括地面清洁、垃圾处理以及公共区域的整理，这样既能保证宿舍的整洁，也能公平分配任务。"这样的表达不仅明确了具体任务，还体现了对室友的尊重，有助于减少误解，增进彼此的理解和信任，从而营造出更加和谐温馨的宿舍氛围。

（四）非暴力沟通

非暴力沟通是一种以同情心为基础的沟通方式，它强调在沟通中保持尊重、理解和合作的态度，通过观察、感受、需求和请求四个要素来有效地表达自己的意愿，并倾听对方的需求。同样的情境，小明在看到宿舍里的卫生状况不佳时，他首先意识到这是大家共同的责任，于是对小李说："小李，我注意到我们宿舍的卫生最近有些杂乱（观察），我感到有些不舒服（感受），希望我们都能在一个干净整洁的环境中生活（需求）。你看我们能不能一起制定一个卫生值日表，或者每个人轮流负责一周的卫生呢（请求）？"在这种沟通方式中，小明表达了自己的观察和感受，提出了具体的需求，并给出了一个建设性的请求，既表达了自己的意愿，又尊重了小李的感受和需求，有利于双方共同解决问题。

小 知 识 专 栏 7-5

你属于哪种人际交往类型？

下面共有20个题目，每个题目用来描述你是否恰当，或内容符合你的程度倾向如何。请对下列各题做出"是"或"否"的选择。

题目	计分
1. 我碰到熟人时会主动打招呼	
2. 我常主动写信给友人，以示想念	
3. 我旅行时常与不相识的人闲谈	
4. 有朋友来访，我从心里感到高兴	
5. 没人引见时，我很少主动与陌生人谈话	
6. 我喜欢在群体中发表自己的见解	
7. 我同情弱者	
8. 我喜欢给别人出主意	
9. 我做事总喜欢有人陪伴	
10. 我很容易被朋友说服	
11. 我总是很注意自己的仪表	
12. 如果约会迟到我会长时间感到不高兴	
13. 我很少与异性交往	

续表

题目	计分
14. 我到朋友家做客时从未感到不自在	
15. 与朋友一起乘公交车时我不在乎谁买票	
16. 我给朋友写信时常诉说自己最近的烦恼	
17. 我常能交上新的知心朋友	
18. 我喜欢与有独到之处的人交往	
19. 我觉得随便暴露自己的内心世界是很危险的	
20. 我对发表意见很慎重	

评分方法：1.是 2.是 3.是 4.是 5.否 6.是 7.是 8.是 9.是 10.是 11.是 12.是 13.是 14.否 15.否 16.是 17.是 18.是 19.否 20.否。符合以上回答记1分，否则不计分。

1～5题得分相加之和代表交往的主动程度，得分高说明偏主动型，得分低则说明偏被动型。主动型的人在社交上总是采取积极主动的方式，不会等待别人来接纳自己，而是主动结交。在现实生活中，主动型的人在人际关系方面比较自信，即使在交往中遇到一些误解和挫折，也能坦然对待。被动型的人在社交场合往往是消极、被动、退缩的，倾向于等待别人来接纳他们。虽然他们处在一个人来人往的社群中，却不能摆脱心灵的孤寂。他们最多只能做交往的响应者而不是发起者。

6～10题得分相加说明交往支配性水平，得分高表明倾向于领袖型，得分低则说明倾向于依从型。领袖型的人比较好强、固执、独立、积极，非常自信，武断而有力量，攻击性强。依从型的人谦卑温顺，惯于服从，性情随和，喜欢稳定、有秩序的环境，独立性较差，不喜欢支配和控制别人。

11～15题得分相加说明交往的规范性程度，得分高意味着交往比较严谨，得分低则意味着交往比较随便。严谨型的人有很强的责任心，为人忠诚，坚韧有毅力，细心周到，有始有终。随便型的人不讲原则，不守规则，缺乏社会责任感，做事比较敷衍，缺乏奉公守法的精神。

16～20题得分相加代表交往的开放程度，得分高表明偏开放型，得分低则表明偏闭锁型。开放型的人比较随和，易于相处，安全感强，对人无猜忌，但也易轻信；不与他人竞争，容易合作，宽容，容易适应环境，善于体贴他人，较有信用。闭锁型的人对他人比较戒备，不易受到欺骗；在集体中与他人保持距离，缺乏合作精神，比较固执己见；嫉妒心强，与人相处常斤斤计较，不太顾及别人的利益。

如果得分不是偏向最高或最低两个极端，而是处于中等水平，则表明个人交往倾向不明显，属于中间综合型的交往者。（本测验结果仅供参考，如有疑问建议当面咨询专业人员）

二、解决冲突的技巧与步骤

（一）保持冷静，稳定情绪

在面对复杂多变的冲突情境时，个体应立即着手于情绪的自我调控与稳定。情绪的剧烈波动，不仅会遮蔽问题的本质，使冲突的焦点变得模糊不清，还可能严重削弱个体分析问题、制定有效应对策略的能力，进而拖慢乃至阻碍冲突解决的进程。因此，培养并实践情绪管理技巧（如进行深呼吸练习、放松紧绷的肌肉等），是个体维持冷静与理智的基石。此外，通过冥想、正念等方法进一步实现心灵的平和与宁静，能够使我们在冲突中超脱于情绪化的反应，以更加清晰、客观的思维审视问题。这种冷静而理性的态度，不仅能避免冲突的进一步升级，还能为双方营造一个更加开放、包容的对话环境，促进建设性的沟通与协商，从而更高效地寻找并达成双方都能接受的解决方案。

（二）分析问题，厘清冲突原因

在稳定情绪之后，冲突双方应采取一种深入而细致的分析方法，旨在穿透表面现象的迷雾，直达冲突的核心与根源。这要求参与者不仅需要具备敏锐的洞察力，还需要运用批判性思维，系统性地审视引发冲突的各项因素，包括但不限于利益冲突、沟通障碍、价值观差异或资源分配不均等。通过这一深度剖析过程精准定位冲突的关键节点，有助于缓解乃至消除冲突的核心问题。比如，在宿舍生活中，若因作息时间不同引发矛盾时，大学生不应仅停留在表面的争吵上，而应运用批判性思维，深入分析冲突背后的原因。大学生可以思考：是否因为各自的学习或生活习惯不同导致了利益冲突？是否存在沟通不畅而没有充分表达和理解对方需求的情况？或双方对休息时间的价值观是否存在根本差异？在深入分析后，大学生应识别出关键节点——协商出合理的作息时间表，或建立更有效的沟通机制。通过针对性解决这些核心问题，如设立"静音时段"并相互尊重对方的学习与休息时间，可以有效缓解乃至消除冲突。这一过程不仅可以锻炼大学生的冲突解决能力，还有助于促进团队合作与人际关系的和谐。

（三）坦诚表达，积极倾听

促进双方之间开放与坦诚沟通至关重要。通过构建一个安全、无威胁的交流环境，可以鼓励双方充分表达各自的观点、需求与期望，同时倾听并尊重对方的立场。

第一，坦诚地表达自己的观点和感受。这要求大学生在阐述自身见解时，保持真实性与透明度，勇于展露内心所想，以促进信息的全面流通与深度理解。与此同时，秉持同理心与尊重原则，积极为对方创造表达的空间与机会，是维护对话平等性的关键。尊重不仅体现在对对方观点的接纳态度上，更体现在深刻理解并尊重其背后的逻辑、情感与立场上。

第二，善于倾听对方的意见和想法，这要求大学生不打断对方、不立即反驳，而是认真听取对方的观点，并尝试理解对方的立场和感受。这不仅是一个物理层面"听"的动作，还需要全神贯注的心理状态，避免打断对方发言，抑制即时反驳的冲动，转而以开放的心态去接收、整合并分析对方的信息。通过积极反馈与适时提问，展现自己正在认真倾听并尝试步入对方的思维框架。这种深度的倾听能力有助于增进相互理解，促进共识的形成，从而达成更为和谐且富有成效的交流成果。

（四）寻求解决方案，勇于承担责任

在深入分析探讨冲突并充分表达双方的需求与期望之后，一个行之有效的策略是细致入微的协商过程与相互间的妥协。这样做的目的是探寻一个既能满足双方核心利益，又能促进长期合作的共同解决方案。此过程深刻考验着双方的灵活性与包容性，要求各方展现出高度的适应性，愿意在特定议题上做出合理让步，以换取整体协议的达成。尤为关键的是，当自我审视揭示出在冲突中的不当行为或责任归属时，应当勇于直面并承担起相应的责任，及时向对方表达诚挚的歉意。此举不仅能够有效缓解对方的负面情绪，减少误解与隔阂，更能为双方关系的修复与深化奠定坚实的基础，进而促进更为和谐与建设性的合作氛围。如果实施了以上步骤依然无法解决冲突，大学生可以寻求外界第三方的协助。

小 知 识 专 栏 7-6

如何处理好宿舍关系？

宿舍关系的建立与发展，往往要经历一个逐步深入的过程，这个过程大致可以分为三个阶段。

首先是初识期。在这个阶段，大家刚刚聚在一起，陌生感会让每个人都表现得相对谨慎，不自觉地收敛起自己的坏习惯，希望能给舍友留下一个好的印象。在这个时期，宿舍的相处充满了客气和礼貌。

其次是相熟期。随着时间的推移，大家开始逐渐熟悉起来，最初的陌生感慢慢消失，每个人的真实性格逐渐显露。在这个阶段，很多之前隐藏的问题会浮出水面，矛盾随之增多，一不小心就可能引发"世界大战"。一些宿舍开始出现分化，形成了两人或三人的小团体。在小团体内，大家会互诉心事，互通有无，而对于小团体之外的宿舍成员，态度就会冷淡一些。这个阶段是一个真正"坦诚相见"的过程，虽然可能会遇到一些关系紧张的情况，但这也是一个适应和调整的时期。

最后是平稳期。在这个阶段，宿舍内的冷战和暗斗可能会逐渐平息，也可能会升级为公开的冲突，然后得到解决。无论结果如何，最终一切都会归于平静。经过一段时间的磨合和成长，大家开始逐渐明白如何更舒适地相处，衡量彼此之间的人际距离，不再那么较真。此时，宿舍聚餐、卧谈会等集体活动又会重新活跃起来，只是大家谈话的内容会更加感性，加入了回忆、祝福等元素。可以看出，宿舍关系的发展是一个先热后冷、最后回温的过程。

在宿舍生活中，大学生要注意一些小事情：没有人打扫卫生时可以主动打扫；上床时不要穿着鞋子或者湿脚踩、爬梯子；晚上宿舍熄灯后不要再开灯学习或游戏；平时经常关心你的同学生病了，给他端一杯水，或者主动询问要不要帮助打饭等。虽然都是一些举手之劳，但是特别能够展示一个人是否在牵挂着身边的人，而且会让身边的人感到温暖。一起吃饭、一起参观校园、一起逛街、一起运动等都能增进彼此的感情。另外，也可以与宿舍的同学多一些交流、商议，制定一个寝室作息时间表等，用规则管理宿舍。如果矛盾实在无法调和，可以寻求朋辈或辅导员的帮助。

课堂心理行为训练 7-1

相识你我他

活动目标：促进小组成员之间的相互了解和交流，增强团队凝聚力。

活动过程：

1. 活动开始时，每位小组成员依次介绍自己的姓名和籍贯等个人信息，其他成员需认真听取。

2. 在所有成员介绍完毕后，开始游戏环节。

3. 活动主持人随机提问某位成员的姓名和籍贯等个人信息，其他成员快速抢答。

4. 之后可增加难度或者进一步细分，可以根据专业方向、兴趣爱好、食物口味、出生日期等进行介绍，然后主持人随机提问，相同属性的成员起立击掌快速完成配对。

5. 正确抢答或配对的成员可以得到奖励或积分，鼓励成员积极参与。

6. 活动结束后统计每位成员的得分，表现突出的成员可以获得适当的奖励。

活动要点：

1. 鼓励成员积极参与，促进团队协作和交流。

2. 提高成员对彼此的了解，增进团队凝聚力。

3. 设计奖励机制，增加活动的趣味性和参与度。

本章小结

　　本章深入探讨了人际关系的重要性。它如同生命之网，为个体提供情感支持、心理慰藉与成长动力。健康关系的建立，基于互相尊重、坦诚沟通、信任诚实、包容理解等原则。这些原则如同基石，稳固着人与人之间的联系，促进情感共鸣与心灵契合。遵循这些原则，有助于大学生在人际交往中收获稳固而积极的关系。这些关系如同灯塔，照亮大学生前行的道路，提升个人幸福感与生活质量。同时，通过不断地互动与交流，大学生能够学习新知识，拓宽视野，促进自我成长与发展。总之，人际关系是生命中不可或缺的宝贵财富，掌握建立健康关系的原则，将使大学生的人生更加丰富多彩，充满意义。

课后思考题

1. 解释为什么尊重他人是建立健康人际关系的关键？
2. 举例说明你成功解决人际冲突的经验，并分析成功的原因。
3. 思考一下，你在日常生活中是如何运用本章学到的沟通技巧的？

📖 学习目标

1. 了解爱情的内涵、特征及大学生性心理的特点。
2. 理解爱情的相关理论，正确认识恋爱中的心理困扰。
3. 掌握恋爱能力提升的策略和方法，端正恋爱动机，树立健康的恋爱观。
4. 运用心理学的技巧解决与自身有关的爱情问题，建立健康的恋爱关系，培养爱的责任，提升爱的能力。

📖 知识导图

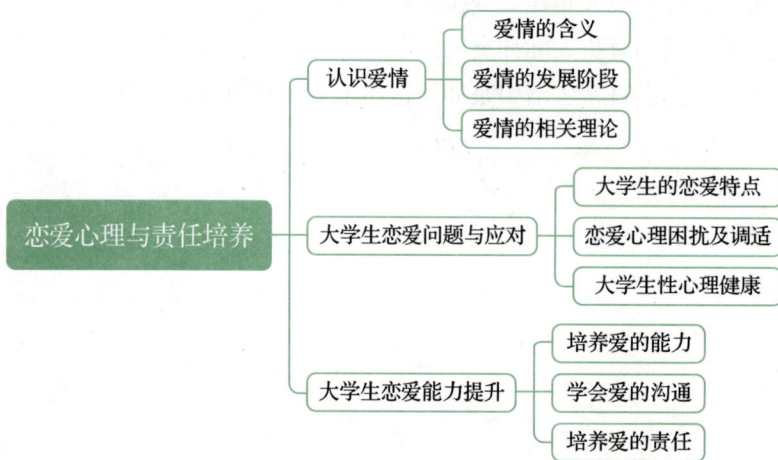

📖 关键词

爱情；恋爱；性心理；爱的能力；责任

📖 案例导读

周恩来与邓颖超相识于 1919 年五四运动期间，后来周恩来赴法国勤工俭学，邓颖超在国内任教。两人鸿雁往来，聊革命，聊战争，聊自由，每一封信，都是一场思想的碰撞，灵魂的共鸣。1925 年 8 月 8 日，两人在广州结婚。

周恩来与邓颖超相知相爱，两人之间的往来书信，承载着他们为共同理想而携手奋斗的岁月情深。几十年来，两人之间的书信来往谈论的大部分是工作、革命，但字里行间也时常透露出夫妻之间的关爱和勉励，其中一些"情话"，今天读来依然能够撩动人心——

周恩来：你的信太过官方，都不说想我。

邓颖超：周总理是大忙人，哪有时间来想我。

周恩来：闲人怎么知道，忙人多想闲人。望你珍摄，吻你万千。

邓颖超：情长纸短，还吻你万千。

周恩来：我这一生都是坚定不移的唯物主义者，唯你，我希望有来生。

……

在这些书信里，我们看到了爱情最美的模样：有共同的理想追求，历经无数磨难与诱惑，对彼此却更加眷恋。他们一生相伴 50 余年，矢志不渝，不离不弃，相濡以沫，共度一生。

资料来源：根据微信公众号"共青团中央"2022 年 7 月 11 日、2023 年 8 月 22 日推文内容整理而成。

第一节　认识爱情

爱情是人类永恒的主题。大学生渴望拥有理想的爱情，然而爱情却是人类最复杂微妙的情感。它影响着我们的喜怒哀乐，也影响着我们的人生幸福。大学生只有树立正确的恋爱观，培养爱的能力，承担爱的责任，才能收获一份美好的爱情。

一、爱情的含义

爱情是大学生最期盼的话题，也是每个人所向往的美好体验。

（一）什么是爱情

爱情是什么，是激素引起的相互吸引，是两情相悦的日久生情，还是一见钟情？爱情到底是什么，不同的人对爱情有着不同的解读。

心理学家弗洛姆认为："爱情首先是一种给予而不是索取。除了给予之外，还有一切爱的形式所共有的其他要素，那就是关心、责任感、尊重和了解。"

诗人伊萨科夫斯基说："爱情不是一颗心去敲打另一颗心，而是两颗心共同撞击的火花。"

哲学家黑格尔说："爱情确实有一种高尚的品质，因为它不只停留在性欲上，而且显出一种本身丰富的高尚优秀的心灵，要求以生动活泼、勇敢和牺牲的精神和另一个人达到统一。"

别林斯基说："爱情是生活中的诗歌和太阳，但是在我们这个时代，如果想把幸福大厦仅仅建立在爱情之上，并在内心指望自己的一切意愿都得到充分满足，他将是不幸的。"

事实上，爱情是一种以异性之间的感情为基础，具有强烈的相互吸引力和愉悦体验的高级情感。爱情是人的基本需要。真正的爱情源于人性的三种基本需要：性欲需要、情感需要和心理需要。爱情绝不是单一因素的满足与情感体验。同时满足这三种需求的爱情才是完满的、长久而幸福的。

爱情是指现实生活中男女双方基于一定的社会关系和共同的生活理想，在各自内心形成的对对方最真挚的倾慕之情，并渴望对方成为自己终身伴侣的强烈而持久的感情。

（二）爱情的特点

1. 互爱性与自愿性

相互爱慕是爱情的首要前提。爱情只有建立在双方爱慕的基础上才能健康发展。恋爱中的双方既是爱者又是被爱者。真正的爱情是不可强求的，只能以双方的互爱和自愿为前提。任何的一厢情愿和单相思，都不是真正的爱情。

2. 专一性和排他性

爱情是一种高尚的精神生活，包含着特有的情感和义务，只能存在于两个人之间。恋爱双方都希望自己是对方唯一的恋人，容不得他人。教育家陶行知说过："爱情之酒甜而苦，两人喝是甘露，三人喝是酸醋，随便喝要中毒。"所以，男女一旦相爱，就要相互忠贞。

3. 无私性和纯洁性

在恋爱过程中，不能有其他外来因素或一些附加条件的干扰。如果以金钱、权势等作为产生爱情的依据，就玷污了爱情的纯洁，庸俗化了神圣高尚的情感。另外，爱是主动给予而不是被动接受。只有无私的奉献，才能使爱情更加纯洁。

4. 持久性和阶段性

爱情不是一时的感情冲动，而是一种持久的情感。爱情的持久性表现为爱情会不断深化、充实和提高。就像莎士比亚所说："真正的爱，非环境所能改变；真正的爱，非时间所能磨灭；真正的爱，给我们带来欢乐和幸福。"但在人生的不同阶段，爱情的表现形式不同。随着婚姻家庭关系的缔结，在共同的生活中，爱情可能会慢慢转换为亲情，并非一些人所认为的"婚姻是爱情的坟墓"。

小知识专栏 8-1

爱情和喜欢有什么不同？

爱情与喜欢是有很大差异的，主要区别表现在以下几个方面。

1. 爱情是一种强烈的依恋状态

相爱的人一日不见，如隔三秋。喜欢仅仅是有共同理解的平和吸引状态。

2. 爱情比喜欢有更多的相互关怀

恋人的一举一动都牵肠挂肚。喜欢更多表现为对对方的积极评价和尊重。

3. 爱情往往不求回报

恋爱中的人们一般不太计较得失，认为对方的困难就是自己的责任，而喜欢不同。

4. 爱情有更多的宽容

恋爱中对方的一些小毛病或行为会得到宽容，而喜欢可能会产生矛盾。

5. 爱情具有强烈的排他性

相爱的人有强烈的占有欲，而喜欢却能同时与多人分享，彼此和睦相处。

6. 爱情使双方更加信任

在稳定的爱情关系中，双方交往很放松，几乎不设防，甚至不考虑后果，而喜欢几乎不会有这种信任。

二、爱情的发展阶段

爱情以相互吸引为基础，继而通过进一步的交往，萌发爱情，确定恋爱关系，进入热恋，并逐渐走向稳定。爱情的发展过程大致可以分为以下五个阶段。

（一）萌芽期

大学生的性意识已经觉醒，开始关注异性，变得愿意与异性接触和交往，并希望引起异性对自己的注意。在这个阶段，大学生会被某一个异性的言谈举止、外貌仪表或才华气质等深深吸引，希望与对方在一起，于是爱情开始萌芽。

（二）酝酿期

一旦被某个异性的魅力所折服，大学生往往会浮想联翩，开始向往拥有一份美好的爱情。他们会不断在自己内心猜测和设想，对自己的意中人充满期待和渴望。在美好想象的基础上，大学生开始想办法与对方接近，如通过一起看电影、散步以及参加活动来促进感情的升温。此阶段也是大学生反复揣摩猜测对方是否愿意与自己进一步发展的阶段。

（三）表白期

随着双方的感情在接触过程中越来越深，双方对对方的人格特点和个人生活圈子有了较为深入的了解，促使交往逐渐频繁密切。此时，双方明确感受到彼此之间存在强烈的爱慕情感，无法抑制地向对方表明自己的爱慕之情。从一般意义上来说，发生爱情的标志就是表白。表白是向对方表明自己的爱意，同时希望得到对方的爱。

（四）热恋期

明确了恋爱关系后，恋人们的心情会发生明显的变化，由原来急切期待或单相思式的想象变成喜悦、兴奋、甜蜜。双方有了频繁的接触，感情迅速发展。热恋期的情侣会对未来充满憧憬和向往，渴望对方给予自己亲昵的行为表达，如拥抱、牵手、亲吻等。

（五）平稳期

当热恋的激情逐渐平复时，双方的恋情进入平稳阶段。双方开始冷静思考两个人在性格、价值观、生活方式等方面是否匹配，彼此相互适应、相互磨合，开始共同面对现实生活中的问题，规划双方未来的生活和亲密关系的发展方向。经过爱情平稳期的考验之后，恋爱双方更有可能步入婚姻的殿堂。

课堂心理行为训练 8-1

你心中的他（她）

活动目标：了解你心中的他（她）。

活动过程：用准备好的白纸写出你心中他（她）应具备的特征。

你心中或许有一个朦胧的身影，又或许这个身影正在慢慢变得清晰。那么，你心中期望的他（她）是什么样子呢？请按顺序写下你心中他（她）应具备的五项特征。

1. _____

2. _____

3. _____

4. _____

5. _____

将你的选择和小组同学进行分享。

同学们的分享和讨论对你有什么启发？

三、爱情的相关理论

（一）爱情三角理论

美国心理学家罗伯特·斯滕伯格（Robert Sternberg）提出了爱情三角理论，又称爱情三因素理论。他认为人类的爱情包括 3 个基本元素，即亲密、激情和承诺，三者缺一不可（见图 8-1）。

喜欢
亲密

浪漫的爱
亲密＋激情

伴侣的爱
亲密＋承诺

完美的爱
亲密＋激情＋承诺

迷恋
激情

空洞的爱
承诺

愚昧的爱
激情＋承诺

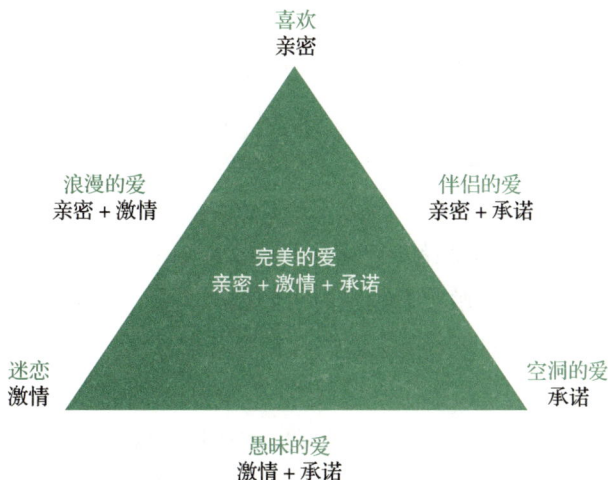

图 8-1　斯滕伯格的爱情三角理论

亲密是爱情的情感方面，包括亲近、分享、交流和支持，即对另一个人产生的心灵相近、相互契合、相互归属的爱恋的感觉。亲密包括愿意付出和得到情感支持，分享彼此最内在的想法。亲密一般最初发展缓慢，随后稳步发展至平稳的水平，然后下降。亲密的缺失一般意味着亲密关系即将结束。

激情是爱情的行为动机方面，伴随着生理唤醒以及和所爱的人结合的强烈愿望。和亲密不同，性方面的动机最初发展迅速，但一段时间之后，和同一个人在一起时，当初的兴奋感和满足感都会消失。

承诺是爱情的认知方面，包括短期和长期两个部分。短期部分是指决定去爱一个人，长期部分是指对两人的爱情关系做持久性承诺。承诺不受情绪的控制，是由我们的理智和意志控制的。坚定而执着的承诺，将为两个人的关系提供保障。因为双方都知道，无论发生什么事情，对方都是可以依赖的。

随着认知的时间增加及相处方式的改变，上述三个元素将有所改变。爱情三角理论中因所组成元素的增减，其结果也会跟着改变。总的来说，激情在关系之初会起到强大的推动作用，但是激情是会消退的。在激情消退后，有些关系会向着更亲密、更理智的方向发展，但是有些关系会逐渐走向破裂。

（二）爱情依恋理论

依恋是指个体在心理上对依恋对象产生的强烈、持久的情感纽带。心理学家辛迪·哈赞（Cindy Hazan）和菲尔·谢弗（Phil Shaver）对爱情与童年依恋关系之间的联系进行了研究，认为婴儿时期与人建立的依恋关系，会使个体形成一个持久且稳定的人格特质。这项特质在个体与异性建立亲密关系时会自然流露出来。恋爱中人们的行为模式分为三种类型。

1. 焦虑型

焦虑型的个体对亲密有着强烈的渴望，他们会全身心地投入感情，但同时容易陷入对关系稳定性的担忧。这类人常常会反复质疑伴侣是否真正爱自己、是否足够重视自己，并害怕自己的付出无法得到同等的回应。此外，他们还会担心自己表现得过于依赖，从而导致对方的疏远。

焦虑型的人在恋爱中容易情绪不稳定、反应极端，在恋爱中会消耗大量情感能量，对伴侣情绪的微小波动都非常敏感，甚至过分解读对方的行为。当感觉到另一半逐渐与自己疏远时，他们可能会采取激烈的方式试图拉近距离，反而可能加剧关系的紧张。

2. 回避型

在回避型的个体心中，保持独立非常重要。他们害怕且逃避与伴侣的亲密，对独立的重视程度超过彼此间的亲密。他们也希望与另一半亲密，但过度亲密又让他们感觉到不舒服，所以往往选择与伴侣保持一定距离，不易敞开心扉，导致另一半经常抱怨彼此间存在距离，阻碍恋情的发展。

3. 安全型

安全型的个体与其他人建立亲密关系是比较容易的。他们在恋爱中对另一半满怀爱意，享受彼此之间的亲密，同时不会过分担心失去另一半。他们能够有效表达自己的情感，善于发现和了解另一半的情绪变化。在日常生活中，他们常与另一半分享自己的成功和失败，并且能够在对方需要他们的时候提供支持和帮助。同时，他们也会信任自己的伴侣。

通常情况下，焦虑型个体与回避型个体都能与安全型个体亲密交往。如果你是焦虑型个体，你最初可能会觉得安全型个体令人厌烦，因为他们无法让你获得令人兴奋的情感上的起起落落。但交往一段时间后你会发现，与这种类型的人共同生活如同发现了一座金矿，因为他们能够满足你的需求，让你感受到被爱和带给你安全感。

依恋在一定程度上是稳定且持久的，影响着个体建立新的亲密关系。但随着时间的推移和受不同经历的影响，依恋的类型可能发生改变，如不安全依赖类型可能因一段充分被爱的恋爱经历而不再恐惧和戒备，安全型依恋也可能因一次伤心欲绝的失恋经历变为不安全型依恋。了解自己的依恋类型，同时尝试了解对方的依恋类型，通过不断学习与磨合，你会在恋爱中收获幸福。

小知识专栏 8-2

给不同依恋类型的大学生的建议

如果你是焦虑型，并且注意到自己的感情容易激动，你可以坦白地对对方说："我现在需要你比较多的时间陪伴在我的身边，让我有一种安全感，我会学着自己陪伴自己，请给我多一点时间来适应转变。"进入爱情磨合期后，不要动不动就发脾气。如果恋人没有及时回电话，不要反应极端，上来就埋怨指责，而是多想想他们可能有不得已的理由。

如果你是回避型，需要学会信赖对方和注意拉近彼此间的距离。如果对方做错了事情，不要选择疏远，要多给他们一些机会发现错误并改正。另外，不要将曾经的恋人完美化，也不要等待所谓的理想伴侣。只有这样，你才能把握当下的感情。

如果你是安全型，要注意安全型个体的恋爱交往并不意味着不会出现问题。有时候对焦虑和疏远的行为过分宽容，会不利于感情的发展。

第二节　大学生恋爱问题与应对

一、大学生的恋爱特点

（一）恋爱自主性提高，情感的稳定性差

大学生自主自立意识增强，何时谈恋爱、和谁谈恋爱、怎么恋爱等都不受传统习俗的限制，自己做主，自由选择，显示出较强的独立性。在恋爱过程中，其感情和思想易变，极易造成恋爱中断或对恋爱对象的选择不定。

（二）注重恋爱过程，轻视恋爱结果

部分当代大学生注重恋爱的过程，但对恋爱的结果不太在意。注重恋爱过程，有助于双方互相了解、加深认识，也有利于培养感情、增加心理相容度。但是，只注重恋爱过程强调爱的"现在进行时"，将恋爱与婚姻相分离，不考虑爱的"将来完成时"，是强调爱的权利、否认爱的责任的表现。

（三）恋爱观念开放，传统道德约束减弱

随着时代的发展，部分当代大学生的恋爱观念日益开放，传统道德规范的约束逐渐减弱。这种变化使得大学生常常处于理智和感情的矛盾中：他们在理性上觉得应该遵守传统的伦理道德观，但在追求个人情感自由时，又倾向于突破传统观念的束缚。

（四）失恋态度宽容，承受能力较弱

大学生恋爱的成功率并不高，感情受挫后出现心情低落的现象是很正常的。绝大多数学生通过找朋友诉说或理性思考后，能恢复正常生活。但有一部分学生摆脱不了情绪困扰，对爱情失去信心，甚至一蹶不振，认为一切都失去了意义。

二、恋爱心理困扰及调适

（一）失恋

失恋是指恋爱一方否认或中止恋爱关系，给另一方造成严重挫折。失恋使人产生痛苦的感觉是很自然的事，每个失恋的人都会有，只是程度有差别。失去爱情会使人感到一种重要关系的丧失，一种身份的丧失，需要一定的时间去面对和适应。

1. 失恋者的表现

（1）情绪变化。

情绪出现明显而剧烈的变化，如悲伤、痛苦、悔恨、愤怒等，产生深深的失败感或自卑感。

（2）认知出现偏差。

有的失恋者开始对自己什么都不满意，认为自己一无是处；有的失恋者开始对爱情和异性产生怀疑与恐惧，不再相信爱情和异性；有的失恋者开始怀疑自己建立亲密关系的能力。

（3）行为反常。

有的失恋者一反常态，不思饮食，对学习和生活丧失信心与兴趣；有的失恋者会醉酒、冲动攻击等；有的失恋者会沉默寡言、独来独往。

（4）心理出现异常。

当双方的爱情发展到相当的程度时，一方突然被抛弃，心理上会很难承受。如果失恋者感情脆弱，又缺乏社会的帮助和支持，容易造成心理上的异常表现。

2. 失恋后有效摆脱痛苦的方式

（1）合理宣泄，不去纠缠。

不要过分埋藏和压抑失恋的痛苦。找亲朋好友诉说一番，甚至大哭一场，你会感觉轻松许多。这个阶段一定注意不要找对方宣泄情感。部分失恋者会觉得不甘心，会产生与对方好好谈谈的冲动，心理动机是澄清误会，希望和好如初，但通常会使对方感到厌烦。正确的做法是给双方冷静的时间。

（2）改变认知，正视现实。

爱情是美好的，但过程不是一帆风顺的。爱情是双向的、相互的，失去任何一方，爱情都会失去平衡，恋爱也会终止。失恋不是是非对错的问题，而是合不合适的问题。失恋是人生的一种体验，失恋本身并不是失败。一次失恋不等于整个爱情生命的结束，只要用心去体验、去建设、去学习、去感受，人还会再恋爱，再体验美好的爱情。

（3）积极行动，转移注意力。

失恋者之所以难以摆脱恋情的困扰，是因为其生活的各个方面都与昔日恋人有联系。因此，失恋后可以换换环境，关注其他事物，参加其他有意义的活动，使消极情绪得到控制，用新的乐趣冲淡心中的苦闷。爱情固然重要，但不是生活的全部。只要自己不断进步，就有机会收获新的、更美好的爱情。

（4）提升自我，实现升华。

人可以失去爱情和恋人，但永远不能失去自我。保持自我、提升自我、完善自我是重获幸福爱情的资本和基石。因此，失恋者应该将失恋的挫折感、愤怒等转化为奋斗的动力。例如，歌德在失恋后写出了《少年维特之烦恼》，小仲马在失恋后创作了《茶花女》等。

（5）寻求帮助，重建平衡。

如果你的焦虑、抑郁等负性情绪难以排解，甚至出现类似神经症的症状，这时有必要寻求心理咨询机构的帮助，通过心理疏导走出失恋的困境，重建心理平衡。

课堂心理行为训练 8-2

失恋的 10 大好处

活动目标：了解失恋的好处。

活动过程：根据要求的句型，在空白纸上写出 10 句话。

请尝试列举失恋的好处，以"因为我失恋了，所以我获得了……"句型为模板，写出 10 句话。

_____

_____

_____

_____

_____

写完后小组讨论并分享。

（二）单恋

单恋是一方的倾慕情感苦于不被对方知晓和接受而造成一厢情愿式的渴望，俗称"单相思"。单恋通常表现为三类：一是自作多情，明知对方不爱自己，还一味追求和纠缠；二是误会，一些人因缺乏同异性交往的经验，因而在与异性接触时，误把对方的友情当爱情；三是暗恋，即自己深爱对方，因怯于表白，而苦苦爱恋。

如何从单恋的痛苦中走出来呢？

1. 明白地表达爱慕之情

大学生处在恋爱的年龄，如果对方也是单身，最好的方式就是直接明了地表达自己的感情。当然也需要做好出现各种结果的心理准备，需要拥有被拒绝的勇气。

2. 理性地收藏起这份爱

如果单恋的对象已经有恋人或已成家，就不能盲目地表达爱慕之情，要尽早用理智约束自己，有意识地减少或避开与单恋对象的接触机会；可以找朋友诉说，听听朋友的开导；还可以多参加各种兴趣活动，转移注意力，淡化这份感情。

三、大学生性心理健康

性心理是人类个体心理活动中的重要组成部分。健康的性心理不仅符合社会道德规范，而且有利于个体身心的健康发展。性冲动、性梦、手淫是大学生通常存在的现象。如果对这些性生理现象缺乏正确的认识，就会造成心理上的困惑，影响大学生的正常学习和生活。

（一）大学生性心理特点

大学生处于性生理发育成熟、性心理逐渐趋向成熟的时期，性意识已十分活跃，性冲动和性需求较为强烈。性生理成熟与性心理尚未完全成熟之间的矛盾，直接影响着大学生的心理健康和发展。具体来说，大学生性心理的特征主要表现在以下几个方面。

1. 对两性交往的渴求和掩饰

大学生的性意识逐渐强烈和成熟，重视自己在异性心目中的印象和对方给予的评价，喜欢在异性面前表现自己，以引起异性的注意。但大学生在与异性接触时，常以试探的方式进行，表现得拘谨、羞涩；或者表面上对异性表现出无动于衷、不屑一顾或做出回避的样子，实际上敏锐地注意着异性的身心变化和反应，渴望男女之间的亲近。

2. 性心理反应和自身观念发生冲突

在性刺激作用下产生性心理反应，如性兴奋、性幻想、性情感、性梦等，对于大学生而言是一种正常现象。一方面，这是性成熟的男女大学生的一种自然现象，是正常的；另一方面，这是生理因素、心理因素和社会文化背景因素交互作用的结果。产生这种心理现象本身并无不道德和不纯洁之处，也无须有可耻心和罪恶感。

3. 性压抑和放纵并存

青年期是一生中性能量最旺盛的时期，而大学生健全的性心理结构尚未确立，对各种性现象、性行为的认知评价体系还不完善，再加上性的社会性要求的约束，使大学生性心理的发展处于多种矛盾的相互作用之中。部分大学生无法处理好这些矛盾，受外界不良因素的影响，对性持无所谓或放纵的态度，对自己的性心理发展和未来生活造成了不良影响；部分大学生对性冲动过多否定和抑制，致使性能量得不到合理的疏导、升华；甚至个别大学生以扭曲的方式表现出来，如偷窥、恋物等。

4. 男女性心理的差异

大学生的性心理因性别不同而有所差异。比如，在对异性感情的流露上，男生表现得较为外显和热烈，女生往往表现得含蓄和深沉；在内心体验上，男生更多的是新奇、喜悦和神秘，而女生常常羞涩、敏感和内心矛盾；在表达方式上，一般是男生较为主动，女生更喜欢采取委婉暗示的方式。此外，男生的性冲动易被视觉刺激唤起，而女生易在听觉、触觉刺激下产生兴奋。

（二）常见的性心理困惑

1. 性冲动和性幻想带来的困扰

偶尔或适度的性幻想是性发育过程中出现的正常现象。一个人的性幻想并未构成行为，所以不必过分自责，不要认为是卑鄙见不得人的事。事实上，性幻想对于减少个体的紧张与焦虑乃至性压抑都是有益的。如果一个人频繁出现性梦或性幻想，就会影响休息、睡眠和体力的恢复，严重的还会导致神经衰弱，给身心健康带来不利影响。当性幻想变成一种强迫性思维时，个体就会陷入深深的苦恼中。如果一个人整天沉溺于性幻想，就会干扰学习，对心理发育造成危害，产生性障碍。

2. 性自慰焦虑

性自慰本身并不会带来坏处。性自慰的危害并不在于性自慰本身，而在于对性自慰的担忧、恐惧、羞愧和罪恶感。对性自慰的错误认识，是大学生烦恼的一大原因。不少大学生在接受性知识教育和咨询后，明白了性自慰是正常的、无害的，并且性自慰并不是个别人的行为后，心理的负担卸了下来，性自慰的欲望和行为反而减少或容易调节了。

3. 婚前性行为带来的困扰

对大学生而言，男女双方均怕被别人发现婚前性行为，往往会处于恐惧、紧张、害羞的状态。婚前性行为大多是在激情的状态下发生的，很少采取避孕措施，很容易导致女方怀孕。一旦发生婚前性行为，女方往往会在很长一段时间处于"怕被人发现"和"担心是否怀孕"的恐惧之中，或因怀孕后选择隐蔽的但不安全的方式做人工流产，还会影响其身心健康。

（三）维护健康的性心理

1. 掌握科学的性知识

掌握科学的性知识可以帮助大学生以客观的态度面对性问题，正确对待性心理发展过程中出现的各种现象，避免抑郁、焦虑、恐惧等不良情绪的困扰。作为当代大学生，应该对性行为有一个科学的认识。大学生应努力学习和掌握性科学知识，避免性无知，消除把性仅看成生物本能的片面认识。普及性科学知识可以帮助大学生通过科学的途径了解恋爱、性行为和婚姻，培养爱的能力，更好地承担起恋爱的责任，为以后幸福的生活打下基础。

2. 培养健康的性心理

首先，要有正确的性别自我认同。男性和女性在生理与心理上各有自身的特点及性别魅力。性别角色认同是现代人成功适应和发展的重要心理基础。其次，要培养对性行为的社会责任感。性行为涉及许多社会责任，不当的性行为会给另一方造成心理和身体上的伤害。每一个成熟的大学生都应当了解性行为给自己、对方和社会带来的后果，并应该尊重对方，对自己的行为负责，增强自己的性道德和性法律意识，规范自己的性行为。最后，要培养良好的意志品质。意志作为为达到既定目标而自觉努力的一种心理状态，具有支配和控制行为的作用。尽管大学生具有较强的性心理冲动，但如果个体具有强大的意志力，就可以抑制和调整自我冲动。

3. 进行积极自我调节

对于性心理冲动，除了适度控制外，还可以采取一些积极的、符合社会规范的方式予以转移，如投入学习、工作和文体活动中，进行正常的异性交往等，并注意陶冶个人情操。大学生要尽量避免影视、报刊、网络上过强的性信息刺激，抵制不健康信息的影响。另外，大学生要正确对待自慰和性梦，通过丰富多彩的课外活动和适度的异性交往来平衡自己的性心理。

4. 与异性文明交往

文明、适度地与异性进行人际交往可以满足大学生性心理的需求，缓解性压抑。异性交往有益于完善自我，对个人的恋爱和婚姻以及个人成长与发展具有重要作用，但与异性交往时要注意把握分寸，处理好友情与恋爱的关系。

第三节　大学生恋爱能力提升

对大学生来说，恋爱更多的是一种涉及生活全貌和人格整体的事情。大学生要不断完善自己的人格，在有意义的人生中实现对爱情的追求。如何获得美好的爱情，如何去建立、发展健康的恋爱关系，这检验着大学生爱的能力。

一、培养爱的能力

爱是一种能力，更是一种需要我们终身学习、发现和不断前进的活动。这种能力既是多年成长过程中的积淀，又是个人未来发展的重要保障，需要大学生在自我成长中不断培养。

（一）什么是爱的能力

爱的能力是指和他人建立亲密关系的能力，对人的发展有着重要意义。爱的能力会引导一个人既真正地爱他人，也真正地爱自己。具备爱的能力的人能真正体验到爱给人带来的快乐和幸福。恋爱的过程也是培养爱的能力的过程。

心理学家艾瑞克·弗洛姆（Erich Fromm）认为："爱是人的一种主动的能力，一种突破把人和其他同伴分离之围墙的能力，一种使人和他人相联合的能力；爱使人克服了孤独和分离的感觉，但他允许他成为他自己，允许他保持他的完整性。"

弗洛姆所讲的爱包含着关心。爱是对我们所爱个体成长的主动关注，缺乏这种主动的关注就不是爱。爱是对另外一个人的主动渗透，是对对方的尊重及责任感。一对恋人精神交往的最大欢乐，就是在智慧上、美学上的相互充实，逐渐认识和发现更新的美，其中包括恋人之间彼此吸取更好的东西，然后彼此奉献出更好的东西。

小知识专栏 8-3

不成熟的爱和成熟的爱

心理学家弗洛姆把不成熟的爱与成熟的爱做了区分，如下表所示。

不成熟的爱	成熟的爱
我因被爱而爱人	我因爱人而被爱
我爱你，因为我需要你	我爱你，所以我需要你
不鼓励所爱的人自由发展	主动关怀所爱的人，使之充分发展
没有责任感	对所爱的人有很强的责任感
希望对方改变个性，以符合自己	尊重对方的独立个性，鼓励其充分发展
了解对方主要是便于控制对方	对对方的了解超越了对自己的了解

（二）爱的能力的组成要素

爱的能力实际上是一种综合素养，既包含情感储备，也体现在经营关系的具体实践中。具备这种能力的人，能够以成熟的方式建立、维系和升华亲密关系。其组成要素包括以下几个方面。

1. 表达爱的能力

当你爱上一个人时，能否用恰当的方式和语言向对方表达出来呢？表达爱需要勇气，需要信心，即使可能面临不确定的回应。真正的表达爱，不仅是诉说自己的感受，更是让对方感受到"被爱"的温暖，是一种情感馈赠的崇高境界。

2. 接受爱的能力

当期望的爱情来临时能否勇敢地接受也是爱的能力的表现。有的大学生在看到别人向自己示爱后很高兴，却因自我怀疑（如"我不值得被爱"）或对亲密关系的恐惧而退缩，最终错失情感发展的机会。

3. 拒绝爱的能力

有爱的能力的人并不是对爱来者不拒，或者将不能接受的爱情简单地拒之千里。拒绝爱的能力，首先，表现为对他人感情的尊重，要真诚感谢对方对自己的欣赏和感情；其次，要态度明确、立场表达清楚，即和对方只能是什么样的关系，同学还是一般朋友，或者什么都不是；最后，言行要一致，例如可能有些同学怕对方受伤害，虽然语言上拒绝了对方，但是行动上还与对方有较亲密的接触，如单独去看电影、吃饭等，容易使对方误解，认为还有发展的机会，是不可取的。

4. 鉴别爱的能力

鉴别爱的能力是指能较好地分清什么是好感、喜欢和爱情。具有鉴别爱的能力的人，通常拥有稳定的自我认知，既能主动拓展社交，珍视各类人际关系，又不会混淆不同层次的情感需求。这种鉴别爱的能力可以帮助人们在感情中保持清醒，避免因冲动或误解而陷入不适宜的关系。

5. 解决爱的冲突的能力

恋爱中的冲突通常源于两个方面：一是双方日常生活习惯与观念的不一致；二是双方性格特质带来的摩擦。健康的亲密关系不在于追求双方完全一致，而在于学会在差异中寻找平衡点，通过合作和调适来增进默契。当冲突出现时，采取建设性的处理方式尤为重要。其中，真诚有效的沟通是化解冲突的核心，双方需要清晰表达自身需求与感受，同时学会倾听对方的意见。相比之下，攻击性的指责或冷漠的僵持不仅会加剧矛盾，还可能对感情造成持久伤害。

6. 面对失恋的心理承受力

培养承受失去爱的能力，要学会理性看待失恋。失恋只是一种选择的结果，而不是对其个人价值的全盘否定；要积极转化，把失恋转化为一种人生的财富。适度的情感挫折能显著提升共情能力与情绪调节水平。

7. 保持爱情长久的能力

保持爱情长久的能力，需要上述多种能力的综合。爱情需要两个人真正地关心对方，走进对方的内心世界，以对方的快乐为自己的快乐。要保持爱情的常新，需要智慧、耐力、持之以恒及付出心血，同时有自己的个性，有自己的追求与发展。学习新的东西、善于交流、欣赏对方，是爱的重要源泉。

（三）爱是自我成长

恋爱是自我认识与成长的过程。恋人就像一面镜子照出自己的优点和不足，让人从中发现真实的自己，从而更好地认识自己。大学生在恋爱关系中会不断发现自己的情感世界、个性特点、为人处世的方式，发现以往经历对自我的影响。爱可以改变人的趣味，升华人格，开发潜能，促进个人的成熟与发展。

在爱别人之前先学会爱自己是十分重要的。每个人生来就是独特的，大学生要学会发现并欣赏自己的独特性，运用自己的资源，发展自己的潜能，树立自信心，以独立的人格与恋人相处，收获平等的爱情。

例如，有的大学生认为自己不值得被爱，一旦被别人追求，就轻易开始一段感情。用恋爱来满足自己内心对被认可及对价值感的需要。这些都是低自我价值感的表现。大学生只有客观认识自己，了解自己的优势和缺点，相信自己有价值与能力，才能在恋爱过程中提升自己的鉴别力，不因渴望得到他人的认可而陷入动机不纯的虚假爱情中。

只有当你有能力照顾好自己的人生时，才能作为一个独立的个体与他人相爱。大学生可以尝试做到以下两点。

1. 了解自我，完善自我

无论是丑是美，是贫是富，大学生都要正确看待自己，要接纳自己的外貌、性格、气质、能力等，也要接纳自己的原生家庭，建立积极的自我概念，让生理自我、心理自我与社会自我和谐统一。自爱是要成为自己，而非通过爱情变成他人。

2. 培养爱与被爱的能力

爱与被爱不仅是一种感觉，也是一种能力，是一种和他人建立互信、平等、亲密关系的能力。具备了爱的能力的人会引导自己去真正地爱他人、爱自己，能真正体会到爱给人带来的快乐和幸福。爱自己需要做到对自己形成正确的自我认知，珍惜自己的感情，尊重自己的感情，更要学会对自己负责。爱他人主要包括学会尊重你爱的人，帮助对方积极发展自我，更要学会付出、懂得付出。被他人爱需要个体学会打开自己的感受，接受对方的爱意，学会享受爱，学会信任对方，这样的感情关系才能够更加和谐和长久。

有爱的能力的人，是独立的人，有自己独立的价值观，有自己的生活空间。有爱的能力的人并不排斥对方，并且是尊重他人、关心他人的人。他会尊重对方的选择，尊重对方的个人隐私，尊重对方的发展。大学生应培养自己爱的能力，同时处理好恋爱与学业、与恋人相处和与其他人交往的关系等，将爱情作为自己发展的动力。

二、学会爱的沟通

（一）恋爱中的性别差异

恋爱是两个有着不同性格、不同经历的人的亲密相处，所以彼此应该相互适应。恋爱双方产生矛盾的很大一部分原因是男性与女性对事情有不同的心理感受。因此，了解男女的差异对于经营爱情非常重要（见表 8-1）。

表 8-1　男女恋爱中的区别

项目	女性	男性
在感情上的需求	关心、照顾、了解、尊重、专一、肯定、保证	信任、接纳、欣赏、羡慕、认可、鼓励
在爱的关系中	需要感到被珍爱，而不仅仅是得到生活照顾、物质满足	需要感到自己的能力被肯定而不是接到不请自来的忠告
在情绪低落时	需要别人聆听她的感受，而不是替她分析和建议	需要安静独处的空间，而不是勉强男性细说因由
在寻找自己的价值时	从人际关系中肯定自己	从成就中建立自我
在增进感情时	需要感到被对方了解和重视	需要感到被对方欣赏和感激
在相互沟通时	会以为男人的沉默代表对她的不满和疏离	会以为女人的宣泄是代表向他寻求解决问题的方法

（二）给恋人足够的空间

在爱情中，两个人是独立的个体，健康的亲密关系需要尊重对方的独立性，给予彼此足够的空间。

第一，接受对方的独特性。每个人都是独立的个体，拥有不同的思维方式与行为习惯。成熟的恋人不会强求对方与自己完全一致，而是学会在核心价值观上达成共识，在琐事上包容差异。

第二，爱是信任，而非控制。爱一个人不等于拥有掌控对方的权利。过度关注伴侣的一举一动会让对方感觉透不过气来。健康的爱需要信任，而非24小时的"监控"。亲密关系不是绳索，将两人捆绑得越紧越好。适当的个人空间能让爱情呼吸，反而让关系更加紧密。

值得注意的是，很多人会把"我是你的"这种占有式的表达误认为是爱的体现，实际上这是一种不成熟的心理模式，类似于孩子对父母的依赖。健康的关系需要双方保持独立人格，既能够相互陪伴，又能够各自拥有私人空间。当矛盾出现时，暂时的独处比无休止的纠缠更有助于问题的解决。大学生正处于人格成长的重要阶段，应该学会对自己的情绪和行为负责，而不是期待对方像父母一样照顾自己。在相处中，可以陪伴对方做喜欢的事情，但也要尊重彼此的兴趣和社交圈。通过坦诚沟通明确各自的边界和需求，比如"我需要每周有些独处时间"，这样的关系才能既亲密又自由。培养这样的恋爱观，不仅能让当下的感情更加美好，也为未来的人生幸福打下坚实基础。

第三，保持各自的边界感。有些人对恋人的事情过度敏感，在很多事情上总是刨根问底，期望恋人对自己"毫无保留"。刨根问底的实质是控制。对于对方的事情，很多人会以"好奇"为借口不断探究，根本原因是自己的安全感不足。尤其是当恋人做了一些自己不认同甚至反对的事情时，自己便不断地要求其汇报想法、坦白交代。

每个人都需要有自己的空间，恋人之间也是如此。即使再亲密的关系，彼此的空间可以最大限度地相交，也绝对不会重合。刨根问底就是在侵入对方的个人空间，难免会让对方有被控制的感觉。因此，只有在亲密关系中保持彼此的自我界限，让彼此都有各自的空间，才能促进亲密关系的进一步发展。

（三）恋人间的相互沟通

沟通是影响恋爱关系满意度的关键因素。如果双方都愿意减少抱怨和指责，增加肯定和赞同，腾出时间进行有效的沟通，恋爱关系就会得到改善。有效的沟通技巧主要包括以下内容。

1. 沟通有诚意

沟通有诚意，就是在沟通中要做好自我改变或接纳的准备。在成长的过程中，每个人都会形成自己的价值观和判断，但是如果遇到事情时总认为自己是对的，希望对方能够认同自己，而不是自己准备改变或放弃一些东西，就很难与一个人长期友好相处。在恋爱关系中，在刚开始时彼此会因为爱而互相迁就，但是这份迁就不会长久，同时这份迁就往往是不和谐状态出现的前奏。

2. 彼此支持

每个人都是不完美的，包括我们自己。在生活中，我们要学会支持自己的恋人，特别是当他／她做得不完美的时候。如果在众人面前，他／她说错了，不要马上指责对方，最好的方式是在两个人独处的时候再进行沟通；当他／她已经做了一些决定或采取了一些行为，尽管这些决定或行为不是最好的选择，但只要不会产生严重的后果或付出太高的代价，就应顺其自然。这样做是为了让对方感受到你的支持和信任，有利于建立良好的关系。

3. 避免批评、抱怨

没有人喜欢听别人对自己的批评和抱怨。经常批评和抱怨的人是心理还没有长大的孩子，希望通过批评的方式让周围世界的人和事有所改变，往往通过抱怨的方式表达没有获得预期。这种思维方式或行为方式与原生家庭关系密切。例如，其父母在他／她小时候总是尽量满足他／她的需求，所以他／她现在希望自己的伴侣能像父母一样满足自己的需求。但是，这样会使其伴侣非常辛苦，时刻感受到来自对方的压力。心理发展成熟的人则用"接受"的态度来面对所有的人和事，通过思考判断情况的发展方向，而不是单纯地希望世界因自己而改变。因此，要学会反思，不断自我成长，而不是寄希望于他人。

4. 学会处理冲突

在亲密关系中，要学会处理冲突，学会处理自己的负性情绪。当发生冲突时，不要总坚持"我是对的"。在每一件事情上都坚持"我是对的"的人，其亲密关系一般比较糟糕。因为恋爱是两个人的事，而世界上没有两个人凡事都能有一致的看法，因此一个人如果不放弃一些自己的看法并接受一些不同的看法，是无法成功与他人共同生活的。良好的亲密关系意味着要学习接受彼此的差异。如果有必要，那就学着做一些合理的妥协，这将使恋人感到被关怀、被倾听和被重视。

> **课堂心理行为训练 8-3**
>
> #### 角色扮演——爱情灭火器
>
> **活动目标：**通过角色扮演活动，体会负性情绪的由来以及它对恋人的伤害和对恋爱关系的破坏。学会有效管理自我情绪和帮助他人处理情绪的方法与技巧。
>
> **活动过程：**
>
> 1. 分小组讨论，根据自己的经验和感受，提供 10 个恋人之间常用的抱怨的语句。比如，"你心里从来就没有真正爱过我"等，由组长提笔写下来。
>
> 2. 组员两两配对进行角色扮演，一个人不断抱怨，另一个人根据自己的内心感受予以应对。
>
> 3. 在每一个抱怨后面，尽可能多地收集组员在进行角色扮演时内心的情绪感受。
>
> **分享感受：**
>
> 1. 你是否在不自觉中常常抱怨，以及你是否常被他人抱怨？

2. 当你被抱怨的时候，你内心的感受是怎样的？这些抱怨会对你的言行产生什么影响？

3. 当你抱怨别人时，你的内心是什么感受？你希望对方做出怎样的改变？

三、培养爱的责任

（一）端正恋爱态度

1. 以诚相待

以诚相待是指恋爱双方要相互信任，彼此坦诚相见。恋爱双方只有把自己的优点、缺点、思想状况、兴趣爱好、身体及家庭状况等如实告诉对方，才能建立彼此的理解和信任。在恋爱中，双方往往把自己的优点和长处尽量充分地展现出来，但会对缺点和不足下意识地淡化与掩饰。有的人甚至故意隐瞒自己的严重缺陷或疾病，企图抱着侥幸心理，骗取对方的感情，这是不道德的行为。

2. 感情专一

感情专一是指一个人在同一时间只能有一个恋爱对象，不允许恋爱中的任何一方爱上第三者，或接受第三者的爱情。它要求我们在恋爱时，能始终如一地把爱情专注于一个人，因为"爱情按其本质来说是排他的"。真正的爱情是全心全意、认真地爱着对方，在生活中同甘共苦，在事业上互相鼓励，携手共同实现人生的远大目标。

3. 尊重信任

尊重是爱情的前提条件，是人格平等的具体表现。尊重表现为任何一方都不能强迫或诱骗另一方接受自己的爱，即使你的爱是真诚的，也无权强迫别人违心地接受。同时，任何一方都不能屈服于某种压力，勉强去爱一个自己不爱的人。恋爱中的任何无端猜疑都会伤害彼此的感情，没有了相互间信任，"爱情之树"就会干枯。已经建立起恋爱关系的大学生，在生活上应该互相信赖，尊重对方的理想、兴趣、工作、社交等权利，切忌把对方当作自己的私有物，限制对方的自由。

（二）遵守恋爱道德

恋爱是一种特殊的交往活动，也是一种社会活动，受社会规范和道德的制约。大学生要遵守恋爱道德，发展健康的恋爱行为。

首先，大学生在恋爱中要懂得尊重和理解对方的情感与意愿。爱情的道德原则是奉献和利他，而不是占有和利己。在恋爱中，双方一定要自尊自重、平等相待，不要只看到自己的优点而忽略对方身上的闪光之处，也不要放大自身的不足，一味仰慕或崇拜对方。爱情是一种默契，一厢情愿、单相思或者是充当爱情中的"第三者"都有悖于恋爱道德。

其次，恋爱中的言谈要文雅，行为要大方、得体。在恋爱中，双方的沟通应及时有效，亲昵的行为要有分寸，应该通过思想、知识、兴趣、爱好等方面的交流使感情升华，而不宜过早做出亲昵举动，否则可能会引起对方的反感，甚至影响感情的正常发展。

最后，适度控制热恋中的"温度"，理智行事。大学生需要加强道德修养，在恋爱过程中要学会用理智控制情感，预防不良恋爱行为的发生。这不仅是对自己和恋人的高度负责，也是对恋爱道德的坚持。正如莎士比亚曾说："爱，和炭相同，烧起来，得设法叫它冷却，让它任意着，那它就要把一颗心烧焦。"热恋中的青年男女容易产生性冲动，这时可以通过转移注意力等方式控制冲动，使情感得以升华。恋人们在一起可以多多交流学习与工作方面的心得，可以共同参加有趣的文体活动，可以相约一起看电影、散步，这些都是使感情升华的催化剂，可以使精神境界变得高尚，也可以使爱情沿着健康的轨道发展。

（三）提升责任意识

恋爱中不仅有浪漫和甜蜜，还有责任与义务。大学生在付出爱、享受爱的同时，责任也随之而来。爱情中的责任是相爱的两个人内心自觉的意识，是爱的愿望与行动。真正的爱情是情感与责任的统一体，不仅有与爱人携手共度的决心，还有勇敢面对挫折和困难的勇气；不仅有双方同甘共苦、不离不弃的努力，还有为双方的幸福而甘于奉献的精神。

爱是相互忠诚。在这个情感变得日益便捷的时代，大学生更应当以珍重之心对待每一段感情。轻率的态度和随意的行为，即便是一时冲动，也可能给对方带来难以愈合的创伤。真正的爱情具有天然的排他性，这种特性不是束缚，而是对彼此选择的郑重承诺。任何形式的背叛都是对感情最深刻的伤害，它消磨信任、摧毁亲密，最终只会让原本美好的关系走向无可挽回的终结。在爱情里，忠诚不是一种选择，而是一切幸福的基础。

爱是共同的责任。恋爱中的双方应该共同承担起维护和促进关系的责任，共同面对和解决问题。每一份爱情承诺都是庄重的，背后意味着对自己、对爱人、对未来的长久的责任。那些未知的磕绊或坎坷才不会将爱消耗殆尽。真正的爱情不仅有强烈的、深厚的情感基础，还有相伴永久、共度一生的愿望与追求。恋爱双方要相互支持、坚守承诺，彼此担当，不断丰富、深化和充实双方的感情。

大学生要对自己负责，自尊自爱，既不要为了排解寂寞、满足生理上的需要或者追逐名利而亵渎了爱情，也不要因爱情受挫而自暴自弃。大学生还要对恋人负责，要关心和尊重对方，欣赏对方的优点，包容对方的不足，维护对方人格的独立，不仅要享受爱情的成果，还要勇于为恋人付出，分担生活的压力和痛苦，坚守爱情的承诺，为走进婚姻和为人父母做好准备。只有能够承担责任的爱情才能走得更远，随时间的流淌而意笃情深。

课堂心理行为训练 8-4

我的爱情账户

活动目标：想象一下：两个人确立了恋爱关系就相当于在对方心里设立了一个"爱情账户"。每一次你让对方开心，让对方感受到爱，就是在向对方的"爱情账户"中存钱；而每一次你让对方痛苦，就是在从对方的"爱情账户"中取钱。在两个人相爱的过程中，如果对方一直向你的账户中存钱，而你却一直从对方的账户中取钱，直到有一天，当对方心中的"爱情账户"余额为零时，对方就可能会离开你。

活动过程：试想一下，在你与恋人的相处中，你有哪些"存钱"和"取钱"行为？请填入下表爱情账户中，并将你的行为和同学进行分享。

"存钱"行为	"取钱"行为

本章小结

爱情是人类强烈而美好的一种情感，是大学生十分关注的话题。但是爱情不是人生的全部，需要大学生衡量好爱情与学业之间的关系。不是每段恋爱最终都能走进婚姻，因此大学生要提高恋爱挫折承受能力。幸福的爱情是需要不断培养和发展爱的能力进行维系的。大学生要树立正确的恋爱观，维护健康的性心理，学会爱的沟通，提升爱的能力，培养爱的责任。

课后思考题

1. 结合你的理解谈谈什么是爱情。
2. 大学生维护性健康的途径有哪些？
3. 如何培养自己爱的能力？
4. 你认为应该如何经营一份美好的爱情？

📖 学习目标

1. 了解大学生压力和挫折的主要来源。
2. 理解压力与挫折的含义及对人生的意义。
3. 掌握有效管理压力的方法。
4. 运用相关理论和技术有效应对挫折。

📖 知识导图

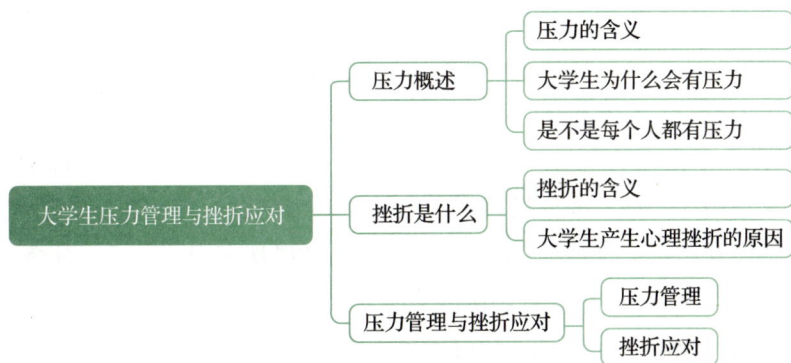

📖 关键词

压力；挫折；压力管理；挫折应对

📖 案例导读

　　挪威有一种沙丁鱼，让以前的渔夫很苦恼，因为捕完鱼后在海上航行三个小时，所有的沙丁鱼都会死掉。后来，有一个老渔夫想出了一个办法：在沙丁鱼中放入一条鲇鱼。他发现，沙丁鱼不仅没有被鲇鱼吃掉，反而活得很好。为什么呢？因为沙丁鱼终于找到了赖以生存的条件，那就是压力。只要不游动，鲇鱼就会立刻把它吃掉。

　　压力是动物生存的必要条件。同样，人也离不开压力，而我们每个人都会有压力。大学生有考试、就业的压力，教师有教学的压力，父母有生活的压力，可见压力是社会的常态，需要我们学会在压力中成长。

第一节 压力概述

压力影响着众多大学生，影响着大学生活的每一个阶段。比如，从入学初期生活转变带来的压力，到学业压力、情感压力，直至后期的就业压力。但压力并不全部表现为消极作用，适当的压力会激发大学生的潜能，提升其学习效率。但压力到底产生积极影响还是消极影响，与大学生如何应对压力密切相关。良好的应对方式会将压力转化为动力，而不良的应对方式会放大压力所产生的负能量，影响大学生的身心健康。

一、压力的含义

压力是一种紧张、不安的心理状态，通常在面对外界环境的需求或挑战时产生。对于大学生来说，压力是生活的一部分，无时无刻不在影响着其学习、生活和心理健康。

从心理学的角度看，压力是心理压力源和心理压力反应共同构成的一种认知与行为体验。通俗地讲，压力就是一个人觉得自己无法应对环境要求时，所产生的负面感受和消极信念。它是个体在面对具有威胁性的情境时，一时无法消除威胁、摆脱困难而产生的一种被压迫的感觉，是有机体与环境之间因"失衡"而产生的一种身心紧张的状态。"压力"最早是一个物理学概念，也称物理压力。自19世纪末开始，生理学家、心理学家和社会学家借用这个词，来描述动物和人类在紧张状态下的生理、心理和行为反应。随着西方心理学在中国的发展，"压力"一词也不断出现在中国医学、社会学、心理学等研究报告中。具体来讲，压力可以从以下四个方面进行理解。

（一）压力是个体面临选择或改变时的个人感受

许多大学生在选择专业时会感受到巨大的压力。你可能向往某个兴趣浓厚的"冷门"的专业，却又顾虑其就业前景；或者，家人期望你选择前景看好的"热门"专业，但你对此缺乏内在热情。这种在个人兴趣、职业发展、家庭期望之间的艰难权衡，以及对选择结果承担长远责任的忧虑，常使人感到迷茫与焦虑。当面临类似这样的双趋冲突、双避冲突、趋避冲突或更复杂的多重趋避冲突时，个体往往会感觉到左右为难、进退维谷，尤其是需要个体做出决策且为此决策承担责任时，压力体验最大。

（二）压力是对未知事件的悲观解释

在面临事件发展的各种可能性时，人们通常偏向做出最坏的预期。这种悲观、负性的预期会增加人们承受结果的反应，从而产生压力。例如，老师让你中午去他的办公室，此时你可能会胡思乱想，"他为什么只找我""我最近犯了什么错误吗"……这就是因为未知且做悲观解释所产生的压力。

（三）压力是持续不断的精力消耗

在社会生活中，我们总要面对各种各样的压力。我们每天承受的生活事件可能并不多，但长期累加的结果却会非常严重。比如我们常见的压力肥、过劳死等就属于这种情况。

（四）压力是面临威胁时的本能反应

比如，运动员感受到的来自对手追赶的压力，我们面对个人信息泄露、"月光"问题等的压力。再如，我们把学校的人际关系看作学习上的竞争关系，那么在你追我赶的过程中必然会承受巨大的心理压力。

二、大学生为什么会有压力

首先，学业压力是大学生最常见的压力来源。大学课程通常比高中复杂得多，要求学生具备更高的自主学习能力和时间管理能力。繁重的作业、考试和项目会让学生感到压力。想象一下，你正在上高数课，教授在黑板上写满了公式，而你却连公式开头的"x"代表什么都没看懂。这种情况下，压力就会悄然而至。此外，许多学生希望在学业上取得优异成绩，以满足自己或家长、老师的期望。这种高期望会导致学生产生巨大的压力。

其次，人际关系压力也是大学生常见的压力来源。进入大学后，学生需要适应新的社交环境，结交新朋友，处理与室友、同学和老师之间的关系。比如，你第一次参加社团活动，结果发现自己是唯一一个不会跳舞的人，这种尴尬的时刻会让人感到压力。大学时期许多学生会开始恋爱，而处理恋爱关系中的问题和冲突也会带来压力。想象一下，你在图书馆遇到心仪的对象却不知道如何开口，这时难免会产生压力。

就业压力也是大学生的一个重要的压力来源。面对未来的职业选择和就业市场的竞争，许多学生感到迷茫和不安。找工作、实习和职业规划的压力常常困扰着他们。比如你在招聘会上看到别人都得到了面试机会，而你还在排队等候；部分学生需要兼职工作以支付学习费用和生活费用，这无疑增加了他们的经济负担和压力等。

家庭压力也不可忽视。家长对学生的期望和要求可能会给学生带来额外的压力，尤其是当学生无法达到这些期望时。比如你在家里不断地听到父母说："你一定要考上研究生！"在这种情况下，压力会悄然而至。家庭内部的矛盾和问题，如父母离异、家庭经济困难等，也会对学生的心理产生影响。

总之，压力是大学生在面对学业、人际关系、就业和家庭等方面的挑战时，常常会遇到的问题。通过了解压力的来源、表现及应对方法，大学生可以更好地管理和缓解压力，保持心理健康。学校和家庭也应提供必要的支持与帮助，共同促进大学生的全面发展和健康成长。

小知识专栏 9-1

大学生的压力从哪儿来?

室友的影响。在寝室里找到一个跟自己志同道合的人不是一件容易的事。室友给你的压力在于,在各种情境下,不管是好的还是坏的,你需要知道,学校已经尽最大的努力做了安排,只不过他人的生活习惯可能的确与你不同,此时的你需要学着找到与之和谐相处的方法。

专业追求。你的专业是什么?或许在大学岁月里最流行的一个问题就是"你未来要做什么?"如果你的父母要求你选择一条你未必喜欢的职业道路,又或者你为了取悦父母而选择了一个他们喜欢但你自己未必喜欢的专业,问题就会变得复杂了。

学业上(考试、论文、项目等)的最后期限。期中考试、期末考试、写研究报告、完成项目等,都是为了检验你的学习成果。在美国,一般来说,一个学期需要获得 15 ~ 17 个学分,许多科目的最后期限可能都集中在同一天。如果你完成得不理想,就会导致最终的成绩不佳,甚至不及格。

生活方式。周末玩到凌晨 2 点才睡觉、打游戏……这些都是你的自由,不过你需要为这些行为的后果承担责任。摆脱了父母的控制意味着你必须平衡自由和责任,如果你没有平衡好,压力就会严重干扰你的生活。

同伴群体和同伴压力。新生都有被同伴群体接纳的强烈需要,因而他们容易屈从于同伴压力。而在新群体中,同伴压力一般很强。如果群体的行为和你自己的想法产生分歧,就会引发压力,这时遵从群体的想法可能更好。

友谊。大学里的友谊具有特殊的意义。随着你的成长、成熟,你可能会重新定义你的价值观,而你的朋友也会跟你一样发生变化,因此友情可能出现波折,需要你经常想办法改善人际关系。继而你会明白,你并不能和每一个你喜欢的人做朋友。此外,一些其他的压力源也可能破坏你和好朋友的关系。

亲密关系。维系一段亲密关系需要付出很多,特别是在大学阶段,这个其他方面的压力也很大的环境中。一旦失恋,可能会给一方或者双方带来巨大打击,使人无心向学,荒废学业。

展开职业生涯。想要一毕业就挣得和父母一样多的财富是一个不现实的迷思,不过有很多大学生相信这一点。这样的想法给大学毕业生带来了很大压力,对现实世界的恐惧可能使他们试图逃避。

资料来源:西沃德.压力管理策略:健康和幸福之道 [M].许燕,等译.北京:中国轻工业出版社,2020:17-18.

三、是不是每个人都有压力

压力在生活中无处不在，是每个人生活的一部分。比如现代都市生活中，学生们要面对越来越重的学业要求和就业压力；上班族要面对繁重的本职工作，复杂的人事关系以及面临随时失业的威胁；生意人要面临竞争对手、顾客、员工管理等。

（一）任何一个心智健全的人都不可避免地会感受到心理压力 [①]

任何一个心智健全的人都不可避免地会感受到心理压力。这是因为压力是人类生活的一部分，无论年龄、性别、职业或生活环境如何。压力的普遍性源于我们对外界环境的反应机制。当我们面对挑战、变化或不确定性时，身体和心理都会产生应激反应，以帮助我们应对和适应这些情况。

例如，学生在面对考试和学业压力时会感到紧张与焦虑；职场人士在面对工作任务和业绩考核时会感到压力；家庭主妇在处理家庭事务和照顾孩子时也会感到压力。在看似平静的生活中，各种小事也会引发压力，如交通堵塞、与朋友的误会或日常琐事等。

压力的普遍性还体现在它对每个人的影响上。虽然每个人对压力的感受和反应不同，但没有人能完全避免压力的存在。重要的是，大学生应如何识别和管理这些压力，以避免其对我们的身心健康和生活质量产生负面影响。通过积极的应对策略，如时间管理、寻求社交支持和保持健康的生活方式，大学生可以有效缓解压力，提升生活质量。

（二）压力随时随地都可能在你身上产生

心理学家认为，恐惧是人与生俱来所具有的原始情绪。婴儿出生时的第一声哭泣，其实就是孩子离开母体，对陌生的环境感到不适，从而自发宣泄压力。人只要活着就会感受到压力。从某种意义上讲，人是在压力中成长的。在人生的不同阶段，个体面临着各种形式的压力：求学阶段的学业压力、青年时期的就业压力、中年阶段的家庭责任以及步入晚年后的健康问题。压力已然成为现代生活中的重要组成部分，它无处不在，无时不有。

值得注意的是，适度的压力实际上是个人成长的必要条件。若长期处于压力刺激不足的状态，不仅会导致个体产生惰性，更可能引发个体的心理倦怠与无所适从。在这种情况下，人们往往会不自觉地寻求新的挑战与压力源，以维持心理的动态平衡。

第二节　挫折是什么

莲娜·玛莉亚 1968 年出生于瑞典 [②]。她 3 岁开始学游泳，5 岁时完成第一幅十字绣作品并开始学裁缝，中学时给自己缝制了第一件西装，15 岁进入瑞典国家游泳队，18 岁

---

① 叶茂，吴海银，陈坚．大学生心理健康教育导论 [M]．武汉：武汉理工大学出版社，2011：137.

② 张秀娟．大学生心理健康教育 [M]．长春：东北师范大学出版社，2020：141.

参加世界冠军杯比赛并打破世界纪录，19 岁拿到汽车驾照。她从瑞典音乐大学毕业后，成为一位举世闻名的职业演唱家，并得到瑞典皇后的特别接见。但你是否能够想象，这样一个多才多艺的人竟然一出生就没有双臂，而且左腿只有右腿的一半长。

《用脚飞翔的女孩》这本书上有一段令人感动的话："我宁可为自己能做的事情欢欣雀跃，也不为自己做不到的事情黯然神伤。"就是这种乐观、积极的想法，成就了莲娜精彩的一生。人生活在这个世界上，不可能事事一帆风顺，或者遇到困难，或者遇到挫折，或者遇到变故，或者遇到不顺心的人和事，要明白这些都是人生道路上的正常现象。但有的人遇到这些现象时，或心烦意乱，或痛苦不堪，或萎靡消沉，或悲观失望，甚至失去面对生活的勇气。不可否认，这些现象会影响人的思维判断，会刺激人的言行举止，会打击人面对生活的勇气。比如，当你在工作中受到上司的批评后，你会情绪低落；当你在生活中遇到别人误会你时，你会感到气愤和委屈；当你失去亲人朋友时，你会悲痛至极……

"人有悲欢离合，月有阴晴圆缺，此事古难全。"尽管人们希望自己能一帆风顺、万事如意，但挫折总是不可避免的。成功固然可贵，失败也并非毫无意义。对大学生而言，挫折既是打击，也是成长。正确地认识与对待挫折，是成功人生的必经之路。顺境与逆境、成功与失败、幸福与不幸、生与死等构成了矛盾的两个方面。在实际生活中，这两个方面只是相对而言才有意义。在这两个方面中，后者都是某个层面、某个角度、某种程度上的人生挫折。如何认识、对待人生的挫折，如何与挫折进行百折不挠的斗争，直接影响人一生的成败与发展。为了有效应对挫折，更好地实现人生价值，高校应该对大学生进行挫折教育。

一、挫折的含义

"挫折"一词最早用来形容战争失利，现在通常与困难、失败、受阻、失意等联系在一起。心理学意义上的挫折，是指个体在某种动机的推动下，在实现目标的活动过程中，遇到了无法克服或自以为无法克服的障碍和干扰，是在动机不能获得满足或目标不能实现时产生的紧张、消极的情绪反应和情绪体验。例如，一位酷爱跳街舞的学生，平时积极训练，准备在学校街舞大赛上一展身手，夺取优异成绩，而在比赛前夕，一次交通事故迫使他错过街舞大赛，甚至以后都不能跳街舞，这种打击使他痛苦、失望、内心久久不能平复。

挫折通常包含 3 个层次的含义：一是挫折情境，指阻碍和干扰个体实现目标、满足需要活动的特定环境，亦可称为挫折源，如考试不及格、失恋、失业等。二是挫折认知，指对挫折情境的认识与评价，这种认识与评价存在很大的个体差异，不同认知会产生不同的体验与感受。例如，失恋在不同的大学生身上产生的影响是不一样的。三是挫折反应，指需要受阻后个体出现的不安、焦虑、逃避等方面的情绪与行为反应，其中挫折认知是核心因素。

一般来说，需要越迫切动机越强烈，受挫后挫折感越强；挫折情景越严重，挫折反应就越强烈；反之，挫折反应就越轻微。同时，只有个体感知到挫折情境时，才会在心理上产生挫折反应。如果出现了挫折情境而个体没有意识到，或者虽然意识到了但没有加以重视，就不会产生挫折反应，或者只是产生轻微的挫折反应。因此，挫折反应的性质、程度主要取决于个体对挫折情境的认知。不同个体由于需要和动机强度、自我期望值、抱负水平、挫折的归因及挫折承受力等不尽相同，面对同样的挫折情境会产生不同的反应。例如，同样是挂科，有的学生痛苦不堪，有的学生懊悔不已，有的学生则不以为意。

二、大学生产生心理挫折的原因

大学生产生心理挫折的原因是多方面的，可从客观和主观两个方面加以阐述。

（一）客观因素

客观原因通常是指个人意志和能力所不能左右的因素，如学生不能决定自己的家庭出身，不能选择自己的父母，不能左右考试考什么内容等。客观因素可能引发心理挫折，但不是产生心理挫折的决定性因素。例如同样是出生在贫困家庭的大学生，有些因自己的家庭贫困而产生挫折感，有些则能坦然接受，并因此而自强不息，终有所成。所以，产生心理挫折的关键不在于客观因素，而在于主观因素。大学生产生心理挫折的常见原因有三种。第一种是自然环境因素。自然界中的一切事物，都按照自己的固有规律发展着。因此，作为一个在自然环境中生存发展的人，必然会遇到自然因素引起的种种挫折。第二种是社会环境因素。社会中的政治、经济、道德甚至风俗习惯等，都可能引起大学生产生心理挫折。第三种是大学校园的种种因素。这些可能是导致大学生产生心理挫折的直接原因。例如，人际关系常常是使大学生产生心理挫折的重要因素，其中同学之间、异性朋友之间的人际交往挫折对大学生的影响最大。重视知识的教授，忽视学生的非智力因素，特别是心理健康方面的教育，会使大学生的适应能力较差，稍遇挫折便会无所适从。

（二）主观因素

挫折产生的主观因素主要是指心理因素，包括个体对客观事物的看法不当以及个体的心理需求不当等。个体对客观事物的看法不当会产生心理挫折前面已做描述，这里不再赘述。

心理需求不当导致的心理挫折通常有以下几种情况。

1. 自我估计不当，抱负水平过高

抱负水平是指个体对自己所要达到的目标所规定的标准。一个人是否存在心理挫折，与他能否根据自己的实际情况对自己进行合理定位、确定恰当的成功标准有关。一个人如果对自己的能力估计过高，成功的可能性就偏低，就容易产生挫折。相反，一个

人如果对自己的能力[①]估计过低，缩手缩脚，就算事情成功了，也会产生心理挫折。

2. 需求过多，产生动机冲突

大学生的需求很多，而且都渴望得到满足，于是便产生了多种动机。但在现实生活中，有些动机往往是相互冲突的，非此则彼，不可能所有的需求都会得到满足，此时大学生就会产生挫折感。例如，大学生既想外出做兼职，又不想影响自己的专业学习，两者之间若不能平衡，便会产生冲突，长此以往就会引发挫折感。

3. 不合理、不切实际的需要

大学生正确、合理的需要得不到满足会产生挫折感，但这种挫折往往是由于客观因素造成的，在正常情况下对大学生心理健康的危害不大，可使大学生吃一堑长一智。但是，有些挫折往往是由于学生不合理、不切合实际的需要造成的，如盲目攀比、超高消费、绝对平均等。这种心理如果得不到调适，可能会严重影响大学生的心理健康。

第三节　压力管理与挫折应对

有这样一个心理故事。有一位经验丰富的老船长[②]，有一次当他的货轮卸货后在浩瀚的大海上返航时，突然遭遇了可怕的风暴。水手们惊慌失措，老船长果断命令水手们立刻打开货舱往里面灌水。"船长是不是疯了，往船舱里灌水只会增加船的压力，使船下沉，这不是自寻死路吗？"一个年轻的水手嘟囔着。看着船长严厉的表情，水手们照做了。随着货舱里的水位越升越高，船一寸一寸地下沉，但依旧猛烈的狂风巨浪对船的威胁却一点一点地减少，渐渐货轮平稳了。船长望着松了一口气的水手们说："百万吨的巨轮很少有被打翻的，被打翻的常常是根基轻的小船。船在负重的时候是最安全的，空船时则是最危险的。"

这就是压力效应。那些得过且过没有一点压力的人，就像风暴中没有载货的船，往往一场人生的狂风巨浪便会把他们打翻。有压力就是坏事吗？压力对我们的生活造成了什么影响？其实，适度的心理压力能成为人们活动的动力，具有激励作用。过大的心理压力会引起机体过度的紧张情绪，导致机体内活动失衡，从而带来一系列动作紊乱现象，导致注意力和知觉范围变得狭窄，会干扰和限制正常的思维活动，因而活动效率降低，甚至导致活动失败。长期的心理压力过大，会引起人们持续的紧张情绪，并由此而引发一系列的身心疾病。

---

① 徐鸿，潘复.新编大学生心理健康教育[M].武汉：华中科技大学出版社，2021：191.
② 陈冲，孙晓静，张珊珊.大学生心理健康教育与实务[M].北京：中国石油大学出版社，2021：223.

一、压力管理

（一）积极面对压力

在现代社会中，压力已成为个体生活中的一部分。正确认识和管理压力，对个人的身心健康和发展至关重要。

我们要认识压力的双面性。压力既可能成为阻碍我们前进的绊脚石，又可能成为我们成长的助推器。其中的关键在于我们如何看待和应对压力。

小知识专栏 9-2

调整心态和工作方法，积极面对压力

25岁的小李是某知名互联网企业的一名产品经理。入职一年后，他被委以重任，负责一个涉及多个部门协作的重要项目。这个项目不仅关系到公司下一季度的业绩目标，还将影响公司在行业内的竞争地位。

面对如此重大的责任，小李起初感到焦虑不安。项目涉及的技术领域有些超出他的能力范围，且需要协调的部门众多，沟通难度很大。第一周，他经常失眠，工作效率低下，甚至产生了要主动放弃的想法。

关键转折发生在一次与导师的谈话中。导师建议他将压力分解，把庞大的项目细化为若干个小目标，逐一击破，同时鼓励他把这个项目视为难得的学习机会，而不是沉重的负担。

在导师的指导下，小李开始调整心态和工作方法：

1. 制定详细的项目时间表，将大目标分解为每周必须完成的小任务；

2. 主动与各部门建立联系，定期组织跨部门沟通会议；

3. 利用午休时间自学项目所需的技术知识；

4. 每天记录工作日志，及时总结经验教训；

5. 建立健康的作息制度，保持运动习惯。

三个月后，项目进展超出预期。小李不仅掌握了新的技术技能，还建立起了良好的跨部门协作关系。更重要的是，他学会了在压力下保持冷静，培养了系统思考和解决问题的能力。项目成功后，他获得了领导的认可和晋升机会。

这段经历让小李深刻认识到：压力往往蕴含着成长的机遇，关键在于如何转变心态，将压力转化为推动自己进步的动力。正如他后来常说的："压力就像一把双刃剑，推着你后退或前进，这取决于你选择什么样的应对方式。"

我们有时能在社会新闻中看到一些极端的案例，如某人因为一点点的挫折而采取了非常不理智的行为。一部分人在成长的过程中因为父母的呵护，想要的都能到手，在无形

中养成了不能延迟满足、不能忍受挫折的负面性格，甚至一有不如意就用偏激的反应来表达。

但能够正确地认识压力与挫折，并不是一件容易的事情。当自己处在旁观者的位置、看到别人的遭遇时，或许还能做出一些较为正确的分析，而当压力或挫折降临到自己的头上时，做出正确而清醒的认识就很不容易了。在压力或挫折情境中，许多不理智的反应、不正确的行动，都与缺乏对压力或挫折的正确认识有关。我们要看到，挫折会给人以打击，带来损失和痛苦，但也能使人奋起、成熟，从中得到锻炼。挫折既有消极的一面，也有积极的一面。

（二）消除有害压力源

压力的产生往往源于生物性、精神性和社会性等多维度的压力源。从根本上控制压力，最理想的方法就是识别并消除这些对个体有害的压力源。通过科学的方法和积极的行动，许多压力源是可以被有效消除或控制的。

例如，大二学生小李在期中考试后发现自己的学习成绩持续下滑，经过分析发现主要存在以下压力源。

（1）物理环境压力源：宿舍环境嘈杂，影响学习效率；自习室温度过低，难以长时间专注；图书馆座位拥挤，学习体验差。

为此，他采取了以下应对措施：①购置降噪耳机，创造安静的学习环境；②选择教学楼温度适宜的自习室；③提前预约图书馆研修室，确保学习空间。

（2）心理压力源：对考试成绩过分焦虑；与同学比较易产生自卑感；对未来规划不明确。

他通过以下方式进行调节：①制订合理的学习计划，建立信心；②关注自身进步，避免过度比较；③与导师沟通，明确发展方向。

（3）社会压力源：父母对其成绩的期望过高；社团活动占用过多时间；人际关系处理不当。

他采取如下措施：①与父母坦诚沟通，达成合理预期；②适当减少社团事务，平衡时间分配；③提升沟通技巧，改善人际关系。

通过系统识别和消除这些有害压力源，小李的学习状态明显改善，期末考试成绩也有了显著提升。这个案例说明，准确识别压力源并采取针对性措施，能够有效降低压力水平，提高学习效率和生活质量。

因此，在日常生活中，大学生应该学会及时觉察并识别各类压力源，分析压力源的性质和影响程度，制定针对性的应对策略，采取积极行动消除或控制压力源，定期评估调整方案的效果。

通过这种系统性的压力源管理，大学生能够更好地维护心理健康，保持良好的学习和生活状态。

小知识专栏 9-3

压力源表如下表所示，大学生可根据此表进行测试。

压力源类型	表现形式	压力程度	应对策略
物理环境压力	• 噪声干扰（如宿舍吵闹声、施工声） • 温度不适（教室太冷或太热） • 空间拥挤（图书馆座位紧张） • 光线不足（宿舍照明不佳） • 空气质量差（通风不良、异味）	★★★☆☆ （中等偏上）	• 使用降噪耳机，选择安静时段学习 • 调节空调温度，准备合适衣物 • 提前预约座位，寻找备选学习场所 • 添置台灯，调整学习区域布局 • 定期开窗通风，使用空气净化器
心理压力	• 学习焦虑（考试成绩、学业进度） • 自我怀疑（能力不足感） • 前途迷茫（职业规划不明确） • 情绪低落（无法自我调节） • 注意力不集中（效率低下）	★★★★★ （较高）	• 制订详细可行的学习计划和目标 • 培养运动、音乐等积极的兴趣爱好 • 预约心理咨询师进行专业辅导 • 学习情绪管理和压力疏解技巧 • 通过达成小目标建立自信
社会压力	• 家庭期望过高（成绩、就业要求） • 人际关系紧张（室友矛盾、同学关系） • 经济压力（生活费用、学习支出） • 社交困扰（交友障碍、表达困难） • 竞争压力（奖学金、实习机会）	★★★★☆ （高）	• 与家人进行理性沟通，表达真实想法 • 主动化解矛盾，培养换位思考能力 • 制订预算方案，寻找兼职机会 • 参加社团活动，提升社交能力 • 着眼自身发展，避免过度竞争

注：压力程度评估，其中★为最低，★★★★★为最高。

补充说明：

1. 压力程度会因个人性格特征、应对能力和环境支持度而存在差异；

2. 不同阶段（如考试周、实习期）压力源的强度会有所变化；

3. 建议每月进行一次压力源自评，及时调整应对方案；

4. 当多种压力源同时存在时，要注意它们之间可能的相互影响和加成效应。

（三）提高压力管理能力

压力管理能力是个体在应激期间处理应激情境和保持心理平衡的能力。加强个体的任务管理能力、问题解决能力、有效沟通能力、建立和谐人际关系能力、保持灵活变通能力、正向思维能力、主动寻求咨询帮助等，能够促进个体压力管理水平的提高。

1. 任务管理能力

任务管理能力，即能将需要完成的任务进行记录、分配并组织安排的能力。如在工作中养成将重要信息记录下来的习惯，从而减轻大脑的负担。

小知识专栏 9-4

时间管理四象限如下表所示，大学生可参考此表制订自己的时间管理四象限表。

时间管理四象限	重要	非重要
紧急	• 突发危机事件 • 临近截止日期的作业 • 重要考试复习 • 紧急医疗问题 处理方法： • 立即着手处理优先级最高的事情 • 全力以赴 原则： • 尽量减少此类事务 • 提前规划避免临时抱佛脚	• 临时会议 • 突发性社交活动 • 意外打扰 • 非核心任务 处理方法： • 适当委托他人，并学会说"不" • 合理分配 原则： • 学会适度放权 • 避免过度参与
非紧急	• 学习规划制定 • 职业生涯规划 • 能力提升计划 • 健康管理 处理方法： • 制订详细计划 • 持续跟进执行 • 定期评估调整 原则： • 投入主要精力 • 保持专注度	• 休闲娱乐 • 社交活动 • 兴趣爱好 • 放松减压 处理方法： • 合理规划时间 • 适度参与 • 注意节奏 原则： • 保持劳逸结合 • 避免过度消耗

补充建议：

重视第三象限的任务，因为它们往往是最有价值的；控制第一象限事务的数量，做好提前规划；减少第二象限的干扰，提高工作效率；适度安排第四象限活动，保持生活平衡。

时间分配参考：

第一象限（紧急重要）：15%；第二象限（紧急非重要）：5%；第三象限（非紧急重要）：60%；第四象限（非紧急非重要）：20%。

2. 问题解决能力

问题解决能力，即当一个人面对压力和困难时，处理和解决问题的意愿和能力。立即行动、界定问题、针对事件、明确结果、写出方案、坚定信心，这一流程能有效解决问题，缓和压力。

（1）立即行动是指发现问题要立刻着手处理，特别是高优先级压力问题，如果不进行处理，它是不会消失的，所以必须立即行动。

（2）界定问题是指知道某事件的结果后，就要去推断是什么原因造成了这样的结果，查明原因并找到问题的突破口。

（3）针对事件是指在处理事件过程中会牵涉的人，需要注意语言表达技巧和沟通方式，以免因小失大影响事件的进展。

（4）明确结果是为了让行动导向更为明确，能指导行为按照正确的方向坚定不移地推进。

（5）方案的撰写可以采取头脑风暴法，做到集思广益发挥群众的创造力。头脑风暴法的过程包括：①将参与者给出的意见和建议全部罗列出来；②进行评价，选出较好的方案。

（6）坚定信心则是在遇到困难时要相信一定是有办法解决的，只是暂时没找到，而不是这件事太困难根本没有办法解决。

3. 有效沟通的能力

有效沟通的能力，即在压力状态下与他人交换意见，分享自己的感受，并且寻求理解和支持的意愿与能力。个体积极主动地沟通，并懂得用语言把自己的情绪表达出来，可以有效减少矛盾的产生。定期与家人、同学、团队中的领导者汇报自己的情况，及时确认重要的信息，必要的时候能说"不"，越有压力时越能倾听等，能极大促进有效沟通。

4. 建立和谐人际关系的能力

建立和谐人际关系的能力，即在生活的各个方面，包括工作和家庭，建立亲密、相互支持的关系的愿望和能力。良好的人际关系既是心理健康的重要保障，又是人们事业成功的关键支撑。当个体能用行动证明自己重视和珍惜与他人的关系，包括家人、同事和朋友，能善于和他人分享自己的感受时，便可以拉近与他人的距离，增进彼此的情感。个体要学会平衡学习、生活和工作，多抽时间陪伴家人，只有这样才能获得家人的关心、理解和支持，从而在自己面临压力的时候得到坚定有力的家庭支持。每个人都希望听到别人给予自己的鼓励和赞赏，这不仅能激励人们更好地投入工作，更能增进情感。

5. 保持灵活变通的能力

保持灵活变通的能力，是指个体面对不同思想观念应具有一定的包容性和开放性，并且在前景不明朗的情况下能维持镇定的能力。当我们的思维固守"这不可能"的信念时，世界就会真的变得寸步难行；而当我们转变观念，以开放的心态重新审视时，新的可能性就会自然浮现。在这个快速变迁的时代，未来充满着各种不确定性。与其固守成见，不如学会多角度思考；与其畏惧未知，不如以勇气拥抱变化。每一次对新鲜事物的接纳，都是发现新自我的契机；每一次对固有思维的突破，都是成长的重要一步。

6. 正向思维能力

正向思维会让我们停止担心，思考哪些行为能让我们接近目标，哪些行为会使我们远离目标。一个人不可能得到所有人的认可，不能总是问为什么，而应该经常想想要怎么做，变"为什么"为"怎么做"。一些非理性想法，如"我要得到所有人的认可和喜爱""我必须是一个全能的人""这个世界必须是公正的""我周围的每个人都必须像我一样优秀，否则不能和我为伍"等，是不可取的，否则会让我们陷于困惑。相反，积极、正向地思考问题能够起到拨云见日的效果。

7. 主动寻求咨询帮助

大学生在遇到压力事件时，不要把自己封闭起来，要尽快找自己的好友或家人进行沟通，寻求他们的支持和帮助。主动寻求帮助并不意味着无能，而是心理成熟的表现，不要羞于开口。当自己承受过大的心理压力而陷入极端恶劣的情绪中不能自拔，亲朋好友也无能为力时，应该学会主动放弃偏见，学会寻求心理咨询的帮助，在专业咨询人员的指导下及时解除自己内心深处的痛苦，维护身心健康。

总之，提高压力管理能力是一个系统工程，需要从多个方面入手，循序渐进。通过以上七个方面的能力培养，大学生能够更好地应对学习和生活中的各种压力，保持心理健康，实现全面发展。

课堂心理行为训练 9-1

心理减压技术

活动目标：掌握简单的心理减压技术。

亲爱的同学们，下面我将引导你们进行一个心理减压练习。请你们以最舒服的姿势坐在椅子上，双脚平放在地板上，双手放在双腿上，轻轻闭上双眼。随着这美妙的音乐让我们逐渐放慢呼吸的节奏，放松我们的面部表情，舒展眉心，嘴角微微上翘，挺直腰背放松双肩、放松双臂。抛开所有的紧张、烦恼和不安，让我们的心情变得平静、祥和。

活动过程：现在，请跟随我的引导做腹式呼吸。首先，用鼻子深深吸气，让新鲜的氧气通过鼻腔、咽喉，到达胸部，送进小腹处，感觉小腹慢慢地向外扩张、隆起。屏住呼吸保持3秒钟，之后慢慢呼气，越慢越好。呼气时，感觉小腹慢慢向内回收，逐渐瘪下去。将注意力保持在你的呼吸上，按照这样的频率做腹式呼吸。吸……呼……吸……呼……吸……呼……吸气的时候你的鼻孔有些凉，呼气的时候你的鼻孔有些温。你每一次吸气，都有更多新鲜的氧气被吸到体内，随着血液流遍你的全身；你每一次呼气，体内所有的废气、浊气、二氧化碳、紧张、焦虑、不安统统都排出体外。

现在你的呼吸变得均匀、顺畅、自然。你心无杂念，仿佛进入绿色的大草原。阳光透过云层，散落在你的身上，蔚蓝的天空下，微风轻轻吹过，在微风的爱抚中，静听鸟儿愉悦地欢唱。远处传来潺潺流水的声音，让我们进入忘我的仙境。

太阳照着你的头顶，你感觉一股暖流流向你的头皮。头皮很温暖、很舒服，就好像有无数只小手在给你的头皮做按摩，非常舒服、放松。现在暖流顺着你的头皮流向你的额头，你的额头很放松。很舒服。暖流流向你的眉毛、眼睛、脸颊、鼻子、耳朵、嘴巴。凡是暖流流过之处，都会感觉非常放松、非常舒服。暖流流向你的脖子，你感觉到脖子软软的，像根管子，连接着你的头部和身体，很放松、很舒服。暖流流向你的两个肩膀，你感觉到你的肩膀非常放松，卸下了平时所有的紧张和负担，彻底放松。暖流流向你的胸膛、后背、小腹、双臂，以及手掌和每一根手指，你感觉整个上半身都非常放松、非常舒服。暖流继续向下走，到达你的臀部、大腿、小腿、脚掌和每一根脚趾，你感觉下半身也非常放松、非常舒服。

现在，你全身每一个细胞、每一块肌肉、每一条神经都感到无比放松、无比舒服。请你享受这美好的放松感觉，然后把它记在心里。这种放松、舒服的感觉以后的每一天都会伴随你，成为你的一部分，帮助你在任何紧张、焦虑的时候获得平静、祥和。这种放松的感觉会让你更加自信，从而更加稳定地发挥自己的水平和能力。

二、挫折应对

正确认识挫折与压力，掌握一定的应对挫折与压力的技巧，能够帮助大学生更好、更快地成长，同时有助于使其心理处于健康水平。下面将具体介绍几种应对挫折与压力的技巧与方法。

（一）建立积极的心理防御机制

心理防御机制，是指当个体受到本我和超我的威胁而引起强烈的焦虑和负罪感时，自身激发的一系列防御机制，以缓解或消除机体的痛苦。

心理防御机制有积极和消极之分。在应对挫折时，大学生应建立积极的心理防御机制，帮助自身更好地应对挫折。下面将具体介绍几种积极的心理防御机制。

1. 替代机制

替代机制是指将某种不被社会接受的动机、情感与态度转移到其他可接受的对象或行为上。这种机制能够帮助个体将消极情绪转化为积极行动，实现自我价值的重构。

比如，小王在参加校园歌手大赛海选时落选了，他感到十分沮丧。但他没有一蹶不振，而是将对音乐的热爱转移到学校广播站的活动中，成为一名音乐节目主持人。通过这种方式，他不仅继续保持着与音乐的联系，还培养了新的兴趣和专长，最终成为广播站一名受欢迎的主播。

2. 幽默机制

幽默机制是通过巧妙、诙谐的方式化解困境或尴尬处境的方法。恰当的幽默不仅能缓解压力，还能帮助个体以更轻松的心态面对挫折，甚至在困境中发现新的机遇。比如，小李在课堂展示 PPT 时突然出现技术故障。面对这个情况，她机智地说，"看来我的 PPT 也得放个小长假才能恢复状态了"，引得全班同学会心一笑。随后，她从容地切换到纸质讲稿继续展示，展现出了良好的应变能力。

3. 合理化机制

合理化机制是个体为维护自尊和心理平衡，对挫折经历做出合理解释的过程。适度运用这一机制可以帮助我们在挫折面前保持积极的心态，但需要警惕过度使用可能导致的现实认知偏差。

例如，小张在一次重要的企业实习面试中落选了。起初小张很沮丧，但他通过分析自己的兴趣和长期发展，发现这家公司的工作强度可能影响他的学业规划，从而决定寻找更适合自己的机会。这种思考方式帮助他调整了心态，并制定了更切实的职业规划。

需要注意的是，这些心理防御机制应该适度使用。过分依赖某种机制可能会影响个体客观分析问题和解决问题的能力。在运用这些机制的同时，个体还要学会直面现实，找到切实可行的解决方案。最理想的状态是在这些防御机制的帮助下，既能够维护心理健康，又能够积极采取行动改善现状。

（二）掌握科学的应对策略

除了建立积极的心理防御机制外，掌握科学的应对策略同样重要。以下介绍几种实用且有效的应对策略。

1. 正确归因法

归因是个体对行为结果进行原因解释的心理过程。准确分析挫折原因，区分内外部因素，有助于找到恰当的解决方案。科学的归因方式能帮助我们更客观地看待问题，避免陷入过度自责或推卸责任的误区。

例如，小陈在期末考试中数学成绩不理想。通过冷静分析，他发现失败的原因包括自己复习时间不够充分（内部因素）、考前没有很好地控制紧张情绪（内部因素）以及这次考试题型相比往年确实有所调整（外部因素）。这种多维度的归因帮助他制订了更有针对性的改进计划，包括提前复习、参加心理辅导讲座、多做不同类型的习题等。

2. 自我暗示法

面对挫折时，通过积极的自我对话和鼓励，如"我一定能行"等正向暗示，可以增强信心和勇气。有效的自我暗示不仅能积极调整心理状态，还能激发潜能，帮助个体保持前进的动力。

比如，小美在准备考研时常常感到压力巨大。她在书桌前贴上"相信自己，一定可以"的便利贴，每天早晨会对着镜子里的自己说："今天也要加油！"在图书馆学习疲惫时，她会默念"再坚持一会儿，为了理想继续努力"。这些积极的自我暗示帮助她度过了备考的艰难时期，最终取得了理想的成绩。

3. 问题分解法

问题分解法是指将看似庞大的困难分解成若干个小目标，逐个击破。这种"化整为零"的方法能够减轻心理压力，提高解决问题的效率。

例如，大二的小王接到一个综合性较强的课程设计任务，面对繁杂的要求一时不知从何下手。在导师的建议下，他将任务分解为资料收集、方案设计、初步实施、修改完善等几个阶段，并为每个阶段制订具体目标和完成的时间节点。这种方法不仅让他清晰看到了前进的路径，也让整个过程变得更加可控。

4. 寻求支持法

适时向他人寻求帮助和支持，包括专业指导、同伴互助和情感支持等，是应对挫折的重要策略。

例如，研一的小林在撰写第一篇学术论文时遇到了困难，感到十分苦恼。她采取了多种方式寻求帮助，如向导师请教研究方法，参加学院组织的学术写作工作坊，加入同学们的论文互助小组。通过多方位获取支持，她最终顺利完成了论文写作。

需要强调的是，这些应对策略并非互相排斥的，而是可以灵活组合使用的。在面对不同类型的挫折时，大学生应该根据具体情况选择最适合的应对方式，或将多种策略结合起来，以达到最好的效果。同时，这些策略的运用只有在实践中不断调整和完善，才能形成真正适合自己的应对挫折的模式。

（三）提升心理韧性

心理韧性是个人应对挫折的核心能力，它决定了我们在面对困境时的恢复和成长能力。以下是提升心理韧性的几个关键方面。

1. 培养积极心态

保持乐观积极的心态有助于开阔思维，平和处事，更容易发现挫折中的积极因素。积极心态不是一味的盲目乐观，而是在承认现实的基础上，保持建设性的思维方式。

例如，小杨在一次创业比赛中项目未能晋级，但她没有陷入消极情绪，而是认真总结评委的反馈意见，发现了项目中存在的创新性不足等问题。她将这次失败视为难得的学习机会，重新调整方案，在下一次比赛中获得了更好的成绩。这种积极的心态帮助她将挫折转化为了进步的动力。

2. 调适期望水平

根据实际情况设定合理的目标和期望，避免因期望过高导致严重的挫败感。合理的期望管理既要有追求进步的动力，又要考虑现实条件的约束。

例如，大四的小周在求职时，起初将目标锁定在几家顶尖企业，但屡次碰壁后感到十分沮丧。经过理性分析，他调整了求职策略：先在中等规模但发展前景良好的企业积累经验，制订阶段性的职业发展目标。这种更切实际的期望最终帮助他找到了适合的工作，并在职业发展中稳步前进。

3. 锻炼抗挫能力

通过主动接受适度的挑战，在实践中磨炼意志，逐步提升面对挫折的能力。正如古人所言："故天将降大任于是人也，必先苦其心志，劳其筋骨，饿其体肤，空乏其身，行拂乱其所为，所以动心忍性，曾益其所不能。"挫折本身就是提升个人能力的重要途径。

例如，大一新生小林为了克服社交恐惧，主动报名参加了学生会的工作。虽然初期在公开场合发言时她会紧张到说话结巴，但她坚持参与各种活动策划和主持工作。经过一年的历练，她不仅克服了社交焦虑，还锻炼了自己的组织能力和表达能力。

4. 建立支持网络

构建稳固的社会支持系统，包括家人、朋友、导师等，在遇到挫折时能够获得及时的帮助和支持。

例如，研究生小田在论文研究过程中遇到瓶颈，感到压力很大。她主动与导师沟通，参加课题组的定期讨论会；和同学们组建了互助小组，相互鼓励和支持。这个多层次的支持网络不仅帮助她度过了困难期，还让她的研究工作有了新的突破。

5. 培养自我反思能力

定期进行自我反思，总结经验教训，将挫折转化为个人成长的养分。

提升心理韧性是一个循序渐进的过程，需要在日常生活中持续积累和练习。通过以上几个方面的努力，个体可以逐步建立起强大的心理抵抗力，以更从容的姿态面对人生道路上的各种挑战。要记住，心理韧性的提升不仅体现在应对挫折的能力上，更体现在从挫折中学习并获得成长的能力上。

本章小结

挫折和压力在每个人的成长过程中不可避免。掌握科学的应对方法、培养积极的心理素质，能将挫折和压力转化为助力个人成长的宝贵资源。记住：压力管理和挫折不是终点，而是新起点；挫折和压力不是阻碍，而是成功的垫脚石。每一次成功应对挫折和压力的经历，都是提升个人心理韧性的重要机会。

运用本章介绍的方法，相信同学们能够以更加成熟和理性的态度面对挫折与压力，在克服困难的过程中不断成长，最终实现自我的全面发展。

课后思考题

1. 思考在面对压力时，你经常采用的防御机制有哪些？
2. 挫折对大学生的心理有哪些影响？
3. 大学生活中的主要挫折有哪些？你是如何应对的？

第十章　心理弹性与走出逆境

📖 学习目标

1. 了解心理弹性的概念。
2. 理解心理弹性的影响因素、理论模型及发展。
3. 掌握大学生心理弹性的提升策略。
4. 学会运用大学生心理弹性的提升策略，提高自身的心理弹性水平。

📖 知识导图

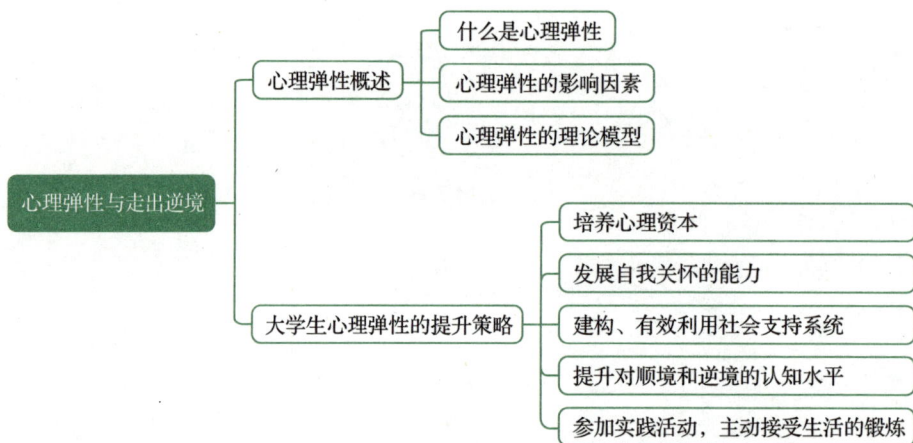

📖 关键词

心理弹性；保护性因素；心理资本；自我效能；自我关怀

📖 案例导读

华罗庚，是中国现代数学家，被誉为"中国现代数学之父"。他的一生充满了坎坷。

华罗庚 1910 年出生于江苏金坛，初中毕业后曾在上海中华职业学校就读，因家贫而中途退学，一生只有初中毕业文凭。退学后，他一边帮父亲料理杂货铺，一边自学，用 5 年时间学完了高中和大学低年级的全部数学课程。1929 年，华罗庚不幸染上伤寒病，左腿残疾。但身体的残疾不能击垮他对数学的热爱和追求。20岁时，他以一篇论文轰动数学界，被清华大学聘请，在图书馆担任馆员。1931年，他进入清华大学数学系，边工作边学习，用一年半的时间学完了数学系的全部课程，还自学了英文、法文、德文，先后在国外杂志上发表了多篇论文。1936年夏，他到英国剑桥大学进修，在进修的两年时间里发表了十多篇论文，其中一篇论文为他在国际数学界赢得了声誉。在艰难的抗日战争时期，他在昆明郊外一间牛棚似的小阁楼里，写出了名著《堆垒素数论》。

华罗庚遭遇了生活贫困、中途退学、身体残疾以及战争等因素造成的重重困难，但其身心并未受到不利影响甚至愈挫弥坚。他的一生潜心于数学领域的学习和研究，成绩斐然，成为中国乃至世界著名的数学家。

第一节 心理弹性概述

有的大学生在面对日常生活琐事或者重大的生活事件时，可能会遭遇困难、挑战、挫折，甚至可能会有创伤性经历。有的大学生在应对压力、逆境时消极被动、不堪重负；有的大学生在重大的负性生活事件甚至创伤性事件中积极应对并努力适应，在巨大的压力下依然能够顽强面对、百折不挠，甚至在经历困境和创伤后获得成长与新生。这些现象都涉及心理弹性这一概念。

一、什么是心理弹性

心理弹性是指个体的适应能力在压力情境下不断改变提升、达到新的平衡的过程。它保护个体身心免受不利处境的损伤性影响，并且帮助个体从压力中恢复并积极应对和适应不利的处境。比如，一位新生满怀期待地开启了大学生活，却突然身患重疾，腿部关节疼痛导致行动不便，每天上下楼去上课变成了一件极其困难的事情，他觉得自己对大学所有的规划都落空了，看不到未来，更看不到希望。老师和同学们了解到他的病情之后，情况出现了变化。同学们每天和他一起上、下课，轮流帮助他上下楼梯和帮他带饭。在同学们协助他行走、边走边聊的过程中，他了解到同学们的一些小烦恼、小困惑，生活阅历丰富的他总能给同学们提出一些建设性的想法，这让他觉得自己对他人是有用的、有价值的。家人、老师和同学们的关心、支持、帮助以及他尽全力帮同学们带来的价值感等，这些保护性因素的力量超过了危险性因素的力量，使得他能够积极应对和适应疾病带给他的伤痛。

二、心理弹性的影响因素

一个人的心理弹性是在主体与客体的交互作用中形成的，而且会随着个体的成长不断发生变化。个体心理弹性的大小会受到各种因素的影响。

（一）个体因素

1. 人格因素

与心理弹性相关的人格因素涵盖了几乎所有的积极品质，如自尊、自信、内省、自我效能、责任感、成就动机、计划能力、内控、高期望、自律、批判思维、热情、乐观、好脾气、敏捷、积极行动、高智商、问题解决能力、人际沟通能力、积极的归因等。大量的心理学研究表明，心理弹性和人格中的积极品质呈正相关，和消极品质呈负相关，良好的人格品质是影响心理弹性的重要保护性因素。

2. 认知因素

认知是个体对周围事物的想法、观念和信念。同样的外界刺激引起个体不同的反应，往往是因为不同的个体对同一事物持有不同的认知。一个人能否在压力或逆境中复原并积极应对，既与发生的事件有关，又与他怎么看待这件事有关。

（1）认知评估。

在面对压力或者逆境时，个体总是依据已有的经验对情境进行感知、解释和评估，这就是认知评估。比如，个体会从认知和情感上对自己的经历进行加工，赋予逆境一定的意义，把逆境看作受欢迎的积极挑战。通过认知评估，个体会评定压力或者逆境的性质、强度和危害性，需要怎样解决，目前身边有哪些资源可供利用，哪些策略可供选择等。认知评估可以帮助个体增进对压力或逆境觉察的敏锐性、对情境可控性的把握，让个体积极探索自身内部、外部的各种资源，从而改变自我和环境的关系，降低压力或逆境对个体的不利影响，提高个体的心理弹性水平。

（2）社会认知。

社会认知包括个体对来自自我、他人及周围环境的社会信息加工、推理的复杂过程。研究表明，儿童的社会认知是引发心理弹性的重要机制和过程。儿童对他人的合理认知与判断使他们更能合理有效组织、调配应对压力或严重逆境所需的社会生态系统资源。具有较高心理推断与揣测能力的个体（高社会认知者），更善于根据外界尤其是他人的心理状态进行社会交往技能的调整，表现出人际互动、社会资源调用中的机动与灵活，成为游刃有余的社会问题解决者。

（二）家庭因素

父母的影响是家庭环境中最主要的因素。父母往往是子女的榜样，父母对子女的态度、教养方式、亲子关系及父母主导下的家庭气氛都会影响个体的心理弹性。

1. 依恋类型

依恋类型是基于个体在婴儿时期与主要的教养者之间的关系发展而来的个体对人际关系的预期方式，包括安全型依恋、回避型依恋、焦虑型依恋和混乱型依恋四种类型。安全型依恋以信任、不担心被抛弃、认为自己是有价值的、受人喜爱为特征。回避型依恋、焦虑型依恋、混乱型依恋都是不安全的依恋类型。研究表明，安全型依恋者的心理弹性水平显著高于不安全类型依恋者。

2. 教养方式

关爱且反应敏锐的教养方式和儿童良好的发展结果存在稳定的联系。研究发现，父母的情感温暖、理解关心、支持是提升儿童心理弹性的关键。父母关爱、关怀和鼓励自主与儿童的心理弹性呈显著正相关。反之，父母惩罚严厉的家庭教养方式是儿童心理弹性发展的阻碍因素。父母冷漠拒绝和过度保护与儿童心理弹性呈显著负相关。

3. 亲子关系和家庭气氛

研究显示，温馨和谐的亲子关系是心理弹性的保护性因子，亲密的家庭关系是儿童面临困境时能表现出良好适应的关键因素。即使危险因素发生在家庭内部，比如父母中的一方有精神障碍，和父母中另一方的密切关系仍具有非常好的保护作用。

（三）学校和社会因素

1. 社会支持系统

在遭遇压力事件后，社会支持系统能够为个体提供良好的支持和帮助，促进个体尽快恢复平衡状态并积极适应。研究发现，心理弹性和社会支持之间存在显著的正相关。高心理弹性者往往拥有更稳定、多样、有力的社会支持系统，能够发挥主观能动性，积极利用足够或有限的客观支持，为自己更好适应与成长创造条件。知觉到社会支持比较高的个体不容易产生抑郁，知觉到高同伴支持的个体比知觉到低同伴支持的个体有更好的学业心理弹性。教师的支持、同辈群体的支持以及邻居的支持都对儿童的心理弹性具有保护性作用，都能促进儿童在困境中有良好适应。

2. 成功的学校经验

成功的学校经验能够为学生提供一个稳定、有序的外在支持，有助于培养学生的自信心和应对挑战的能力。在稳定、有序的学校环境中，学生更容易形成积极的心态和找到解决问题的策略，从而有助于提升心理弹性。有研究发现，学校归属感对心理弹性有正向的预测作用。

3. 和谐的社会环境

和谐的社会环境对提升个体心理弹性具有积极影响，表现在以下三个方面：首先，和谐的社会环境可以通过提供更好的教育资源、减轻学业负担、增强个体的社会支持系统等方式，帮助学生更好地应对压力和生活中的各种挑战，从而提升其心理弹性水平。其次，在和谐的社会环境中，个体更容易学习和实践如何适应不同的环境与挑战，从而有助于提升心理弹性水平。最后，心理健康教育在学校和社会中的普及也是提升个体心理弹性水平的重要途径。通过心理健康教育活动课，学生可以学习如何有效地管理情绪和释放压力，增强自我认识、自我调控，优化心理品质，开发内在心理潜能，这些都有助于个体心理弹性的发展。

上述把各种保护性因素罗列在一起的做法可能会把问题过于简化：一方面，这可能使我们无法深刻领会各保护性因素之间的交互作用；另一方面，这可能使我们只能知道单个保护性因素对个体心理弹性的影响。这与生活现实严重不符，因为在现实生活中个体往往同时受多个保护性（或／和破坏性）因素的影响。如果想理解心理弹性的根源及保护性因素在减少危险中的作用，就需要考虑各因素间的交互作用以及说明其内在机制，因此建构相应的理论模型是非常必要的。

三、心理弹性的理论模型

尽管心理弹性的概念界定还未达成共识，但大多数研究者赞同心理弹性是个体内部和外部的保护性因素作用的结果这一观点。保护性因素就是能减轻不利处境对个体的消极影响，促进个体心理弹性发展的生物、心理、认知或者环境方面的因素。它与危险性因素是相对的。危险性因素是指阻碍个体正常发展，使个体更易受到伤害而得到不良发展结果的各种因素。国外研究者提出了不同的理论模型来描述保护性因素如何减少或弥补危险性因素导致的不利影响。

（一）补偿模型、挑战模型和免疫模型

诺曼·加梅齐（Norman Garmezy）等学者提出了补偿模型、挑战模型和免疫模型三种心理弹性模型。

在补偿模型中，个体所拥有的内部、外部保护性资源发挥了积极作用，能够抵消或者补偿危险因素的消极影响。危险因素、保护性因素对个体心理社会适应状况的影响彼此独立，两者起的作用被累加起来预测个体发展或积极适应的状况。也就是说，"单纯"危险因素对个体心理社会发展结果起负向作用，"单纯"保护因素对个体心理社会发展结果起正向作用。比如，父亲或者母亲离世是危险因素，遇到恩人、拥有某种天赋是保护因素。实际情况是，很多因素并非"单纯"地对个体心理社会发展起到正向作用或者负向作用。比如，父母离异固然是负性生活事件，但如果由此结束了源于父母长期争吵、拉锯给儿童带来的恐慌不安、紧张焦虑，对于该家庭的儿童而言，实际上是有保护作用的。

挑战模型是指中等压力水平的危险因素成为直接促进个体心理社会功能发展和积极适应的潜在保护性因素。适度的压力或者逆境能使个体，尤其是儿童学习到如何战胜压力或者逆境；在过于严重的压力或者逆境中，个体可能无法成功应对；而几乎很少遭遇压力或者逆境，也不利于个体的健康发展。该模型认为，个体在成长经历中适当地面对一些压力或者逆境是有益的，因为这样当事人能够有机会去锻炼社会技能，学会调动或利用各种资源。也就是说，压力或者逆境只有具有一定的挑战性，才能引发个体的应对反应，并从应对压力或者逆境中获益。

免疫模型是指保护性因素和危险因素的交互作用减少了消极后果发生的可能性，其中保护性因素起着调节器的作用，从而把危险性因素给个体带来的负面影响降到最低。这意味着，当存在保护性因素时，危险因素对个体能力的影响比不存在保护性因素时要小，即保护性因素赋予了个体应对压力或逆境的免疫力。

从补偿模型中危险因素、保护因素对个体心理社会适应状况的影响彼此独立，到挑

战模型中中等水平的危险因素成为促进个体心理社会适应的潜在因素，再到免疫模型中危险因素和保护因素的相互作用，人们对心理弹性的认知由静态的简单累加发展到了危险因素、保护因素的动态转化和相互作用。

（二）发展模型

迈克尔·鲁特（Michael Rutter）在对许多经验性研究文献进行归纳总结后，提出了四种心理弹性发展的作用机制：危险因素冲击的减缓、负向连锁反应的减缓、促进个体自我效能与自我尊重、机会的开发。

第一，降低危险因素的影响，包括改变个体对危险因素的认知和避免或减少与危险因素的接触。例如，先让儿童在危险性较低的环境下学习如何成功应对危险因素，此后当儿童遇到更大的危险时就可以减少其不利影响，提高钢化效应（适度压力或逆境增强未来抗逆力），降低敏化效应（过度压力或逆境增加心理脆弱性）。

第二，减少由于（长期的）危险因素而产生的消极连锁反应。例如，由于得到父母或他人的良好照顾，儿童可以避免父亲或母亲一方去世带来的消极连锁影响。

第三，保护性因素对儿童心理弹性发展的影响可以通过自尊和自我效能的提高来实现。研究发现，建立安全、充满爱的和谐关系和积累成功解决问题的经验可以提高儿童的自尊和自我效能感，帮助儿童培养积极的心态和应对挑战的心理弹性。

第四，为个体获取资源或为个体完成生命中的重要转折期而创造机会，帮助他们产生希望和获取成功的资源。

鲁特的发展模型告诉我们，保护机制的产生过程不是避免外在负向环境的影响，而是利用个人力量及环境资源来减缓危机事件的影响，打破连锁的负向影响效应，促进个体内在资源的开发，促使个体有能力面对困境、适应挫折并得到良好发展。另外，不能把个体的心理弹性视为一个静态的、绝对化的发展，一旦形成后就不会变化，应当注意个体的保护性因素和所面对的逆境压力大小之间的对比。如果个体的保护性因素不足以承受压力，那么其心理弹性也会减弱甚至失去心理弹性。

（三）过程模型

理查森（Richardson）的过程模型描述的是一个人的身体、心理、精神在某一个时间点上适应了外界环境时的暂时平衡状态。它受到来自个体内外的各种保护因素和危险因素的联合影响。

危险因素与保护因素的相互作用决定了是否会发生系统失调。如果压力过大，保护因素无力抵抗危险因素的冲击，就会产生系统失调。此时，个体不得不改变原有的认知模式（如世界观、信念体系等），并同时体验到恐惧、内疚、困惑等情绪。随后个体会有意识或无意识地开始重新进行整合，可能会导致不同的结果：①心理弹性重组，达到更高水平的平衡状态，即增强了个体的心理弹性；②回归性重组，恢复到初始平衡状态，因为个体为了维持暂时的心理安逸而不肯改变，失去了成长的机会；③缺失性重组，伴随着丧失而建立起更低水平的平衡，这时个体不得已放弃生活中原有的动力、希望或者动机；④机能不良重组，伴随着功能紊乱而出现失衡状态，个体转而采用物质滥用、破坏行为或其他不健康的方式来应对生活压力。

这个模型的价值在于，它提醒人们心理弹性是有意识地选择的一种结果，与普通意义上的"复原"是有区别的。另外，此模型提示，在个体成长的每个发展阶段，增强心理弹性的保护因素与加剧个体脆弱性的危险因素之间总是在进行力量上的较量。只有在保护性因素占据绝对优势的转折点上时，个体才会适应良好。

（四）整合模型

库普弗（Kumpfer）提出了一个心理弹性框架模型（见图 10-1）。该模型将已有研究揭示的心理弹性相关影响因素与心理弹性产生过程进行了整合，用生态系统理论的思想来解读心理弹性。心理发展生态系统理论认为，发展是人主动与嵌入其中的生态环境不断相互作用的结果。人并非被动接受环境的影响，而是主动与外界进行互动并建构自己的经验世界。

图 10-1 按从左至右的顺序解释心理弹性的过程机制。作为输入刺激的压力或挑战打破了个体内部的动态平衡，心理弹性过程因此被激活。

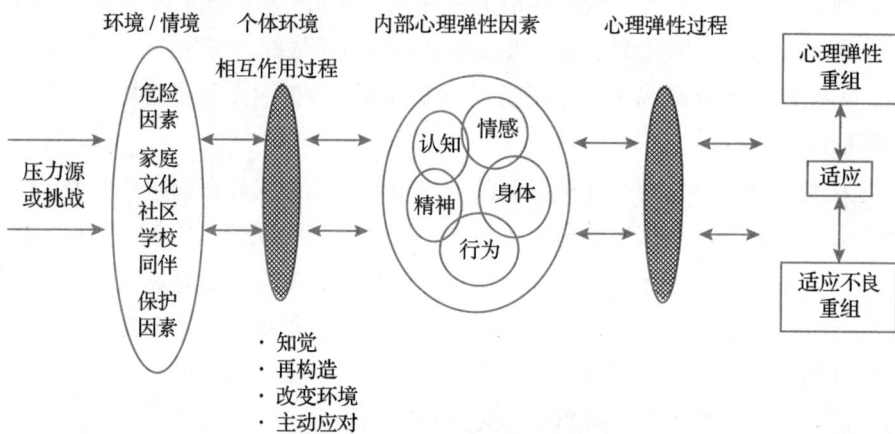

图 10-1　库普弗的心理弹性整合模型

图 10-1 中第一个椭圆框架描述的是外部环境背景（如家庭、学校、同伴、社区、文化等）中对个体成长起关键影响的危险因素与保护因素的平衡及相互作用过程。

第二个椭圆表示个体与其所处环境间的动态相互作用过程。这个过程包括个体有意或无意改变其环境或对环境进行选择性知觉（如关注负性事件的积极价值）、认知再构造（如改变非理性认知）、对环境的积极改变以及主动应对等，努力建构一个更具保护性的环境系统。库普弗举例说明了这种观点：居住在犯罪率高的社区但心理弹性强的孩子，通过寻求环境中各种亲社会要素来减少环境的危险因素，如与亲社会的家庭成员保持紧密联系、参加社区的活动以及结交正常的朋友等。

第三个椭圆表示个体内部的心理弹性因素，涉及 5 个方面的主体特征：认知方面（如学习技能、内省能力、谋划能力以及创造力）、情感方面（如情绪管理能力、幽默感、自尊修复能力以及幸福感）、精神方面（如生活中有梦想或目标、自信、悦纳自我、有坚定不移的品质）、行为方面（如人际交往能力、问题解决能力、沟通能力、同伴拒绝能力）以及身体方面（良好的身体状况、维护良好健康状态的能力、运动技能发展等）。

第四个椭圆表示心理弹性过程，此过程或长或短。个体经由危险或逆境逐渐接触习得了压力应对技巧，帮助其从压力中回弹，实现心理弹性重组，即变得更强并达到更高的心理弹性水平。在某些具体发展任务上取得的积极应对结果，将对今后新发展任务上的积极适应起支持作用。也就是说，积极适应结果可预测以后再遇压力或逆境时的心理弹性重组，如此个体便跻身较高水平的心理弹性者之列。反面结果即适应不良的重组，表现为较低水平的重整状态或不能显示出心理弹性，使得个体的心理功能停留在一个很低的水平。

该模型较系统地描画了由压力、挑战激活的个体身心系统由失衡失序到重整的过程图景，对心理弹性已有研究进行了整合，且为整合个体与环境层面的危险和保护因素作用的研究提供了渠道，是一个较全面和系统的心理弹性发展的参考体系。

第二节　大学生心理弹性的提升策略

心理弹性是每个人天生就具有的内在心理潜能，是一个发展的心理变量，在成年期后仍具有可塑性，可以通过针对性的训练得到提升。因此，大学生可以通过许多途径进一步开发和提升自己的心理弹性，从而更好地应对学习与生活中的各种挑战。

一、培养心理资本

作为社会中生存和发展的个体，需要拥有一定的资本。人力资本、社会资本、物质资本、生理资本和心理资本这五大资本对个体尤为重要。人力资本关注的是"你知道什么"，也就是我们身上所蕴含的知识、技能、经验和理念等，可以通过接受教育培训、积累经验等方式来提升。社会资本关注的是"你认识谁"，指通过关系、联系网络和朋友建立起来的关系资源，可以理解为我们的社会支持系统。物质资本关注的是"你有什么"，就是我们所拥有的物质财产。生理资本关注的是"你身体怎样"，指的是我们的身体健康状况与外在形象。心理资本关注的是"你有多少心理动能"，涉及我们对未来的信心、希望、乐观和保持心理弹性等心理状态。

对于大多数大学生而言，物质资本和社会资本主要是在毕业进入社会后提高的，大学期间重点投资的应该是人力资本、生理资本和心理资本。人力资本可以通过学习成绩、拥有的各种证书等来衡量，生理资本可以从外显的行为、信息等观察到。但是，心理资本因为具有内在性和隐形性而容易被忽视。那么，什么是心理资本呢？

小知识专栏 10-1

什么是心理资本？

美国学者弗雷德·路桑斯（Fred Luthaus）教授于 2004 年提出"心理资本"这一概念。心理资本是指个体在成长和发展过程中表现出来的一种积极心理状态。这种状态是可以改变和开发的。心理资本是借用一个商业名词寓意人的心理状况，如同人的物质资本存在盈利和亏损的问题，人的心理资本同样存在盈亏问题。比如，积极情绪是收入，消极情绪是支出，如果积极情绪多于消极情绪便是盈利，反之则是亏损。所谓的幸福，实际上就是个体的心理资本能否支撑他产生幸福的主观感受。

路桑斯教授将心理资本概括为希望、自我效能、心理弹性和乐观这四种引导正向的力量，并将其对应的英文单词首字母结合起来组成"HERO"。"H"代表希望，指的是对目标锲而不舍，为取得成功在必要时能调整实现目标的途径。"E"代表自我效能，指的是个体在面对充满挑战性的工作时，有信心并能付出必要的努力来获得成功。"R"代表心理弹性，当身处逆境和被问题困扰时，个体能够持之以恒，迅速复原并超越，以取得成功。"O"代表乐观，指的是个体对现在与未来的成功有积极的归因。这里的乐观不是一种自我陶醉或者不切实际的自我膨胀，代表一种从自律、剖析过去、权变计划与未雨绸缪中获得经验的现实能力。

心理资本中的自我效能可以使大学生提高自信心，相信自己有能力应对各种挑战和困难。这种自信来源于积极的心理状态和对未来的乐观预期。希望和乐观帮助个体看到问题中的机会与解决方案，激发个体的内在动力，促使大学生更加积极地寻求解决问题的方法，从而提高自我效能感和心理弹性。强大的心理资本可以支撑个体在遇到困难和压力时有勇气面对、有毅力坚持和有耐心寻找方法，是个体走出困境的重要保障。

（一）自我效能

自我效能是个体对自己在特定的情境里能够激发动力、调动认知资源，并采取必要的行动来完成某一项特定工作的信念，简单地说就是信心。高自我效能者有以下几个特点：第一，主动为自己设立一个较高的目标，或者主动选择相对较困难的工作任务；第二，主动迎接挑战，并因战胜挑战而变得更强大；第三，自我激励，而非依赖于外界的肯定；第四，为实现目标愿意投入必要的努力；第五，面对困难能够做到坚持不懈。那么，如何增强大学生自我效能的资本呢？

1. 注重积累并体验成功的经验

反复体验成功有利于开发自我效能感。第一，大学生给自己设置在某项任务上有弹性的、适中的目标。这个目标是具体的、可测量的、有挑战性的、可实现的。也就是说，这个目标既有一定的难度，又可以激发大学生的兴趣和探索精神，而且是可以实现的。第二，把复杂的、长期的大目标分解为可操作的、具体的若干小目标或子目标。第三，分步前进。分步前进会让大学生不断体验目标达成的快乐，激发个体向更高的目标前进。第四，及时给予奖励。承诺自己实现阶段小目标时给自己一些小奖励，注意这些奖励需要是你喜欢的。一旦小目标达成，一定要兑现承诺。承诺的奖励可以是打游戏、聊天、享受美食、听音乐、追剧等。

回顾成功体验有利于积累成功经验。积累成功经验，指的是大学生在遭遇挫折时会回顾过往的成功经验，以获得继续前进的动力。具体做法可以参照表 10-1。

表 10-1　回顾成功体验

当前事件	成功体验	结果
本学期考试不及格	上学期成绩优异，从中认识到自己的学习能力较好，总结失败经验	继续保持学习的积极性，不断进取
失恋	……	……
人际关系不良	……	……

2. 模仿和替代学习

社会生活中更多的知识和经验不是通过亲身实践而是通过对别人行为的观察与模仿获得的。榜样的行为给观察者展示了达到成功所需要采取的策略，为观察者提供了比较和判断自己能力的标准，也为观察者传递了只要通过努力就一定能成功的信心。也就是说，通过观察他人成功和失败的经验，个体可以增强自己的信心，尤其是当观察者与被观察者非常相似的时候。

3. 专长迁移

大学生通过专长迁移可以开发自我效能。

第一步，列出完成自己专长领域的典型任务需要什么关键要素、步骤或者技巧。在这里，要素是指完成特定任务可以分成哪些组成部分，或者这个任务具有哪些特征。步骤是指事情怎么做，或者要素中各个组成部分是如何组织在一起的。技巧是完成特定领域任务所使用的方法。比如，你将踢足球作为自己擅长的事情，那么要素就可以包括球场、球员、裁判、观众等，步骤可以是你如何带球过人并最终将球射入球门，而专长可以是你的体能、柔韧性、速度等。

第二步，分析任务，列出所要完成的难题需要什么关键要素、步骤或者技巧。比如，可以把写一篇学术论文的要素分为场合、助手、工具、导师等。

第三步，运用你的专长，列出你的专长和你要改进的领域之间的共通之处。对比的时候，引申得越具体、越远越好。比如，你的专长领域是踢球，还要改进的方面是写论文，那就问自己一个问题："踢球和写论文有什么共同特点？"当你想不出答案的时候，可以出去走一走，回来继续想。

　　找出你擅长的任务和你所学的内容基本构架之间的相似之处，有助于释放你的潜能，让你学会写文章，甚至写出好文章，或者完成各种各样你不擅长的任务。在这个过程中，你按照自己熟知的方式来认识写作的过程，而专长领域带给你的自我效能感可以帮助你克服面对困难时信心不足的困境。也许你找出的相似处并不完全贴切，但可以让你更了解自己所要解决的问题，这就足够了。

　　需要注意的是，不要担心你的专长和待解决的问题似乎没有什么联系，通过思考，我们是可以在两者之间找到联系的。另外，在自己专长方面你不用达到专业水准，日常或者普通任务中的专长也可以。

　　4. 积极的自我暗示

　　积极的自我暗示就是给自己积极的反馈和认可。无论身边发生了什么，都坚持进行积极的自我暗示，不断进行自我鼓励，相信自己可以做到。例如，每天早晨起床后的第一件事就是对自己说："我能行！我能行！我能行！"大学生在进行自我暗示时需要注意以下六点：第一，暗示语言简洁；第二，暗示语言积极且肯定；第三，暗示时意识温和；第四，一段时间后重新进行自我暗示；第五，每次重复 3 ～ 5 次最佳；第六，一段时间内只选择某一特定暗示语。

　　（二）乐观和希望

　　乐观和希望是两种未来指向的积极预期，两者如同"孪生子"，形影不离、相伴而生。希望是给未来确立目标、设计途径、激发动力的一种积极认知力量；乐观是预期结果、应对挫败、积极归因的一种积极认知力量。希望和乐观既是一种随境变化的认知态度和情绪体验，又是一种相对稳定的人格气质和心理资本。希望者矢志不移和锲而不舍的力量源于未来成功目标的牵引。乐观者的预期结果和成败归因的力量源于转败为胜的力量。希望者总能看到目标成功的必然性，乐观者常常直面结果成败的或然性。乐观者的积极归因使其对结果"胜不骄、败不馁"，并对目标"不扬鞭自奋蹄"。

　　那么，大学生如何提升希望和乐观资本呢？

　　1. 养成积极认知思维习惯

　　积极心理运动之父塞利格曼提出了培养乐观的 ABCDE 方案。塞利格曼认为，学会乐观最根本的就是了解我们的 ABC，即识别和评估事件（accident）、信念（belief）和结果（consult），然后通过与自己的悲观思想争辩（debate），从而激发（effort）成功的动力和行为。ABCDE 方案能针对性地改变个体悲观的思维方式，并且通过管理自我对话，促使个体养成积极的认知思维习惯。比如，某位大学生有一个消极悲观的观点，认为"他人总是对我很挑剔，这让我非常困扰"。在这里 A 是"他人总是对我很挑剔"，C 是"我非常困扰"，B 是"我认为我困扰的原因是他人总是对我很挑剔"。D 是这个大学生与自己的悲观思想进行的争辩："他只是对我挑剔吗？""我做的事确实有应被挑剔之处吗？""他的挑剔一定会困扰我而不会困扰其他人吗？""为什么有人不因他的挑剔而困扰？"通过争辩，从而激发成功的动力和行为 E："他人对我挑剔，这不会让我感到困扰，这只会让我看到自己工作的不足，让我表现得更为优秀。"

2. 积极归因

个体应找到积极事件永久性和普遍性的原因，对消极事件做出暂时性和特定性的解释。比如，一场考试考得很好，可以这么想："我擅长学习""我学习很努力"等；反之，一场考试没有考好，可以这么想："这次考试的题目类型我不太擅长""这次考试没有合理规划好复习时间"等。

3. 用辩证和发展的眼光看待事情

用辩证和发展的眼光看待事情。坏事情不可能是永久的、普遍的。如果我们换个角度来看待它并调整策略，坏事情就有可能向好事情转化。

二、发展自我关怀的能力

在大学生活中，大学生会经历大大小小的困难、挫折、挑战。在这些情况下，大学生如何对待自己会对自我的感受产生很大影响，并进而影响到个人的心理弹性。研究表明，自我关怀可以帮助人们更好地处理这些具有挑战性的情况，让个体对生活更加满意，更容易保持积极性。

小知识专栏 10-2

什么是自我关怀？

2003 年，美国心理学家克里斯汀·内夫（Kristin Neff）提出了自我关怀这一概念。自我关怀又称自我怜悯、自我同情，是指当个体处在困难、挫折、痛苦、失望等不好的情境时，个体能够对自己消极的状态保持开放和友善的态度，具有安抚和关心自己的能力。它包含三个要素：自我友善、共通人性和正念。

自我友善意味着个体要停止对自我的评判，不再贬低自己。个体需要接受自己的瑕疵和理解自己的失败，不再一味地加以谴责，要对自己消极的状态给予宽容和理解，而不是严厉的批评和指责。自我友善鼓励个体以友爱的方式理解自己，像对待一个遇到困难的朋友那样善待自己。

共通人性是指我们要认识到每个人都会有痛苦的遭遇，消极状态是人类共同生命经验的一部分，而不是孤立无援的。当个体经历挫折和困难时，记住这一点可以帮助其减轻孤独感，认识到自己并不孤单，明白所有人都会经历类似的痛苦和挑战。

正念是指对自己当下的认知、经历和感受等保持清醒的判断与客观的接纳。这意味着我们需要如实看待事物本身，不增不减，才能对当前的境遇报以最大且最有效的关怀。正念帮助我们处理负面情绪，用更宏观的视角看待正在经历的事情，不评判、不否认、不压抑，也不过度定义自己的想法和感受。

当个体面临困境或压力时，自我关怀作为一种积极的认知态度，能够有效帮助个体抵御自我苛责和消极反刍的负面影响。对于大学生群体而言，通过培养自我关怀的三个要素，可以提高自我关怀的能力，显著增强心理弹性，为应对成长挑战提供重要的心理资源。

自我关怀的第一个要素是自我友善。自我友善看起来很简单，实际上当心情不好的时候向自己表达友善是比较困难的。有的大学生刚开始尝试这样做可能会感到不舒服，需要进行一些练习，才会变得更加自然。比如，可以问问自己，如果朋友遭遇这样的情况会对朋友说什么，或者想一想朋友是如何给予自己温暖和接纳的；也可以使用支持性抚摸来对自己表达友善，例如拥抱。如果不太习惯拥抱，可以尝试做一些类似的事情，如搓搓手或交叉手臂，就像自己给自己一个拥抱，也可以试着把一只手放在自己的心脏上。还可以采取什么行动来支持自己的身体，如洗热水澡，做深呼吸，或好好睡一觉。另外，想一想可以做什么来支持自己的精神，如看一部有趣的电影，读一本有趣的书，或者和朋友一起玩游戏。

自我关怀的第二个要素是共通人性。共通人性是指认识到每个人都会经历困境，都会体验悲伤、愤怒、尴尬等负面情绪这一普遍规律。当遭遇挫折时，人们往往会陷入"只有我如此不幸"的认知偏差，这种孤立感会加剧心理痛苦。而共通人性的理念能够帮助我们建立与他人的情感联结，在困境中体会到"我并不孤单"的心理支持，从而缓解孤独感，增强面对困难的勇气。

自我关怀的第三个要素是正念。正念是指以客观、非评判的态度觉察当下的体验，既不回避现实，也不过度反应。例如，当精心计划的郊游因天气原因取消时，正念的回应是承认"我们很失望"，而非刻意压抑（如"我本来就不想去郊游"）或灾难化放大情绪（如"这是最糟糕的一天"）。对大学生而言，培养正念意味着：以开放态度觉察消极情绪，不否认其存在；保持对心理状态的客观观察，避免评判；在情绪波动中维持平衡，既不压抑也不放纵。这种觉察方式能有效防止负面情绪被强化或持久化，为心理调适提供缓冲空间。

总的来说，自我关怀不仅要做到关爱自己，宽恕自己，接纳自己的瑕疵和不完美，还要在自己犯错和失败的时候，坦然安抚自己，善待自己。大学生要不断学习并进行自我关怀，将其作为在困难时刻支持自己的一种有效方式。

三、建构、有效利用社会支持系统

现实中一些大学生在遇到困难、挫折时不愿意对别人说，担心别人会瞧不起自己或者对自己有不好的看法等，从而渐渐变得孤僻、沉默寡言。这种情况可以理解，但并不可取，尤其是当遭遇个人的力量和资源无法应对的困境时，选择一个人硬撑是不利于个体心理弹性发展的。这时寻求社会支持对于个体有效应对困境、提升心理弹性是非常必要的。

社会支持是指人们通过社会关系和社会组织获得他人在物质上、精神上给予的帮助与支持。社会支持有着不同的分类。

（一）客观支持、主观体验到的支持和对支持的利用度

这是从社会支持的性质、与心理变量的关系以及在支持利用上的差异进行的分类。客观支持也称实际社会支持，包括物质上的直接援助和社会网络、团体关系的直接存在和参与，是客观存在的现实，是人们赖以满足自身社会、生理和心理需求的重要资源。主观体验到的支持也称领悟社会支持，是个体所体验到的情感上的支持，即个体在社会中受尊重、被支持、被理解而产生的情感体验和满意程度，与个体的主观感受密切相关。对支持的利用度是指个体对社会支持的利用情况。在同样的社会支持面前，有的人会主动寻求并充分利用，有的人会拒绝外界的帮助，有的人根本就没有利用社会支持的意识或不懂得怎样利用社会支持。

（二）家庭支持、朋友支持和其他支持

这是从社会支持来源角度进行的分类。家庭支持是指来自家人的情感关怀、物质保障和成长引导等。朋友支持是指来自朋友的情感共鸣、陪伴与帮助等。其他支持是社会中的其他群体和组织为大学生提供的支持，比如同学支持、老师支持、社区支持等。

（三）认知支持、情感支持和行为支持

这是以社会支持方式为出发点的分类。认知支持是指提供各种信息、意见与知识等。情感支持是指提供安慰、倾听、理解及交流等。行为支持是指实际的帮助行动。

社会支持网络理论把个体与各种社会关系的交往视为一种相互关联的网络。在这个网络中，个体获得各种正式或者非正式的社会支持，从而获取社会资源、促进自身以及社会的发展。很多学者认为，社会支持不仅是一种单向的关怀与帮助，而且在多数情况下是一种社会交换。作为一名社会支持网络的应用者，如何使用、交换、获得社会支持网络资源，是每一位大学生需要思考的问题。

一个人所拥有的社会支持网络越强大，就能够越积极地应对各种来自环境的挑战。良好的社会支持有利于人们的身心健康，促进个体心理弹性的发展。产生这种效果的原因之一，就是家人和朋友的支持会成为阻挡压力事件的缓冲器，消除或减轻压力带来的精神紧张。另外，良好的人际关系有利于个体获得社会支持，对抗压力、逆境，而人际关系不良本身就是一个压力源。因此，大学生要学会人际交往，与他人建立良好、和谐的人际关系，建构自己的情感社会支持系统。

四、提升对顺境和逆境的认知水平

每一个人都希望自己事事顺利，然而顺境、逆境普遍存在于人生的各个阶段。对于涉世未深而又渴望有所作为的大学生而言，其总会和顺境或逆境不期而遇。如果总是生活在顺境中，平静、安逸、舒适的生活反而可能会使大学生安于现状、不思进取。诸多研究表明，在心理弹性的产生过程中，并不是所有的积极经历皆有保护作用，在优裕的环境中也会有不良发展。研究还发现，持续时间十分短暂和漫长的积极经历一般不会对心理弹性产生太大的作用，只有那些要么可以克服危险因素，要么可以对危险因素造成的损害进行弥补的积极经历才会有明显的保护作用。

正如巴尔扎克所说："世界上的事情永远不是绝对的，结果完全因人而异。苦难对于人才是一块垫脚石……对于能干的人是一笔财富，对于弱者是一个万丈深渊。"从选择性知觉的角度来讲，大学生可以关注逆境的积极面及对成长的积极价值。逆境在给大学生带来巨大的心理压力与情绪困扰的同时，也给大学生带来了成长的契机。

（一）逆境能够增强大学生的聪明才智

个体在努力走出逆境的过程中可能会自我反省，认真总结经验教训，探索摆脱逆境的方法；也可能会发现自身的不足，继而去学习新的知识和技能，逐步完善自我。因此，逆境的经历对于大学生是十分珍贵的，能使大学生学会反省、思考、总结、学习、创造，从而不断提高认识、增长才智，使大学生变得更加智慧。

（二）逆境能激发大学生的进取精神

逆境既代表困境又代表挑战，能唤起人的斗志，激发人奋进。大学生在与逆境的较量中能够获得宝贵的人生经验和信心。当一次又一次克服困难渡过难关、在逆境中奋起时，其自信不断提升。在大学校园中，逆境成为许多大学生自强不息、奋起拼搏、争取成功的动力和精神催化剂。

（三）逆境能磨砺大学生的意志

生活中很多优秀人才是在困境中崛起、在逆境中磨砺成长的。生活的磨炼造就了他们坚强的意志和优秀的品格，激发了他们的智慧和潜能，提高了他们独立思考、分析问题、解决问题的能力，使他们对复杂的客观环境和自我具有一种超乎寻常的把握能力，因而能够做出不凡的成绩。假如没有经历逆境的考验，他们也许不会做出那么大的成绩，甚至会平庸度过一生。因此，逆境具有锻炼和考验的作用，能够磨砺大学生的意志。

因此，无论顺境还是逆境都是一把双刃剑，对大学生的成长具有双重性。大学生需要以发展和变化的眼光理性看待顺境与逆境，在认知评估的基础上进行情绪调节，接纳自己的处境并做出积极的应对。

五、参加实践活动，主动接受生活的锻炼

大学生活是丰富多彩的。大学校园为每一位大学生提供了接受锻炼、提升心理弹性的舞台。通过参加社会实践活动，大学生可以丰富自己的人生阅历，积累生活经验，可以感受到生活的不易和人生的艰难，可以使自己的视野更加开阔、意志更加坚强，从而对困境拥有更客观的认识和更强的承受力。

课堂心理行为训练 10-1

辩论：顺境和逆境对心理弹性的影响

活动目标：加强对顺境、逆境影响心理弹性的理解。

活动过程：全班同学分成两大组，每组推选出 4 名同学代表本组进行辩论。

正方观点：顺境有利于提升心理弹性。

反方观点：逆境有利于提升心理弹性。

辩论结束后，教师做简要点评。

　　大学生可以考虑参加社会实践活动，包括社会调研，青年志愿者活动，科技下乡、文艺下乡、服务"三农"活动，教学实习模拟，各类文艺、体育活动，军训、素质拓展，演讲比赛、辩论比赛以及工作实习等。大学生在参加各类实践活动时，要明确自己需要完成的任务和担负的责任，在活动的不同阶段自我核查任务完成的质量、所用时间及其他与活动相关的事项。遇到困难时，大学生不要轻易改变或者放弃既定的计划和决定，坚韧不拔、持之以恒，应督促自己磨炼意志、达成目标，从而提升心理弹性水平。

　　总之，挫折和逆境会贯穿生命的整个历程中。生活不断变化的过程实质上是对个体的心理弹性持续提出更高要求的过程。而心理弹性的增强意味着个体可以更好的成长、收获健康和拥抱幸福。

本章小结

　　随着对心理弹性的概念、影响因素及理论模型研究的进展，我们对心理弹性的理解经历了由静态到动态发展的变化过程，并尝试从生态系统理论的角度来解读心理弹性。大学生心理弹性的提升策略，不仅聚焦在大学生自身，关注培养心理资本、发展自我关怀的能力、提升对顺境和逆境的认知水平，而且立足于生态系统的观点，要建构并有效利用自己的社会支持系统，主动参加实践活动，接受锻炼。

课后思考题

　　1. 请用一段话描述你对心理弹性的理解。

　　2. 请对照大学生心理弹性的提升策略，制订一个提升心理弹性的生活计划，并至少实践一个月。

第十一章 大学生提升幸福感的策略

📖 学习目标

1. 了解幸福的定义、幸福的类型。
2. 理解幸福的特性以及幸福感的影响因素。
3. 掌握提升幸福感的策略。
4. 运用所学知识，在实际生活中通过具体的行动和实践活动提升自己和他人的幸福感。

📖 知识导图

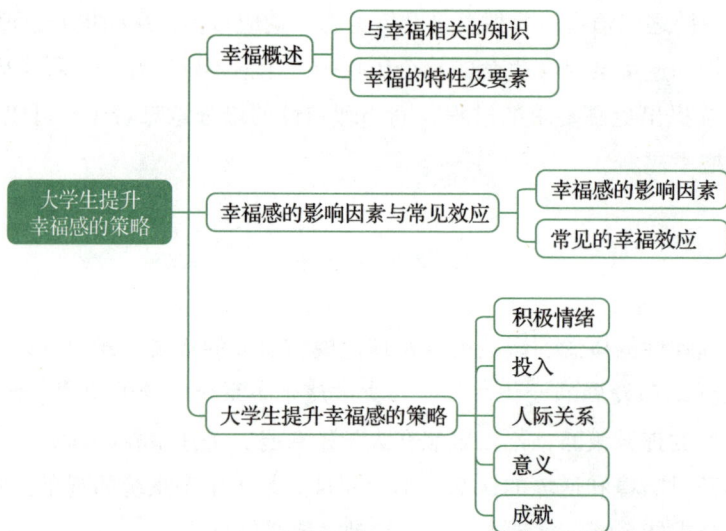

📖 关键词

幸福感；心理效应；自我提升

📖 案例导读

在《淮南子·人间训》中，有一个寓意深远的故事——塞翁失马。这个故事不仅在中国古代文学中占有一席之地，更蕴含了关于幸福的深刻启示。

故事讲的是古时候一位边塞老人丢了一匹马，别人去安慰他，但老人没有悲观失望，而是以平和的心态面对这件事情，认为这可能是一个转机。果不其然，马不仅自己回来了，还带回了一匹好马。后来，当儿子因骑马摔断腿时，老人依然保持乐观的态度。后来，当战争爆发，许多年轻人被迫参军并面临生命危险时，他的儿子却因为腿伤而免于战祸。

这一则寓言故事揭示了幸与不幸的相对性及其相互转换的奥秘。它启示我们：今日之不幸，或为明日幸福之序章。无论是学习还是生活中遭遇何种情境，皆为成长之契机，保持一颗平和心至关重要，这是应对挑战与培养幸福感的根本。

第一节　幸福概述

幸福是一种复杂的心理状态，自古以来就是人类不懈探求的终极愿景。

一、与幸福相关的知识

学者们尝试从哲学、心理学以及社会学领域来研究幸福，因此幸福的释义并不是单一的。对于大学生群体而言，幸福可从以下几个维度来理解。

首先，我们要认识到幸福是一种源自内心的主观感受，是对现状的积极评价。这种感受植根于个人价值观与期待的达成，同时不完全受外物左右。大学生正值人生旅途中观念成形与价值观确立的特殊时期，对幸福的感受尤为敏感且多变。

其次，我们需要了解到幸福既包含物质生活的富足，又涉及精神文化的充盈、人际关系的和睦以及自我实现的成就。大学生既要追求理论知识，又要注重培养兴趣、交流情感及承担社会责任。

最后，还要认识到幸福也是一种内在力量，涉及积极心态、情绪管理、逆境抵抗力及感恩利他等品质的培养。大学生可通过心理健康教育与实践，学会调整心态，应对压力，在逆境中找寻成长，学会关怀他人。

（一）幸福的定义

幸福的定义随社会进步和个人成长而演进。大学生通过全面提升知识、审美、人际交往及道德修养，可以在实现追求个人幸福的同时，为社会和谐做出贡献。

我们可以将幸福定义为：在理解生活多元性的基础上，经由不断学习、实践与自我反省，实现个人价值、促进成长、维护和谐人际关系并积极贡献社会过程中的持续、正面的心理体验。

（二）幸福的类型

幸福的类型有很多种，常见的类型有以下几种。

1. 基于物质条件满足的物质幸福

在经济学家和社会学家的研究视角下，物质基础是幸福感的前提。但我们要清晰地认识到，物质财富是获得幸福重要的一部分，但不是全部。它为幸福提供了可能性，但深层次的满足和长期的幸福还需要我们更多的努力。

2. 源自个人内心的心理幸福

塞利格曼是积极心理学的先驱。他强调乐观、感恩和希望等积极心理品质在提升幸福感中的积极作用。通过正念、感恩等实践，个体可以培养和提升幸福感。

3. 与人际关系的质量密切相关的社交幸福

社会心理学家指出，人作为社会性动物，需要与他人建立和谐、支持性的关系。这些关系提供了归属感和被接纳感，是幸福感的重要来源。

4. 侧重于感官体验和即时快乐的享乐幸福

行为经济学家丹尼尔·卡尼曼（Daniel Kahneman）研究表明，尽管享乐体验可能很短暂，但它能够迅速提升情绪，对幸福感有直接影响。

5. 与个体的自我实现和潜能发挥紧密相关的实现幸福

心理学家理查德·瑞安（Richard Ryan）和爱德华·德西（Edward Deci）的自我决定理论提出，当个体的自主性、能力和关联性需求得到满足时，他们将体验到更深刻的幸福感。

6. 与个体的思维模式和认知评估有关的认知幸福

认知心理学家发现，积极的思维习惯和认知重构技巧可以提升个体的幸福感。

7. 强调人与环境和谐相处的环境幸福

环境心理学家指出，个体对周围环境的感知和满意度对其幸福感有显著影响。

8. 与个体的道德行为和伦理选择紧密相连的道德幸福

亚里士多德（Aristotle）等哲学家认为，实现良好的道德品质是获得幸福生活的关键。

学者们尝试从多种维度来理解幸福，这些研究成果能够帮助大学生深入理解幸福的多元面貌。大学生可以从中获得启发，通过自我探索和实践，找到适合自己的幸福路径。大学生需要清晰地认识到，幸福是一段旅程，而不是一个目的地。通过全面发展自我，包括追求学业成就、培养人际交往能力、提升精神生活、参与社会服务等，大学生可以感受到不同类型的幸福。每个人都可以通过个人努力找到适合自己的幸福路径，在大学时光中创造出属于自己的幸福篇章。

二、幸福的特性及要素

幸福是一个深奥的主题，接下来我们来共同学习幸福的特性和构成要素。

（一）幸福的特性

1. 多样性

幸福是一个具有多维度和主观特性的概念，反映了个体对生活质量的积极评价及心理层面的满足感。每个人对幸福的感知与追求表现出差异性，幸福既可以是日常生活中简单而纯粹的愉悦体验，如品味一杯热茶所带来的温馨与舒适，又可以是追求更为广泛的体验与冒险，如通过环球旅行来探索未知的世界，丰富个人的生活阅历与视野。此外，家庭中的欢声笑语、亲情的深厚纽带以及朋友间的深厚情谊与相互扶持，都是构成个体幸福感不可或缺的重要因素。

2. 动态性

幸福是一个持续演变、具有发展性的概念，其内涵随着个体的生活阅历、心理状态以及社会背景的变迁而不断丰富和深化。在心理学领域，幸福感通常与个体的目标追求和实现紧密交织，相互依存。当个体成功达成某一目标后，往往会激发个体新的欲望和目标，进而驱使其不断追求更高层次的满足感和幸福感。

根据自我决定理论，个体的动机可划分为内在动机与外在动机两大类别。内在动机指的是个体基于内在兴趣和满足感而自发进行的各项活动，而外在动机指的是个体受到外部奖励或压力驱使而采取的行为。幸福感往往与内在动机之间存在更为紧密的关联，因为内在动机能够为个体带来更为持久且深刻的满足感。

此外，根据适应水平理论，个体的幸福感会随着时间的推移而适应于当前的生活条件和经验。这意味着随着个体经历的增加和目标的实现，个体对幸福的期望和标准也会相应提高，从而形成一种不断追求更高幸福感的循环。

3. 相对性

个体的幸福感常常受到社会比较理论的影响。该理论由美国社会心理学家利昂·费斯廷格（Leon Festinger）于1954年提出，认为个体倾向于评估自己的能力和观点，通过与他人比较来确定自己的社会地位和个人地位。但这种比较过程往往是主观的，并且可能信息有限。

社会比较是一种心理现象，主要可分为上行比较与下行比较两种形式。上行比较，即个体倾向于和在某些方面展现更优越特质的人进行对比；下行比较，则是与表现相对逊色的人进行比较。这两种比较方式均会对个体的主观幸福感产生深远影响。一般而言，上行比较更可能诱发个体的不满情绪与嫉妒心理，对个体的心理健康造成潜在威胁；而下行比较虽可能带来短暂的满足感，但如果比较的时间过长可能诱发同情或负罪感，对个体的情感状态造成负面影响。因此，在社会比较的过程中，个体应合理选择比较方式，避免过度陷入不恰当的比较之中。

4. 可塑性

幸福是一种心理状态，它的培养和提升依赖个体的积极心态与行为。这一观点在积极心理学领域已得到广泛且深入的研究与认可。积极心理学尤为注重发掘与弘扬个体的内在潜能和积极特质，并坚信通过积极的思维与行动，能够显著增强个体的幸福感。

5. 分享性

幸福作为一种心理体验，具有流动性和扩展性。当我们将快乐与他人分享时，不仅幸福感得到增强，还能将幸福传递给更多人。幸福如同种子，播撒出去，就可以生根发芽，绽放出更多的花朵。

（二）幸福的构成要素

PERMA 模型由"积极心理学之父"塞利格曼在《持续的幸福》一书中提出（图 11-1 所示）。他认为全面的幸福一定是人在积极情绪、投入、人际关系、意义、成就这五个维度上的充分发挥、蓬勃发展、充分体验和展示。大学生可以从这五个方面着手提升幸福感。

图 11-1　PERMA 模型

1. 积极情绪

积极情绪就是人们感受到的愉悦、狂喜、入迷、温暖、舒适等情绪。积极心理学家将情绪分为过去的积极情绪（如感恩）、现在的积极情绪（如快乐、平静）及未来的积极情绪（如希望）。个体可以通过提升认识与管理情绪的能力，学习主动创造感恩、平静、希望等积极情绪的方法，以及掌握应对消极情绪的技能等多种途径来培养积极情绪。心理学家认为，频繁地体验到积极情绪有助于促进个体在社会关系、学业成就、工作效率、创造力、自我效能、自尊等方面的发展。

2. 投入

投入是指完全沉浸在一项吸引人的活动中，感觉自己融入其中，时间停滞，自我意识消失。投入常常与心流或福流有关。有研究显示，个体的积极投入程度与其幸福感、学习能力、学习成绩呈正相关。高投入的大学生可以将兴趣、好奇心、专注力等投入学习与生活，往往会对学习与生活展现出高涨的热情和浓烈的兴趣。他们经常对达成目标和实现人生的抱负充满激情，并怀揣着远大的理想和崇高的追求。对于大学生来说，积极投入的最核心部分是学习，培养自身的内在学习动机、科学的时间管理能力和学习能力，从而实现学习目标。

3. 人际关系

积极的人际关系是发展社交技能、沟通能力、爱的能力，建立和维护有价值的良好人际关系。良好的社会支持对大学生的身心发展至关重要。大学生可以在社会支持的环境中发展出良好的社会适应性、社会学习能力与平衡健全的身体状态。支持性的人际关系（如同伴关系、师生关系、家庭关系等）有助于提升大学生的主观幸福感、韧性和人生意义。

4. 意义

意义是指大学生为他人和社会谋福祉而获得的崇高内在价值的体验。研究发现，感悟到意义有益于个体的身体健康，不仅能提升生活满意感并使其建立和谐的社会关系，还能预防抑郁症、躯体疼痛和危险行为的发生。这是因为意义能够给人提供对生命、个人存在的使命感与方向感。体验到人生的意义与生活的价值是人生幸福的重要体现之一。

5. 成就

成就指的是大学生发展自身潜力以助其达成有意义的目标，从而提升大学生实现有价值目标的能力、遭受困难与挫折时仍能持之以恒的内驱力、在人生重要领域获取竞争力与成就的能力。研究表明，幸福与积极成就的关系是双向的。

以上五个要素不仅能帮助个体感到满意、满足，还能提升个体学习、工作的效率，构建平和的心灵世界。例如，积极情绪不仅能增强个体的日常体验，还能促进个体建立创造性思维和稳定的社交联系；投入并完全沉浸于一项活动中，可以增强个人的工作和生活满意度；建立有意义的人际关系在促进个体幸福感中发挥着核心作用，其中强大的社会支持网络不仅能够提供情感上的慰藉和实际帮助，还能够增强个体在面对压力和逆境时的韧性；意义让个体的努力和挑战变得值得；成就给予个体自我实现的机会和获得自豪。

第二节　幸福感的影响因素与常见效应

幸福感是一个多维度的心理状态，受个人因素和环境因素的共同影响。

一、幸福感的影响因素

（一）个人因素

1. 人格特质

人格特质作为影响个体幸福感的关键因素之一，是幸福的基石。有些人格特质，如外向性，能够使个体在社交环境中游刃有余，自如地建立并维护人际关系，进而获得归属感和满足感。相反，神经质倾向较明显的个体可能更容易体验到焦虑和不安等负面情绪，在一定程度上会削弱其幸福感。乐观主义者则常常能够洞察生活中的积极方面，即便面临困境也能保持积极向上的心态。这种积极的心态是幸福的重要源泉之一。

2. 自我效能感

自我效能感，即个体对自身能力所持有的坚定信念，是激励个体不断前行的核心驱动力。当个体深信自己有能力成功完成某项任务或实现特定目标时，他就更倾向于付诸实践，并最终实现预期的成功。这种成功的体验将进一步增强其幸福感。相反，若个体缺乏自信，则可能抑制其追求目标的积极性，进而降低幸福感的产生。因此，自我效能感对于个体的成长与发展具有至关重要的意义。

3. 情绪稳定性

情绪稳定性，就像是情绪的指南针，为个体指明通往幸福港湾的道路。情绪稳定的个体在生活中往往能够从容应对，不因短暂的挫折而长期沉溺于消极情绪。相较之下，情绪波动较大的人则更易受外界因素的左右。他的情绪如同过山车般跌宕起伏，无疑为其获得幸福带来了严峻的挑战。

4. 价值观和目标

个人的价值观和目标，如同指引人生航向的灯塔，为个体提供了明确的方向。当个体的行为举止与内在秉持的价值观保持高度一致时，个体便会感受到内心的宁静与满足。但若个体的行为与所秉持的价值观产生偏差，便可能引发内心的冲突与不满，进而削弱个体的幸福感体验。

5. 社交能力

社交能力作为个体与他人沟通互动的桥梁，为个体的生活注入了人与人之间的温情。具备优秀的社交能力，有助于大学生构筑并维护稳固健康的人际关系。这些关系是大学生获得支持与鼓励的重要源泉。在他人的陪伴与关怀下，大学生更能深切地体会到幸福与满足。

6. 适应性

适应性是个体应对生活挑战时的重要品质，体现了个体面对变化与压力时的灵活应变能力。具备高度适应性的人，能够从容应对各种变化，并在逆境中发掘成长的可能，将挑战转化为个人前进的动力。这种品质不仅有助于个体在困难时期保持积极的心态，更能使个体在顺境中保持谦逊与感恩之心，以更加稳健的步伐迈向未来。

（二）环境因素

1. 经济状况

经济状况为个体提供基本的生活保障。从食物、衣物到住所，经济的稳定使个体免受饥寒之苦，从而为幸福感的萌生创造了条件。但金钱并非万能，当基本需求得到满足后，其对幸福感的贡献逐渐减弱，此时追求更高层次的精神满足变得尤为重要。

2. 社会支持

在大学生活中，社会支持扮演着重要角色，赋予大学生力量。这种支持来源于多元化的渠道，如家人的殷切鼓励、朋友的深情陪伴以及校园社区所提供的丰富资源和无私帮助。无论是情感层面的慰藉、学业方面的协助，还是职业发展上的指导，这些支持都是大学生在面对挑战时的宝贵资产。

当大学生在学业压力、人际关系或未来规划等方面遭遇困境时，来自周围人的支持可为大学生注入前进的动力和勇气。一个坚实可靠的社会支持网络不仅能够助力大学生更好地应对生活中的波折与起伏，还能够显著提升大学生的心理健康水平和生活满意度。

3. 文化活动

文化活动在大学生生活中具有举足轻重的地位，极大地丰富了大学生的精神世界，并为日常校园生活注入了活力与色彩。无论是亲身参与校园音乐会、观赏戏剧演出、浏览艺术展览，还是聆听各种主题的学术报告，这些形式多样的文化活动均能有效激发大学生的创新思维与艺术想象力。

通过亲身体验与积极参与这些活动，大学生们不仅能够汲取知识与灵感，更能够在紧张的学业之余找到心灵的慰藉与满足。一场精彩绝伦的音乐会不仅能够让学生领略到艺术的魅力，还能够在同学间的交流中加深友谊，分享那份感动与喜悦。一次深入的学术讲座则可能激发学生的思想火花，拓宽其视野，甚至对其未来的职业规划产生深远影响。通过参与文化活动，学生们能够更好地融入集体，感受到强烈的归属感和认同感。

二、常见的幸福效应

（一）积极心理效应

1. 南风效应

南风效应又称温暖法则，源自法国作家拉封丹的寓言故事。在故事中，北风和南风比谁能让行人脱下外套。北风用寒冷的方式让行人紧缩衣物，而南风用温暖和煦的风吹拂，使行人感到舒适而自然地脱下外套。这个效应告诉我们，温和、善意的态度比强硬、冷漠的方式更能赢得他人的认同和合作。

南风效应倡导以温和、善意的方式去影响他人，有助于促进人际关系的和谐融洽，进而增强个体的社会支持感。在构建幸福感的过程中，良好的人际关系发挥着重要作用。当个体以温暖与关怀的态度对待他人时，往往能够收获深厚的友谊与真挚的爱意。

此外，通过帮助他人、传递关爱，个体的自我价值感会得到提升，从而进一步增强个人的幸福感。

2. 晕轮效应

晕轮效应本质上是一种认知偏差，最初由美国心理学家桑代克于 20 世纪 20 年代提出。它描述的是，当个体对某人在某一方面持有高度评价时，这种积极的认知会如同晕轮般扩散至该人的其他特质，从而导致对其整体评价过高。此种现象在日常生活中屡见不鲜，如对于外表出众的个体，人们往往会倾向于认为其在其他领域同样卓越。

虽然晕轮效应可能导致个体在评价他人时丧失客观性，但是它揭示了通往幸福的一条重要途径：积极的第一印象和正面的个人形象有助于个体获得更多的机遇与资源。在追求幸福的过程中，注重个人形象的塑造以及社交技能的提升，将有助于个体更有效地与他人建立联系，从而开启更多通往幸福的可能。

3. 视网膜效应

视网膜效应又称选择性注意，是指个体倾向于注意和记住与自己相关的信息，而忽略其他信息的心理现象。这种效应使个体在面对大量信息时能够有效筛选，但也可能导致视野狭窄，忽视重要信息。

视网膜效应揭示了一个道理，即个体的注意力和兴趣点会在很大程度上塑造其对周围世界的认知与理解。因此，通过有意识地培养自身对积极、正面信息的敏感度，个体便能更加敏锐地捕捉生活中的美好与幸福。比如，在日常生活中，个体可以多关注身边的人和事，珍视并感恩生活中的每一个微小瞬间。这样能有效促进个体构建一种积极、乐观的心态，从而进一步提升个人的幸福感。

4. 马太效应

马太效应由社会学家罗伯特·默顿（Robert Merton）于 20 世纪中期提出。它是指少数个体占据优势资源，并且利用这一优势不断巩固甚至扩大其优势地位的现象。在心理学中，马太效应指的是在某些领域，成功和资源往往会自我增强，使得已经成功的人更容易继续成功，而处于不利地位的人更难改变现状。

马太效应提示我们，成功与资源的积累往往能够催生更多的成功。因此，在追求个人幸福的道路上，个体应致力于积累正面的经验与资源，如知识、技能、人脉网络等，帮助个体提高幸福感。同时，个体也应深刻认识到社会资源分配的不均衡性，积极为那些处于不利地位的人们提供必要的支持与援助，共同构建一个公正、和谐且充满幸福的社会。

5. 皮格马利翁效应

皮格马利翁效应又称自我实现的预言，是指高期望能够带来更好的表现。这个效应是由美国心理学家罗森塔尔提出的。他曾做过一个有趣的试验：他对一所小学中 6 个班的学生成绩发展进行预测，并把他认为有发展潜力的学生列了一个名单，用赞赏的口吻通知学校校长和有关教师，并再三叮嘱他们对名单保密。实际上，这些名单是他随机生成的。出乎意料的是，8个月以后竟出现了令人惊喜的变化：名单上的学生，个个学习进步，性格开朗活泼，求知欲强，与老师感情甚笃。原来，这些教师得到权威性的预测暗示后，便开始对这些学生投以信任的目光，态度也亲切温和起来，即使他们犯了错误，也相信他们能改正。正是这种暗含的期待和信任增强了学生的进取心，使他们更加自尊、自爱、自信和自强，奋发向上，故而出现了"奇迹"。

皮格马利翁效应表明期望与信心在个体表现中具有核心作用。在追求幸福的道路上，大学生应保持对自身的高期望与坚定信心，坚信自己能够达成目标。这种积极心态不仅能够释放潜能，助力克服障碍，更能够促进自我成长。同时，对他人的鼓励与支持亦能增强其幸福感，进而提升整个群体的幸福指数。

南风效应、晕轮效应、视网膜效应、马太效应和皮格马利翁效应，均与大学生的幸福感紧密相连。深入理解并巧妙运用这些效应，将有助于大学生构建健康的人际关系，提升自我价值感，实现个人目标，从而在追求幸福的道路上不断前进。

课堂心理行为训练 11-1

积极心态工作坊

活动目标：培养学生的积极心态，学习如何面对挑战和失败。

活动过程：

1. 分享积极心态的重要性和实例。

2. 学生写下自己面对的挑战和失败，并探讨如何以积极的心态应对。

3. 小组讨论，互相提供支持和建议。

（二）消极心理效应

1. 虚假希望综合征

虚假希望综合征是指个体对于改变现状持有不切实际的乐观态度，但缺乏实际行动或计划来支持这些期望。这种心态常见于那些渴望改变但又不愿付出努力的人。

虚假希望综合征与幸福感的关系是，长期的不切实际期望会导致个体反复经历失败和失望，从而降低自我效能感和幸福感。大学生应该学会设定合理的目标，并采取切实可行的行动来实现这些目标，进而逐步提升自我价值感和幸福感。

2. 意志力陷阱

意志力陷阱，即个体过度倚重意志力来调控行为与决策，而未能充分考量环境因素与习惯对行为形成的潜在影响。此种过度依赖可能会使意志力过早耗竭，致使个体在关键时刻难以坚持正确的选择。

意志力陷阱与幸福感之间存在密切关联。频繁发生意志力耗竭现象易使个体感受到压力与挫败感，进而对其心理健康及幸福感产生负面影响。因此，大学生应深刻认识到意志力的局限性，并通过营造健康的生活环境与培养良好习惯来辅助自身目标的实现，降低对意志力的过度依赖，进而提升个体的幸福感。

3. 钟摆效应

钟摆效应描述了个体在极端情绪或行为之间摆动的现象，如从一个极端跳转到另一个极端，而不是寻求平衡。这种模式可能导致个体在决策和行为上缺乏一致性与稳定性。

钟摆效应与幸福感的关系是，长期的极端摆动会使个体难以维持稳定的情绪和行为模式，从而影响其心理健康和幸福感。大学生应该学会寻求平衡，避免极端情绪和行为，以获得稳定和持久的幸福感。

（三）幸福递减定律

幸福递减定律是指随着时间的推移，个体对于同一水平的幸福刺激反应逐渐减弱，需要更强烈的刺激才能获得同等程度的幸福感。

幸福递减定律与幸福感的关系是，个体可能会不断追求更强烈的刺激来维持幸福感，而忽视了日常生活中简单而持久的幸福来源。大学生应该学会欣赏生活中的小确幸，培养感恩和满足感，从而在不断变化的环境中获得稳定的幸福感。

通过理解这些消极幸福效应，大学生可以更好地认识到影响幸福感的心理和行为模式，并采取措施来避免它们带来的负面影响。通过设定合理的期望、培养健康的习惯、寻求生活的平衡以及培养感恩的心态，大学生可以有效提升自己的幸福感，享受更加充实和满意的大学生活。

第三节　大学生提升幸福感的策略

生活对每个人均秉持公平原则。幸福并非无缘无故地降临，而是需要个人坚持不懈地为之努力。我们要学会敏锐地察觉幸福的存在。只有那些擅长创造幸福并善于感知幸福的人，才更容易得到世界的温柔相待，体验更为丰富的幸福感。下面围绕 PERMA 模型的五个方面，为同学们提供一些提升幸福感的策略。

一、积极情绪

（一）放松

大学生可通过各种放松技巧，如深呼吸、渐进性肌肉放松、想象、自我暗示等放松活动，有效缓解身体和心理的紧张，引发愉悦、平静等积极情绪。这些方法对处理焦虑、疼痛和其他应激有明显效果。同学们在日常生活中可两人或多人一组，其中一人作为引导者，按照课堂心理行为训练中的相关内容对其他同学进行放松引导。

（二）冥想

冥想的过程可以帮助大学生集中注意力，觉察自身情绪并平静内心，促进积极情绪的产生与稳定，提升内心的平和与喜悦感。

无论个体面对的是不可控的压力（学习、人际、情感、就业等）还是生活琐事，个体都可以尝试将注意力集中在某些具体事情上而不是反复思考压力，在这种状态下，个体可以仔细思考带来压力的事件并暂时减少因压力带来的心理困扰。冥想适用于所有人，可以对个体的心理幸福感产生积极影响。已有研究证明，冥想在短期内会引起心跳频率和呼吸频率降低，自发的皮肤电导起伏率降低，皮质醇降低和脑电 α 波频率提高，诱发积极的精神状态。长期冥想可以促进心理功能的正常运作，包括认知功能、创造力和共情能力。另外，长期的冥想也可以帮助调节焦虑、压抑等大学生常见的心理问题。

小 知 识 专 栏 11-1

冥想练习指导

在冥想过程中，个体只是作为一个观察者，观察自己的想法从个体的意识中经过。在这一过程中，个体必须意识到这些想法不等于个体自身，所以个体只是一个旁观者。同时，个体必须意识到，这只是想法而不是现实，所以个体没有必要把它们当作现实去接受。

冥想练习指导：

1. 大学生可以尝试长期坚持冥想，每天抽出一些时间来静坐；

2. 在静坐时尽可能地选择安静、舒适的环境，排除外界事物的干扰；

3. 当静坐一段时间后，各种积极或消极的想法就会进入意识，此时务必要将注意力集中在某一特定的刺激上（如呼吸）；

4. 当这些想法进入或离开意识时，我们只需要静静地观察它，而不要被这些想法所阻碍。

（三）运动

运动促使身体分泌内啡肽、多巴胺等神经递质，能带来兴奋、快乐等积极情绪体验，改善大学生情绪状态。同时，定期做运动可以降低压抑和焦虑情绪，提高学生的学习效率并提升自我概念。运动也可以达到健身的效果，可以增强一个人身体的敏捷度，促进心血管的正常运行。

运动的种类和形式有很多种，同学们要正确对待运动，在运动时把握好以下几个原则。

1. 运动前应做好医学检查

检查的项目有血压、心率、肺活量、胸围、呼吸差、体重、心电图、肾功能、肝功能、基础代谢率等，并做好记录。一方面，经过一段时间的运动后再进行一次检查，前后对比，可以了解运动量的大小、运动时间的长短是否恰当，运动是否有效果；另一方面通过检查可以了解自己身体的状况，以便在运动时做到心中有数，以免发生意外。

2. 将运动融入生活，随时随地运动

早晨醒来后，可以先伸几下懒腰，然后屈腿双手抱住在床上左右滚动，按摩脊椎，预防腰背疼。无论是坐着还是站着、学习还是刷视频、听音乐还是打游戏，都可以交替收紧和放松臀部、腹部和大腿部肌肉，以增强臀部、腹部和大腿肌肉的力量，减少脂肪的积存，并预防痔疮的发生。

3. 选择恰当的运动项目

体育项目有很多，如篮球、排球、足球、短跑、中跑、长跑、举重、滑冰、游泳、武术、登山等。大学生在选择运动项目时要根据自己的年龄、身体素质、兴趣爱好、校园场地、原来运动的基础等选择一项或几项适合自己的运动项目，如跑步、太极拳、步行、气功等。

4. 确定合理的运动量

一般来说，运动量的大小要循序渐进，并根据具体情况随时调整。如果运动时感觉胸闷、气促、头昏或运动后食欲减退、极度疲劳，说明运动量过大。如果运动中和运动后身体无发热、出汗现象，心率没有多大变化，呼吸也不急促，说明运动量过小或运动时间过短，对促进健康的作用不大。运动时感到身体发热、出汗，运动后感到周身轻松、舒畅，食欲和睡眠有所改善，说明运动量安排是合适的，对肌体会产生良好作用。运动量除根据自己的主观感觉测定外，还可根据运动中的脉搏数进行监测。通常运动后的心率为每分钟 100～180 次。

5. 体育运动应注意的事项

进行体育运动时应注意以下事项：一是要量力而行，切忌争强好胜。二是呼吸要自然，有节律，切忌屏气使劲。三是动作宜缓慢柔和，切忌动作剧烈、快速、突然改变姿势。四是要循序渐进，持之以恒，切忌急于求成。五是运动时要平心静气，专心致志，切忌过分激动或心猿意马。六是饭后不宜做剧烈运动，身体健康且经常参加运动的人，饭后休息一个小时就可以运动了；对不常运动或体质较弱的人，间隔时间要长一些；吃了难消化的食物后，休息的时间也要长一些。七是运动中应少量多次饮水，达到止渴目的即可，切忌饮水过量。八是瘦人也需要运动。

（四）宣泄

宣泄可为大学生的不良情绪提供出口。释放压抑的负面情绪有助于大学生恢复积极的情绪心境，如通过大喊、写日记等方式宣泄愤怒、悲伤等情绪，可为积极情绪腾出空间。因为当个体面对一种超出自己能力范围的创伤或挑战时，如果设法遗忘它或者隐瞒它，那么个体的健康会受到伤害。在一项心理学研究中，具有代表性的不同群体的个体（学生、灾难幸存者、各种创伤的受害者、最近被解雇的个体）参加实验并被要求写下他们的经历。在连续 4 天时间里，每个被试者花 15 分钟单独写下自己的经历。实验随机安排一半的被试者写下创伤经历，另一半被试者则写下他们在前 24 小时内发生过

的生活琐事。写下创伤记忆的被试者用具体和随意的方式把他们受到创伤的事件一口气写下来，并要求他们毫无隐瞒地写下与创伤有关的最深层的想法和感受。实验结束后，每隔 6 个月对这些被试者进行追踪调查，并对两组被试者的健康状况进行比较。结果显示：与写下琐碎事件的被试者相比，写下创伤记忆的被试者的免疫系统运作得更正常，健康状况更好。

当必须面对一些困难时，个体可以尝试一口气将事件写下来，注意在写的过程中不要考虑语法、字体或形式等，只需详细地写下事件的客观情况和由这些情况引起的个体最深层的想法与感受即可。同时，个体在写的时候不要受到其他人的干扰，独自一人进行。写完以后个体可能会暂时觉得悲哀或忧郁，但是从长远目光看，这种做法可能会对个体的健康有益。

（五）感恩

培养感恩的心态，可使个体更多地关注生活中的美好事物和他人的善意，从而激发感激、满足等积极情感，提升整体的幸福感。感恩作为一种心理品质，对大学生的幸福感具有深远的影响。实践感恩的方式多种多样，如养成撰写感恩日记的习惯，每天记录值得感恩的瞬间。在日常生活中，主动向他人表达我们的感激之情。通过冥想等心灵修养的方式，提升对生活中美好事物的觉察力和欣赏能力。

小知识专栏 11-2

感恩练习

首先准备一张纸，仔细地回想一下，在这个学期的学习或生活中，有没有人无私地帮助过你、关心过你，让你感受到温暖和爱，是你一直想感谢、有一些话想对他们说却又没有说出口的。请列出至少三个这样对你有重要意义的人的名字，回想与他们的交往过程。

1. 按照重要顺序或者感激的急迫顺序，将这三个人名做一个排序，挑出最重要的人，作为首先拜访的对象。

2. 回想这个人与你交往的过程，尤其是你特别感激他的地方，写一段诚恳的表达感激的话。

3. 如果这个拜访对象就在课堂上，你可以读给他听。如果拜访对象是课堂以外的人，选择一个合适的时机，将这段话告诉他。

4. 更换拜访名单，坚持每月拜访名单中不同的人。如果坚持下来，你会发现你身边的生活圈子和自己的内心状态都会发生巨大的变化。

二、投入

当个体全身心投入自己喜爱或具有挑战性的活动中，如绘画、阅读、跳舞、科研等，进入心流状态，并完全专注和享受其中，忘记时间的流逝和外界干扰时，便不会想起日常生活中的挫折、忧虑等。当成功完成工作任务后，个体的自我意识会得到增强。这种深度投入带来的满足感和成就感是幸福感的重要来源。在沉浸活动中，同学们的时间知觉也会发生改变，有时候感觉 1 个小时如同 1 分钟那么短暂，而有些时候感觉 1 分钟如同 1 个小时一样漫长。

大学生如果想体验心流状态，所选择的活动必须是需要自己运用一定的技能才能完成的任务，并且尽可能接近自己的极限，更为重要的是，认为自身可以胜任并有能力完成，比如学会一首歌曲或打一轮游戏。在沉浸体验中，任务难度和所需技能所占的比例接近 1 ：1(见图 11-2)。

如果任务难度大而技能不足，学生就会感到焦虑；相反，如果技能高超而任务太简单，学生就会感到乏味。只有当难度和技能匹配时，学生才能体会到心流状态。

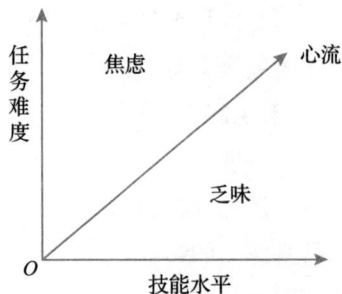

图 11-2　沉浸体验与任务难度、技能水平的关系

三、人际关系

（一）情商

高情商有助于个体更好地理解他人的情绪、需求和意图，同时有效管理自己的情绪表达和行为反应，从而建立和维护良好、和谐、亲密的人际关系，如与朋友、家人、同事等的相处，获得情感支持与归属感。

大学生常见的提高情商的策略有自我监控、自我调节、沟通和问题解决等。

小 知 识 专 栏 11-3

自我监控练习

自我监控是指记录自己的情绪变化，主要包括以下 4 个方面。

1. 记录引起情绪变化的行为；

2. 记录引起情绪变化的信念；

3. 将情绪变化结果在一个 10 点量表上进行评定；

4. 定期对记录进行回顾和反思。

小知识专栏 11-4

自我调节练习

情绪自我调节的策略主要包括以下 3 个方面。

1. 应对悲伤情绪。个体应避免沉浸在引发悲伤的情境中，主动调整注意力，关注困难情境中积极或中性的方面；挑战自身的悲观思维和完美主义倾向，采取积极行动解决问题，并主动寻求社会支持。

2. 缓解焦虑情绪。个体应识别并质疑那些夸大威胁的消极想法，通过逐步接触令你感到不安的情境来培养勇气；运用深呼吸、正念等应对技巧，有效降低焦虑水平。

3. 处理愤怒情绪。离开可能激化情绪的环境，给自己冷静的空间；将注意力从引发愤怒的焦点转移，更多关注情境中可控的部分；以冷静、坚定的态度表达自己的感受，明确请求对方停止挑衅行为；通过深呼吸或短暂停顿等方式平复情绪，尝试理解对方的立场，减少对立反应。

（二）社会支持

来自家庭、朋友、同学、社区等多方面的社会支持网络，无论是物质上的援助还是精神上的鼓励与陪伴，都能在个体面临困难、压力或挫折时提供缓冲和力量，增强个体的心理弹性，是幸福感的重要保障。大学生增强自己的社会支持系统可以从以下 4 个方面努力。

1. 与亲戚间保持来往

大学生可以尝试制订一个与家族成员保持接触的计划。在计划中，与亲戚间联系的频率、方式都要尽可能明确。同学们在大学读书期间按计划与家族成员保持联系，可以有效提升自身的社会支持力量。

2. 与少数人保持亲密的友谊

大学生在结交好朋友之前，一定要进行初步筛选，选择与自己兴趣相投、能力相当、情况相似、阅历相仿的人，因为相似的两个人之间的友谊，比不相似的两个人之间的关系要深厚得多。在友谊建立之后，大学生还要尝试对友谊的牢靠程度进行检验，如可以适当暴露一些你自己的不足，或者当自己置身于困难时你的朋友是否会前来帮助。与几个亲密可靠的人保持友谊是获取幸福的重要方式。

3. 参加学生集体活动

集体活动提供了一种交流的平台，能够扩大学生的交际面，获取更多的社会支持。同时，集体活动过程中学生可体验到心流状态，提高个体幸福感。

（三）助人自助

大学生在帮助他人解决问题、实现成长的过程中，不仅会使对方受益，自己也能收获成就感、价值感以及更紧密的人际关系连接。可见彼此的互动和积极影响可促进人际关系的良性发展，并提升个人的幸福感。大学生可以借助冥想来感受助人过程中的幸福感。

小知识专栏 11-5

幸福冥想

同学们可以两人一组，相互帮助，其中一人担任引导者，并帮助对方进入冥想状态。

具体冥想过程如下。

选择一个安静的地方，坐在凳子上或盘腿坐在地上。确定自己处于舒适的姿势，但背部和颈部要挺直。自己决定是否要闭上眼睛。

深呼吸，试着保持心态平静，每次吸气都要吸到底。在呼出时，要通过口或鼻慢慢地呼出。

用意念扫描你的全身。如果有任何部位感到紧张，就将你的呼吸传向那里，并让这个部位放松。至少保持5分钟（最长不超过20分钟），专注于你深缓的呼吸。如果发现注意力不集中，把它简单而自然地带回到你的呼吸上即可。

继续深呼吸，让积极情绪包围自己。你可以想象你帮助他人的经历，以及由此产生的成就感。用心灵的眼睛对视那个人感激的目光，认真地体会那种感受，并让它具体化。当你再次在心里看到对方并体会自己当时的感受时，试着消除心中自助和助人的界限。

现在想象一件未来的事，如和朋友分享快乐、给老年人做志愿服务等。体会在每次经历中你所能感受到的深度幸福感。

用30秒至5分钟的时间，让这种积极情绪蔓延全身并在体内流动。

四、意义

（一）人生定位

明确自己的人生目标、价值观和使命，清楚自己想要成为什么样的人以及想要什么样的生活方向，使个体的行为和选择具有连贯性与目的性。这种对生活意义的清晰认知和追求赋予生命深度与价值感，能够提升个体的幸福感。

大学生在确定自己的人生定位时，可以使用 MPS 模式，即意义（meaning）、快乐（pleasure）和优势（streughs）。具体的方法是，当个体在寻找奋斗目标时，用三个问题来问自己：第一，什么能带给我意义？第二，什么能带给我快乐？第三，我的优势是什么？这三个问题的顺序一定不能打乱，等你把所有答案写出来之后，找到三个答案的交集，那个目标就是能使你幸福的事情。比如，你觉得有意义的事情有旅游、读书、当众演讲、打篮球、练书法等；让你快乐的事情有旅游、当众演讲、打游戏、购物、吃美食等；你的优势有形象好、表达能力强、理解能力强、体格好。三者结合之后，交集就明确了。

（二）信仰坚定

大学生应树立共产主义远大理想，能够为个体提供超越日常琐事的精神寄托和人生意义框架，在面对生活的起伏和困境时给予内心力量和方向指引，支撑个体不懈追求幸福。

回顾历史，从大革命失败的血雨腥风到"枪杆子里出政权"，从井冈山的星火燎原到农村包围城市、武装夺取政权的革命道路，从第五次反"围剿"失败到经过万里长征后于抗日烽火中再起，从走向抗日民族统一战线到解放战争，再到五星红旗在天安门广场冉冉升起，"占人类总数四分之一的中国人从此站立起来了"。雄关漫道真如铁，而今迈步从头越。一代代中国共产党人浴血奋战，艰苦奋斗，谱写了气吞山河的英雄壮歌。大学生可以在日常生活中多读一些红色经典书籍，在一个又一个红色事迹中坚定人生信仰。

五、成就

（一）归因

大学生正确的归因方式有助于个体在面对成功与失败时合理解释其原因，将成功归因于自身的能力和努力，增强自信心和自我效能感，激励进一步追求成就；把失败看作可改进的暂时状况而非个人能力的否定，保持积极的进取心态，持续为实现成就而努力。同学们要培养自己的乐观心态，遇到负性事件时将原因归于外部的、特殊的和暂时的。

同时，同学们还可以进行自我辩论，目的是为负性事件找出一个同样有力甚至更有力的乐观解释。在辩论过程中，同学们可以分别就证据、其他可能、意义和功用4个问题进行讨论。

（1）这种悲观解释的证据是什么，这些证据是否确实？

（2）是否有其他可能的乐观解释，让我们把负性事件归因于外部的、特殊的和暂时的因素？

（3）如果找不出一个合理的乐观解释，那么这种悲观解释的消极影响是长期的还是暂时的？

（4）如果不能确定哪种解释的证据更充分，那么哪种解释对我产生积极情绪和达成目标是最有用的？

通过长期的辩论训练后，同学们能够形成乐观的归因习惯。

（二）问题解决

通过有效的问题解决策略，克服生活、学习、工作中的各种困难和挑战，达成目标或取得进步，都会带来成就感和自我成长。积累的成就体验是幸福感的重要组成部分。

生活中的压力无处不在。当大学生面临一些可控的生活挑战和压力时，积极的问题解决方法可以促进同学们身体上和精神上的健康，从而提高幸福感。另外，对解决问题技能的训练可以提高大学生的心理适应能力。

积极解决问题的技能包括一系列明确的步骤。第一，把大的笼统的问题分成许多小的具体的问题（这些小问题是可以解决的，而不是不可解决的）；第二，提出各种可行的方案，这时不必考虑这些方案的有效性，只是尽可能地想出各种不同的解决方案；第三，在选择一种有效的方案之前对这些方案进行正反两方面以及付出与获得之间的对比；第四，执行方案；第五，根据先前设定的目标对这个方案的有效性进行评定。如果问题仍然没有解决，为了弄清楚活动方案为什么无效，需要重复这几个步骤。在解决问题的过程中，如果感觉自己无法独自处理好问题，需要及时联合所有可能的社会支持力量协助解决问题。

（三）认知重建

改变不合理的认知和思维模式，有助于个体以更积极、客观、灵活的视角看待自己和周围世界。这有助于设定合理的目标并相信自己有能力实现，从而促进个体在各个领域追求成就，最终提升幸福感。

考虑到所有的事件都存在两面性，大学生可以采取"从事件中寻找积极方面并记住它"的认知重建方式。当同学们用这种方法应对逆境时，可以重建带有困难或挑战的情境，以此强调这种逆境带给他们的积极影响。通常这种应对方式带来的效果会在逆境发生后持续一段时间（几个月或几年），并且逆境可以为大学生带来以下 3 个重要的益处：①促进个人发展；②形成一种新的生活观点；③增进与家人、朋友之间的关系。

课堂心理行为训练 11-2

自我探索与优势识别

学生分组（每组 6～10 人）体验活动，活动结束后教师随机挑选 3 个小组代表发言，同时教师做简要点评。

活动目标：帮助学生发现并利用自己的天赋和优势。

活动过程：

1. 学生完成一次优势测试（测试工具为塞利格曼 24 项优势测试。教师把测试题显示在屏幕上，请学生依序作答）。

2. 小组讨论各自的优势，并探索如何将这些优势应用于学习和生活中。

3. 制订个人发展计划，并要求个人承诺在接下来的一个月内，每天至少做一件与自己的优势相关的事情。

本章小结

本章围绕大学生如何提升幸福感进行深入探讨，主要包括幸福的定义与类型、幸福感的特性、幸福感的影响因素、幸福效应以及提升幸福感的策略等内容。

课后思考题

1. 幸福可以定义为什么？请至少列举出 4 个构成幸福的关键要素。

2. 请简述物质幸福与心理幸福的区别，并解释为什么两者都是幸福感的重要组成部分？

3. 文中提到了幸福的哪些特性？请至少列举并解释其中的两种特性，并阐述它们是如何影响个人的幸福感的？

4. 大学生可以采取哪些具体的行动来提升自己的幸福感？请至少提出三种策略，并为每种策略给出实施的建议。

参考文献

[1] Carr A. 积极心理学 [M]. 郑雪，等，译校. 北京：中国轻工业出版社，2008.

[2] 阿尔里德. 驾驭压力受益终身的 8 条抗压守则 [M]. 许人文，译. 北京：人民邮电出版社，2018.

[3] 弗兰克尔. 追寻生命的意义 [M]. 何忠强，杨凤池，译. 北京：新华出版社，2003.

[4] 本 - 沙哈尔. 幸福手册 [M]. 倪子君，译. 北京：中信出版社，2022.

[5] 布鲁纳. 多变世界中的压力应对 [M]. 3 版. 石林，译. 北京：高等教育出版社，2008.

[6] 陈楚瑞，耿永红. 大学生心理发展与健康教育 [M]. 大连：东北财经大学出版社，2011.

[7] 陈秋燕. 大学生心理健康教育 [M]. 北京：北京师范大学出版社，2023.

[8] 成光琳，李玲玲. 大学生心理健康教育 [M]. 2 版. 北京：高等教育出版社，2020.

[9] 渡边淳一. 幸福力 [M]. 竺家荣，译. 青岛：青岛出版社，2022.

[10] 冯正玉，李焰. 大学生心理健康 [M]. 北京：高等教育出版社，2021.

[11] 高峰，石瑞宝. 大学生心理健康教育 [M]. 北京：清华大学出版社，2020.

[12] 皇甫艳玲. 大学生心理健康教育理论与实践 [M]. 北京：高等教育出版社，2021.

[13] 霍维德. 超级复原力：简单有效的抗压行动法 [M]. 傅婧瑛，译. 北京：人民邮电出版社，2017.

[14] 江光荣，吴才智. 大学生心理健康教育 [M]. 武汉：华中师范大学出版社，2012.

[15] 李俊芝. 大学生心理健康教育 [M]. 郑州：河南大学出版社，2018.

[16] 李启明，李琪. 家庭氛围，自尊与心理健康的关系：三年追踪研究 [J]. 心理发展与教育，2025，41（1）：77-85.

[17] 刘桂芬. 大学生心理健康教育教程 [M]. 北京：中国传媒大学出版社，2013.

[18] 刘慧婷，郑林科，王翠玲. 希望与乐观：引导人生成功的积极心理力量 [J]. 中国健康心理学杂志，2013，21（11）：1757-1759.

[19] 罗桂全，黄金来. 大学生心理健康教育 [M]. 北京：高等教育出版社，2011.

[20] 马伟娜，桑标，洪灵敏. 心理弹性及其作用机制的研究述评 [J]. 华东师范大学学报（教育科学版），2008，26（1）：89-96.

[21] 孟素卿，白宝玉. 无效家庭情感环境对学业倦怠的影响：情绪不可控信念和自尊的链式中介作用 [J]. 中国临床心理学杂志，2023，31（4）：950-954.

[22] 彭凯平 . 幸福的种子 [M]. 北京：生活书店出版有限公司，2023.

[23] 彭阳，周世杰 . 青少年网络成瘾与家庭环境、父母教养方式的关系 [J]. 中国临床心理学杂志，2007，15（4）：418-419，439.

[24] 饶燕婷，张红霞，李晓铭 . 家庭环境与大学生抑郁和疏离感的关系 [J]. 心理发展与教育，2004，20（1）：7.

[25] 宋丹 . 构建家庭生态系统：家庭因素对大学生心理健康的影响 [D]. 苏州：苏州大学，2019.

[26] 王红菊，尹红霞 . 大学生心理健康教育 [M]. 成都：电子科技大学出版社，2020.

[27] 王清，王平，徐爱兵 . 大学生心理健康教育 [M]. 苏州：苏州大学出版社，2022.

[28] 韦耀阳，王艳 . 大学生心理适应与安全感的关系：自我和谐的中介作用 [J]. 精神医学杂志，2023，36（3）：251-254.

[29] 席居哲，桑标，左志宏 . 心理弹性研究的回顾与展望 [J]. 心理科学，2008，31（4）：995-998.

[30] 席居哲，桑标 . 心理弹性研究综述 [J]. 健康心理学杂志 . 2002，10（4）：314-317.

[31] 席居哲，左志宏，WU Wei. 心理韧性研究诸进路 [J]. 心理科学进展，2012，20（9）：1426-1447.

[32] 肖倩，吕厚超，华生旭 . 希望和乐观：两种未来指向的积极预期 [J]. 心理科学，2013，36（6）：1504-1509.

[33] 徐玉芳，张丽霞 . 大学生心理健康教育 [M]. 郑州：河南大学出版社，2014.

[34] 俞国良 . 大学生心理健康 [M]. 北京：北京师范大学出版社，2022.

[35] 袁港轩，郑书欣，熊港琴 . 家庭环境对青少年抑郁的影响：有调节的中介模型 [J]. 中国临床心理学杂志，2023，31（3）：555-561.

[36] 张洪英，王玉玲，刘欣 . 大学生心理健康教育 [M]. 北京：北京师范大学出版社，2021.

[37] 张运红，陈斯祁 . 大学生心理健康教程 [M]. 北京：北京科学技术出版社，2019.

[38] 赵郝锐，童辉杰 . 原生家庭的代际影响 [J]. 北方民族大学学报：哲学社会科学版，2015（3）：4.

[39] 周宗奎 . 网络心理学 [M]. 上海：华东师范大学出版社，2017.

[40] 朱育红，潘力军，王爱丽 . 大学生心理健康教育课堂互动手册 [M]. 上海：华东理工大学出版社，2015.

[41] 邹盛奇，伍新春，刘畅 . 母亲守门员效应：概念结构、理论解释与研究展望 [J]. 北京师范大学学报：社会科学版，2016（6）：9.

[42] 佐斌 . 中国人的脸与面子：本土社会心理学探索 [M]. 武汉：华中师范大学出版社，1997.

附　录

一、推荐阅读材料

[1] 岸见一郎，古贺史健.被讨厌的勇气 [M].渠海霞，译.北京：机械工业出版社，2015.

[2] 本 - 沙哈尔.幸福超越完美 [M].倪子君，刘骏杰，译.北京：中信出版社，2022.

[3] 本 - 沙哈尔.幸福的方法：幸福的最小距离 [M].王晋，译.北京：中信出版社，2020.

[4] 本 - 沙哈尔.幸福的方法 [M].汪冰，刘骏杰，倪子君，译.北京：中信出版社，2022.

[5] 本 - 沙哈尔.选择幸福：101 个幸福的方法 [M].倪子君，刘骏杰，译.北京：中信出版社，2022.

[6] 戴博德.蛤蟆先生去看心理医生 [M].陈赢，译.天津：天津人民出版社，2020.

[7] 江光荣.人性的迷失与复归 [M].武汉：湖北教育出版社，2001.

[8] 蒋海飞，刘海骅，苗淼，等.生命意义感对大学新生日常烦心事和心理适应的影响 [J].心理科学，2015，38（1）：123-130.

[9] 柯维.高效能人士的七个习惯 [M].高新勇，王亦兵，葛雪蕾，译.北京：中国青年出版社，2010.

[10] 兰德尔.毅力：如何培养自律的习惯 [M].舒建广，译.上海：上海交通大学出版社，2012.

[11] 李睿秋.打开心智 [M].北京：中信出版集团，2022.

[12] 马斯洛.我实现的人 [M].许金声，刘锋，译.北京：生活·读书·新知三联书店，1987.

[13] 纳皮尔，惠特克.热锅上的家庭 [M].李瑞玲，译.北京：北京联合出版公司，2014.

[14] 内夫.自我关怀的力量 [M].刘聪慧，译.北京：中信出版社，2017.

[15] 派克.少有人走的路：心智成熟的旅程 [M].于海生，译.北京：中华工商联合出版社，2017.

[16] 彭凯平.活出心花怒放的人生 [M].北京：中信出版集团，2020.

[17] 沃斯，德莱顿.学习的革命 [M].顾瑞荣，陈标，许静，等译，刘海明，校.上海：上海三联书店，1998.

[18] 袁睿，杨燕贻，王梓懿，等.青少年心理韧性与非自杀性自伤行为的关系：有调节的中介模型 [J]. 中国临床心理杂志，2024，32（4）：843-849.

[19] 岳晓东 . 登天的感觉 [M]. 合肥：安徽人民出版社，2011.

[20] 赵国祥 . 心灵的奥秘 [M]. 开封：河南大学出版社，2001.

二、课外影视欣赏

1.《钱学森》

近 100 分钟的光影之旅，为观众讲述了 20 世纪 40 年代，一心报国的钱学森归国受阻，在美国持续遭受迫害，中国政府通过外交斡旋积极营救，最终钱学森历尽波折回到祖国，把全部精力投入"两弹一星"伟大工程中的感人故事。

电影完整回顾了这位享誉海内外的杰出科学家和中国航天事业奠基人波澜壮阔的一生，不仅刻画了钱老的工作经历和家庭生活，也梳理了中国"两弹一星"事业的艰辛历程。这是一个人的史诗，也是一个民族的史诗。

2.《独自等待》

本片讲述的是年轻人陈文在朋友们的怂恿和恋爱专家的指导下，追求自己心目中的理想女性刘荣，同时忽视了暗中喜欢他的多年玩伴李静的故事。电影通过陈文的经历展现了青春时期的迷茫、困惑以及对真爱的渴望。在追求刘荣的过程中，陈文经历了种种尴尬和无奈，同时也体验到了成长的滋味。影片以其独特的幽默和诙谐，赢得了年轻观众的喜爱，并在多个国际电影节上获得了认可。

3.《完美的假期》

这是一部励志电影，讲述了因为足球，一度颓废的父亲和叛逆女儿在赛场内外磕磕碰碰中修复了情感裂痕，最终共同率领热血的小虎队勇夺冠军，父女俩也完成了一次刻骨铭心的共同成长。《完美的假期》以青少年足球视角，艺术性地融合了家庭伦理教育、社会教育以及孩子们的成长历程。它展现了孩子们在面对挫折时如何学会坚持和成长。小虎队的孩子们性格迥异，但对足球的热爱和梦想却是一致的。他们共同克服了赛场内外的种种挑战，团结一致，从最初的不被看好，到最后赢得了冠军的荣耀。影片通过足球这项运动，展现了家庭关系的修复、个人成长以及团队精神的力量。

4.《你好，李焕英》

电影讲述了刚考上大学的女孩贾晓玲经历了一次人生的大起大落后情绪失控，随后意外穿越回到了 20 世纪 80 年代，与正值青春的母亲李焕英相遇的故事。在 1981 年，贾晓玲试图通过改变母亲的命运，让母亲变得更好，但最终却发现，母亲李焕英其实也知道自己是穿越者，但主动配合贾晓玲"演戏"，让贾晓玲实现"让妈妈开心"的愿望。电影通过温情而真挚的艺术手法呈现了细腻、无私的母爱，感动了无数人的心。

5.《当幸福来敲门》

该片讲述了克里斯·加德纳，一位聪明的医疗器械推销员，在 20 世纪 80 年代美国经济衰退时期努力奋斗，最终成为知名金融投资家的励志故事。克里斯原本的生活很艰难，他投资的医疗设备难以销售，妻子因此离家出走，留下他和年幼的儿子相依为命。在经历了一系列生活的困境后，克里斯决定改变自己的职业道路，他进入了股票投资公司实习，尽管实习期间没有薪水，但他凭借坚韧不拔的精神和聪明才智，最终获得了公司的认可，成为一名正式的股票经纪人，并逐步实现了自己的幸福生活。

6.《风雨哈佛路》

莉丝·默里出生在纽约的贫民窟，15 岁时，家庭破碎，她开始流落街头，捡拾垃圾，偷东西，她整夜乘坐地铁，因为只有在这里才能温暖入梦。但她决定不再继续这样的生活，她要改变命运，重返高中，最终她以优异的成绩进入哈佛大学并获《纽约时报》奖学金。这是一个女孩与命运抗争的故事，面对逆境与绝望，她不屈服的勇者精神，令人动容！

7.《叫我第一名》

布莱德患有先天性的妥瑞氏症，这种严重的痉挛疾病导致他无法控制地扭动脖子和发出奇怪的声音。而这种怪异的行为，更是让他从小不被周围的人理解。一次机会，让他有了成为一名教师的坚定梦想。经过 25 所学校的面试，终于有一所学校肯招聘他，他最终成为一位二年级教师。